U0165529

拉丁美洲七講

向駿◎著

五南圖書出版股份有限公司

推薦序一

　　拉丁美洲是我國外交重鎮，我國克服艱困的國際處境，不但存活，還贏得國際社會成員相當的尊敬，拉丁美洲國家有其一定的貢獻。對於拉丁美洲國家給予我國的政治支持，我國政府除以經援及技術合作來回報之餘，也絞盡腦汁採取各種措施，希望增進我與拉丁美洲各國間的經貿關係，但是，效果始終不彰，其癥結在於：一方面因為國人對於此一地區缺乏認識，被距離遙遠、語言不通、企業文化迥異、政府效能不彰、政局不穩定、治安不佳等等負面因素所困惑，以致政府所提供的鼓勵輔助措施，不足以激發國人對拉丁美洲的興趣；另一方面則因為地緣因素，造成拉丁美洲與美國間的緊密關係，此一關係，在美國經濟十分強盛的時期，足可讓拉丁美洲國家大方地忽略其他地區，仍然可以過好日子，因此，拉丁美洲國家對於發展與我經貿關係也是興趣缺缺。

　　近二十年來，國際情勢發生重大變化：一方面，美國經濟規模，從二戰前占世界生產毛額一半以上萎縮到今日不到百分之二十，一昧依賴美國，已不足以求生存發展，拉丁美洲國家被迫必需尋求其他的發展伙伴；另一方面，包括臺灣在內的亞太國家，則發展快速，經濟動能一個比一個強勁，在區域內、在國際間，其競爭力與表現均十分亮麗。上述客觀情勢，促成拉丁美洲國家與我國間的相互需求與興趣。

　　國內專研拉丁美洲的學術機構可謂鳳毛麟角，既使有，也不被重視，難獲政府或民間的支持，經營不易。致理技術學院，掌握世界脈動，注意到拉丁美洲的龐大潛力，以獨到的眼光與決心創辦拉丁美洲經貿研究中心，值得肯定與支持，尤其是中心的研究，專注於經貿領域，更是切中要害，亦展現其辦學的務實態度。

　　美國因歷史淵源及地緣關係，對拉丁美洲的研究最為深入、最為廣

泛，遠遠超過其宗主國西班牙，相關的出版物浩瀚如海，著名研究機構及學者專家亦不計其數。向駿博士留學美國，得以深入奧堂，主持拉丁美洲經貿研究中心以來，不但精心安排課程，且不時在重要報章雜誌就拉丁美洲情勢的發展發表即時評析。茲決定出版《拉丁美洲七講》。有幸拜讀其初稿，從拉丁美洲的歷史軌跡與整體客觀環境的演變，就權力轉移、民主發展，社會正義以及經貿整合等重要議題，作深入探討，均立論精闢，且旁徵博引，深具參考價值，因此，特為作序，以表敬佩、推薦之意。

前外交部長

歐鴻鍊

推薦序二

　　1492年哥倫布發現新大陸之前，拉丁美洲本身有三大文化：阿斯特加（Azteca）文化、馬雅（Maya）文化、以及印加（Inca）文化。由西班牙統治之後，到十六世紀可說是黃金時代。十七世紀開始沒落，到1898年美西戰爭，西班牙戰敗，丟掉最後的幾個殖民地：古巴、波多黎各及菲律賓，可說結束了四百多年的西班牙帝國時代。

　　接下來是美國影響拉丁美洲的開始。美國的門羅主義不許歐洲插手美洲事物，把拉丁美洲視為它的後院。美國對該地區的影響及控制是全面的：政治、經濟、社會及軍事，無所不包。

　　美蘇冷戰時期，為了反共，美國在拉美培植了許多獨裁的軍政府。也由於人民反獨裁政府，引起許多左派的游擊戰爭，整個地區陷入非常不穩定的狀態，隨時有政變發生。

　　1991年冷戰結束後，世界局勢進入經濟競爭時代。美國為了自己的利益，倡導「華盛頓共識」，要拉美國家開放市場。正在開發中的國家當然不可能一下子門戶開放，紛紛透過各種區域經濟組織自謀發展。

　　經過幾十年的軍人專制統治後，人民要求政治民主化。民主化的浪潮變成今天拉丁美洲的主流。民主是一種思想，由其思想所建立的制度，最重要的是它的精神及其實行過程的正義。世界上不可能有一個「標準的模範制度」適用於所有國家。每一個國家應該依照它的傳統、文化及習慣去實行民主。如同所有國家，拉丁美洲國家的民主制度有其改善的空間，如盛行的民粹主義及「高帝佑」（Caudillo）領導的風氣。

　　最近幾年來，拉丁美洲的民主化運動可說進步很多。我們所看到的一些大選，一次比一次公開、公正，這是值得讚佩的地方。就以共產政權的古巴為例，2012年1月29日其總統勞爾‧卡斯楚（Raúl Castro）宣布，將廢除領

導人終身制，未來黨政要職每五年爲限，不得超過兩屆，並計畫汰換五分之一領導層，改由年輕一輩擔任。五十多年的一黨專制，終現鬆動現象。

　　向駿教授是研究拉丁美洲問題專家，常有大作發表於報章雜誌。其著作《拉丁美洲七講》將現今拉丁美洲所面臨的各種問題深入詳盡的剖析，極具創見，爲我學界增添許多光彩，拜讀之餘深感欽佩，在其付梓之前特爲之序。

淡江大學前校長、美洲研究所教授

陳雅鴻

2013年5月

推薦序三

1823年「門羅宣言」提出時，美利堅合眾國的觀點，表明歐洲列強不應再殖民美洲，或涉足美國與墨西哥等美洲國家之主權相關事務。當時西半球仍然是在英國的掌握之下，美國只扮演次要的角色。然而，隨著南北戰爭的結束，美國國力漸漸增強，在拉丁美洲的活動也日益增加。

在西奧圖・羅斯福總統（1901～1909）任內，美國帝國主義正式登台，拉丁美洲進入了美國的勢力範圍，西半球成為「美國的後院」。二次大戰結束之後，美洲國家組織的成立並以華府作為其總部所在地，更進一步鞏固了美國在西半球的霸權地位。到了冷戰期間，美國在拉丁美洲的霸權優勢仍持續成長。

美國卡特總統在1977年簽訂「巴拿馬運河條約」，決定在1999年將巴拿馬運河歸還給巴拿馬，這為中國大陸開啟了控制中南美洲要衝的契機，香港首富李嘉誠所屬合記黃埔集團成功地標得巴拿馬運河在太平洋和大西洋岸兩個港口（巴爾博亞港和克里斯多巴港）的營運權，此舉被美國保守派視為突破了美國的霸權，將會對美國的國家安全帶來威脅，要求美國政府正視這個問題，並採取對應措施。值得注意的是，在二十世紀跨越進入到二十一世紀之際，當時美國保守派的顧慮竟成為無可逆轉的情勢。

2004年胡錦濤訪問拉丁美洲，與阿根廷、巴西、智利等國建立戰略伙伴關係，而這些國家也承認中國為完全市場經濟的地位，這使得中國大陸與拉丁美洲國家的關係進一步的提升和鞏固。

拉美地區在過去十年經濟迅速增長，據聯合國拉丁美洲和加勒比經濟委員會的統計，拉丁美洲的國內生產總值從2002年的一兆八千六百億美元驟升到2012年的五兆六千億美元，2012年該地區國內生產總值增長3.1%，高於全球2.2%的增長預期，2013年拉美地區經濟預期增長3.8%。

　　檢視中國大陸與拉丁美洲國家的關係，我們可以了解美國對中國大陸的防範和警戒不是沒有道理的。中國大陸與拉丁美洲貿易總額在2000年達到一百二十六億美元；2011年更創下近二十倍遽增紀錄高達二千四百一十五億美元。預計未來五年，中拉貿易額更將突破四千億美元。現在，中國已是拉丁美洲地區第二大貿易伙伴。

　　2008年金融危機後，中國成為拉美國家最主要的資金供應國，在2010年向拉美地區提供了三百七十億美元貸款，超過了世界銀行、美洲開發銀行和美國進出口銀行的總和。此外，根據聯合國拉丁美洲經濟委員會預測，中國大陸2015年將超過歐盟，成為僅次於美國的拉美第二大投資來源地。

　　無可否認地，中國大陸的資金是帶動拉丁美洲經濟發展的「火車頭」，其所產生相加相乘的效益是巨大的。中國大陸目前是巴西第一大貿易伙伴，在2012年雙邊貿易達八百五十七億美元，兩國的經貿關係未來的發展是無可限量的。截至本（2013）年三月底，巴西中央銀行與中國人民銀行簽署高達六百億巴西幣（約人民幣一千九百億元）的貨幣互換協議，此舉不僅是大陸推動人民幣未來成為國際貿易結算貨幣的關鍵性發展，而且可視為中國、巴西、印度·俄羅斯、南非等五個金磚國家在挑戰歐美所主導的國際貨幣政策方面又向前邁進一步。

　　在這樣戰略布局下，毋庸置疑的，中國大陸在拉美的影響力會持續擴散，從經濟、政治到文化、科技等方面，日積月累當然會侵蝕美國不僅在拉丁美洲，甚至是全世界的優勢霸權，對美國自然帶來沉重的壓力。

　　檢視中國大陸與南美洲國家愈來愈趨於密切的關係之後，那麼當前南美洲國家與美國的關係又是如何呢？我們最直接的方式是觀察拉丁美洲相關政府間國際組織的狀況。首先，美洲國家組織在冷戰之後幾乎已經銷聲匿跡，看不到對西半球安全的維護有任何作用。當然，我們可以說冷戰之後的重心是經貿議題，可是在這方面，美國也繳了白卷，美洲自由貿易區的成立更是遙遙無期。

　　另一方面，拉丁美洲國家成立的整合性組織，例如，2010年11月由南方共同市場和安地斯國家共同體兩個組織的整合，在法律上正式成立「南美洲國家聯盟」及2011年12月由三十三個美洲國家組成的「拉美及加勒比國家共同體」，都沒有邀請或允許美國及加拿大參加，這顯示了美國在中南美洲日益衰退的政治與經濟影響力。

　　中國大陸在拉丁美洲的擴張和美國在拉丁美洲的日益緊縮形成強烈的對比，美國驚覺中國大陸已經進入了美國的後院，因此，近來雙方的較勁愈來愈趨明顯。就在今（2013）年5月間，中美雙方的正副元首先後落腳拉丁美洲不證自明。在美國方面，歐巴馬總統在5月初才訪問過墨西哥和哥斯大黎加，並在哥國召開駐西半球使節會議，而副總統拜登緊接著在5月底訪問了巴西、哥倫比亞、千里達等三國。中國大陸也不遑多讓，國家副主席李源潮扮演前鋒，先在5月初訪問阿根廷和委內瑞拉，國家主席習近平則在5月底6月初訪問哥斯大黎加、千里達和墨西哥。

　　拉丁美洲已成爲中美兩大強權激烈競逐的地區，美國、中國大陸和拉丁美洲國家間的關係究竟如何？拉丁美洲（尤其是南美洲）國家如何自我發展？拉丁美洲眞的要擺脫美國的霸權，達到完全自主？或是中國大陸意欲聯合拉丁美洲國家，與美國爭霸？中國大陸與拉丁美洲國家可否成爲堅實的盟友？而美國究竟要如何繼續維持其在西半球的霸業？

　　前述諸多問題、論述和理論的分析，都可以從向駿兄大作《拉丁美洲七講》中找到線索，獲得啓發，甚至俯瞰掌握全局。向駿兄在艱苦的軍旅生涯中力求上進，然而其歷練卻是多采多姿的。猶記得他曾提及前一週尚戍守在西引島最前線，下一週卻已身在世界第一大都市紐約深造，鑽研拉丁美洲的研究，向駿兄更曾在烏拉圭陸軍指揮參謀學院接受嚴格的訓練，而今他業已轉任教職多年，這些都是向駿兄精彩人生的寫照。

　　向駿兄精通西班牙文，對國際政治理論有深厚的造詣，無論在軍中或在民間，他始終如一，致力於學術研究，《拉丁美洲七講》是他研究生涯的另

外一個高峰，相信他未來在拉丁美洲研究會有更多的貢獻。

　　與向駿兄因研究拉丁美洲而結識，二十餘年來，共同推動國內拉丁美洲研究。四年前，國立政治大學國際事務學院成立跨校「金磚國家研究團隊」，向駿兄慨允加入，並參與研究團隊所屬「拉丁美洲研究小組」的各項活動，貢獻卓著，得緣為其新著寫序，倍感榮幸，相信關心此領域的學者、專家亦與我一樣，受益良多。

國立政治大學外交系教授兼國際事務學院院長

鄧中堅　謹記

2013年6月14日

目錄

圖目錄

表目錄

前　言

　　本書主在探討二十一世紀以來的拉丁美洲。挑選七個議題乃欲仿效祕魯政治哲學家馬里亞特吉（José Carlos Mariátegui, 1894～1930）之《關於祕魯國情的七篇論文》。[1]選擇七個議題的理由說明如下。

　　根據《美洲季刊》（*Americas Quarterly*）總編輯沙巴提尼（Christopher Sabatini）的觀察，美國主流學術期刊已多年未刊登美洲關係（inter-American relations）的文章。「今天，拉美正邁入歷史的新階段，此一階段代表更高層次的發展、區域內更高層次的競爭及地緣政治上更高程度的自治。其所需要的不再只是『比較政治學』而是『國際關係學』上的心態和工具。」[2]

　　再者，由於哈佛大學多明格斯教授（Jorge I. Domínguez）認為二十一世紀初拉丁美洲的國際關係有兩個很重要的外部衝擊，其一是美國小布希總統（George W. Bush）在諸多議題上和拉美日益疏離，其二是中國成為此一地區的政治伙伴。[3]因此第一章從「權力轉移」（Power Transition）理論角度看美國與拉美的關係，第六章則分析中國和拉美的關係及挑戰。

　　從2009年宏都拉斯的政變到2012年巴拉圭國會「快速彈劾」並罷黜民選總統盧戈（Fernando Lugo），顯示拉美仍未擺脫民主和民粹的糾纏。因此第二章探討拉美的後第三波民主發展，這對臺灣和大陸都有相當參考價值，特別是對常期執政的中國共產黨，因為「民粹主義是對橫行無忌的權貴資本主義的懲罰。民粹主義從根本上否定政治精英、主張依靠平民大眾對社會進行激進改革。由於它把民主理想絕對化，訴諸直接民主，強調全體群眾

1　José Carlos Mariátegui, *Siete Ensayos de Interpretación de la Realidad Peruana*, La Habana: Casa de las Américas, Empresa Editora Amauta, S.A., Perú, 1959.
　　白鳳森譯，湯柏生校，《關於秘魯國情的七篇論文》，北京：商務印書館，1987年。
2　Christopher Sabatini, "Rethinking Latin America," *Foreign Affairs*, Vol.91, No. 2, March/April 2012, p.13.
3　Jorge I. Domínguez, "China's Relations with Latin America: Shared Gains, Asymmetric Hopes," *Inter-American Dialogue* (Working Paper), June 1, 2006, pp. 1-59.

的普遍參與，把『全體人民』當作所有行爲的唯一合法性源泉。」[4]

第三章探討從威權統治過渡到民主政治常會碰到的「轉型正義」難題。「轉型正義」通常不會自我實踐，要靠受害者努力追求。在臺灣，《父親與民國——白崇禧將軍身影集》一書的作者白先勇「認爲民國史有它重新還原眞相的必要，被抹煞的、被掩蓋的，統統應該還原眞相，歷史就是眞相，眞相才是歷史，不是眞相就是僞史，就是虛構、小說。到底當年怎麼樣？不是勝利者說了算！」[5]

在大陸，2013年4月15日中共前總書記胡耀邦過世二十四周年的當天，上海《解放日報》刊登文章表達對中共高層深化改革的期望。周瑞金甚至在「正直無私‧坦蕩胸懷‧光明磊落——懷念胡耀邦」一文中提到「胡耀邦最先領悟到，黨不能再受左的危害，絕不能迷信個人，應當提倡獨立思考、獨立判斷，黨和國家政治生活應當正常化、民主化。」[6]

至於經貿政策可能產生的影響區分爲國內和國際兩個層面。第四章探討國內發展模式：從古巴現況到委內瑞拉「二十一世紀的社會主義」的前景；第五章從國際經貿整合的角度看已分裂的南、北美洲和拉美如何正分裂成濱太平洋和濱大西洋兩個集團。經貿整合有政治的效果，就臺灣而言，僅管馬英九總統認爲，「ECFA不但促成兩岸經貿合作，且使臺灣在國際間與新加坡、紐西蘭，甚至其他國家洽簽經濟合作協議，獲得更佳的戰略地位」，但持續透過「海峽兩岸經濟合作框架協議」（ECFA）深化和大陸整合是否終將邁上不可逆轉的統一之路恐怕是朝野都必須嚴肅面對的問題。

就大陸而言，「當『民主』、『法治』和『市場經濟』前面加上了『社會主義』，一切都變得『中國特色』起來：社會主義民主滑向了威權下

4 馬國川，「什麼樣的道路中國不該走？」《金融時報》，2012年3月7日。
5 童清峰（專訪），「白先勇要還原父親白崇禧歷史真相」，《亞洲週刊》，2012年5月27日，44頁。
6 汪莉絹，「以古喻今 大陸官媒高調悼念胡耀邦」，《聯合報》，2013年4月16日。

的『集中』；社會主義法治滑向了政府超然於法律之上的『以法治國』，而不是『依法治國』；社會主義市場經濟滑向了政府運用、參與、經營和控制市場的國家資本主義。」[7]難怪溫家寶會警告，「如果中國選擇了錯誤的道路，文化大革命這樣的歷史悲劇還有可能重新發生。」[8]

　　至於第七章會探討拉丁族裔在美國崛起的趨勢，不止因為拉丁族裔對美國國內政治、經濟乃至文化的影響愈來愈大，更因愈來愈多華人在追求「美國夢」的同時將面對無所不在的拉丁族裔。能了解拉丁族裔在美國的影響力將使「美國夢」的夢境更美好。

　　七個議題看拉丁美洲當然只能算是以管窺豹，本人雖已儘力求全，但不足之處仍多，至盼各位先進能不吝指教。早在1962年湯能寶教授（Frank Tannenbaum）就曾出版《拉丁美洲十個關鍵》（Ten Keys to Latin America），[9]拉美研究學者如有意擴增到十個議題，我認為政治文化、文學和藝術等均有相當揮灑空間，並期待更多人共同為拉丁美洲研究添柴加薪。

　　本書得以出版，除感謝前外交部長歐鴻鍊大使、淡江大學前校長陳雅鴻教授和國立政治大學國際事務學院院長鄧中堅教授為本書作序外，特別感謝致理技術學院願意成立拉丁美洲經貿研究中心，本人因此得以透過「拉丁美洲經貿學分學程」聘請國內、外學者專家共襄盛舉為臺灣與拉丁美洲的交流貢獻心力。最後感謝內人梁海珊對我不斷的鞭策和鼓勵，尹德仁對書稿的整理、校對功不可沒在此一併致謝。

7　崔宇，「『大轉型』的迷茫和共識」，《華爾街日報》，2012年6月15日。
8　"Talking about a cultural revolution," *The Financial Times* (editorial), March 15, 2012.
9　Frank Tannenbaum, *Ten Keys to Latin America*, New York: Alfred A. Knopf, 1962.

第一章　國際關係：
美中「權力轉移」下的拉丁美洲[*]

* 本章部分摘自向駿，「從權力轉移理論看拉美政經板塊變化」，向駿主編，《美中權力轉移：理論與實務》，南京：鳳凰出版傳媒集團／江蘇人民出版社，2010年10月，128-149頁。

今天，拉美正邁入歷史的新階段，此一階段代表更高層次的發展、區域內的競爭及地緣政治上更高程度的自治。其所需要的不再只是「比較政治學」，而是「國際關係學」上的心態和工具。[1]

---

1 Christopher Sabatini, "Rethinking Latin America," *Foreign Affairs*, Vol.91, No. 2, March/April 2012, p.13.

壹、前言

　　1823年美國提出「門羅主義」（Monroe Doctrine）後，拉丁美洲逐步成為歐洲國家難以染指的「美國後院」。然自二十一世紀以來，或因美國的錯誤政策，或因中國經濟快速發展，或因左派政權興起，導致拉丁美洲逐漸從「反美」向「脫美」移動。影響二十一世紀初拉丁美洲國際關係的重要因素可歸納為以下三者：美國衰退、中國崛起、和拉美轉型。

一、美國衰退

　　2012年4月，包括前總統、大使、教授等約一百名關心美國與拉美事務的學者專家聯名透過華府智庫「美洲對話」（Inter-American Dialogue）發表的《重塑關係：美國與拉美》（*Remaking the Relationship: The United States and Latin America*）政策報告指出，大部分的拉美國家認為「美國和他們的需求愈來愈無關，由於能力不足，美國已無法提出拉美關切議題的建議並付諸實施」。[2]

　　根據國際貨幣基金會（IMF）的統計，2000年美國的生產占世界總產值的31%，到2010年下降到23.1%。如果根據購買力平價（Puchasing Power Parity, PPP）計算，中國經濟規模可能已經超過了美國，《經濟學人》（*The Economist*）預測中國經濟規模最早可能在2018年超越美國。[3]

　　2008年歐巴馬（Barack Obama）競選總統期間最常引用的觀點是美籍印度裔政論家、哈佛政治學博士札卡瑞亞（Fareed Zakaria）所著的《後

2　*Remaking the Relationship:The United States and Latin America,* An Inter-American Dialogue Policy Report, April, 2012. "The Real Back Yard," *The Economist*, April 14, 2012, p.48.

3　Gideon Rachman, "American nightmare," *The Financial Times*, May 8, 2012.

美國時代的世界》（*The Post-American World*），該書認為美國確已開始
衰退，而中國和印度正在崛起。2012年競選連任期間，歐巴馬卻高度讚賞
卡根（Robert Kagan）所著的《美國所打造的世界》（*The World America
Made*），該書僅一百四十九頁，但強力吹捧美國的偉大，並強調美國絕未
走向沒落和衰退之路，不僅是世界獨強，其軍力更沒有任何國家可比。但也
有可能是「歐巴馬為他自己，也為美國描繪了『山在虛無縹緲間』」的『美
國世紀』」。**⁴**

　　門羅（James Monroe）總統的歷史地位雖不高，但他於1823年所提之
「門羅主義」——禁止他國染指美國的「後院」（拉丁美洲），不但成為日
後美國外交政策的基石，更使其個人得以留名歷史。「門羅主義」是美國
在國際關係上所提第一面旗幟鮮明的主義，它清楚地反映美國的「國家利
益」。當時俄國企圖攫取北美大陸西北沿岸地區以及拉丁美洲國家風起雲湧
爭取獨立，門羅總統抓住機會表示「由於美洲已實現並保持自由和獨立的地
位，不得再被歐洲任何國家視作未來殖民的目標」。

　　根據小布希（George W. Bush）第二任總統的就職演說，有人認為其
外交走向可能效法老羅斯福總統（Theodore Roosevelt）的「巨棒政策」
——輕聲細語地說話，但手上提著巨棒，此一政策被視為美國帝國主義之濫
觴。**⁵**但也有人認為其演講反映的是「門羅主義不死！」**⁶**早在1957年就獲得
耶魯大學「美國研究」（American Studies）博士學位的資深新聞工作者伍
爾夫（Tom Wolfe）認為「外交關係協會」（Council on Foreign Relations）
和普林斯頓大學威爾遜學院（Woodrow Wilson School of Public and Interna-
tional Affairs）的頂尖學者都沒看出2005年小布希就職演講所反映的其實是

4　杜默譯，《後美國世界：群雄崛起的經濟新秩序時代》，臺北：麥田出版社，2008
　　年10月。林博文，「歐巴馬熱炒『美國世紀』」，《中國時報》，2012年5月30日。
5　林博文，「師法老羅斯福，布希『第二任』世人等著看」，《中國時報》，2005
　　年1月22日。
6　Tom Wolfe, "The Doctrine That Never Died," *The New York Times,* Jan. 30, 2005.

「門羅主義不死」。伍爾夫認為羅斯福總統的「巨棒政策」也罷，甚至肯楠（George Kennan）的「圍堵政策」也罷都是「門羅主義」的延續，他並指出已退休的耶魯大學歷史教授史密斯（Gaddis Smith）所著《門羅主義最後的年代，1945～1993》一書的結論是有問題的。[7]

　　然而，檢視美國前國務卿萊絲（Condoleezza Rice）於2011年出版的回憶錄《無上榮耀》（*No Higher Honor*），全書五十八章（七百六十六頁）中提及拉丁美洲者僅二章（十五頁），約占2%。曾獲普立茲獎的歐本海默（Andrés Oppenheimer）認為該書顯示小布希根本就不重視拉丁美洲。[8]《外交事務》（*Foreign Affairs*）雙月刊於2012年5/6月號上「替歐巴馬外交打分」（Scoring Obama's Foreign Policy）一文更隻字未提拉丁美洲，顯然該刊根本未將拉美列為評分的範圍！[9]美國國力衰退似已導致「門羅主義」無以為繼，難怪《紐約時報》專欄作家柯恩（Roger Cohen）認為「美國在外交領域無所作為已經將近二十年了。」[10]

二、中國崛起

　　「美洲對話」（Inter-American Dialogue）總裁哈金（Peter Hakim）2006年初在《外交事務》一篇題為「美國正失去拉丁美洲嗎？」的文章中警告「許多拉美人士視中國為美國霸權的替代品。」[11]同年4月美國國務院

7　Gaddis Smith, *The Last Years of the Monroe Doctrine*, 1945-1993, New York: Hill and Wang, 1995.

8　Andrés Oppenheimer, "Rice's book shows 'inattention' to Latin America," *The Miami Herald*, Nov. 2, 2011.

9　Martin S. Indyk, Kenneth G. Lieberthal, and Michael E. OHanlon, "Scoring Obama's Foreign Policy," *Foreign Affairs,* Vol. 91, No. 3, May/June, 2012, pp. 29-43.

10　Roger Cohen, "Diplomacy Is Dead," *The New York Times*, Jan. 23, 2013.

11　Peter Hakim, "Is Washington Losing Latin America?" *Foreign Affairs*, Vol. 85, No. 1, Jan./

主管拉美事務的助理國務卿夏儂（Thomas Shannon）訪問中國並與外交部拉美司司長曾鋼會晤，這不僅是中美雙方拉美政策負責人首次見面，更「隱含雙方承認中國、美國和拉美的『三角』關係。」[12]

2009年1月中國正式成為美洲開發銀行（IADB）第四十八個成員國。據《金融時報》所屬《FT中國投資參考》（China Confidential）的統計，從2009至2011年底，中國與拉美的貿易額增長113%，達到二千四百一十五億美元。拉美國家從中國大量進口消費品的同時則向中國出口原物料。

根據巴西官方統計，2008年美國與巴西貿易額達五百三十億美元，超過巴西與中國的三百六十四億美元。2009年中國取代美國成為巴西的最大貿易伙伴，2010年中巴兩國的貿易額達五百六十億美元，高於美巴的四百七十億美元。[13]《FT中國投資參考》預測，如果中國出口保持目前增長趨勢，到2017年拉丁美洲可能取代歐盟成為中國最大的貿易伙伴。

就融資而言，根據「美洲對話」2012年2月題為《城裡的新銀行：拉丁美洲的中國融資》的研究報告，中國國有銀行自2005年以來已向拉美放貸逾七百五十億美元，其中2010年放貸金額超過世界銀行、美洲開發銀行和美國進出口銀行（US Ex-Im Bank）三家的總和。[14]至於直接投資，中國進出口銀行（Export-Import Bank of China）與美洲開發銀行（Inter-American Development Bank）則於2012年3月共同成立十億美元的基金，在拉美地區進行股權投資。中國拉丁美洲學會顧問張家哲對中拉關係有相當傳神的總結，「中國離不開拉美，拉美也離不開中國，已成為拉美無論哪個派別都認

Feb. 2006, p. 46.

12 R. Evan Ellis, *The United States, Latin America and China: A "Triangular Relationship"?* Inter-American Dialogue Working Paper, May 2012, p.1.

13 簡國帆，「美國巴西簽貿易協定 提振出口」，《經濟日報》，2011年3月21日。

14 Kevin P. Gallagher, Amos Irwin, Katherine Koleski, *New Banks in Town: Chinese Finance in Latin America*, Inter-American Dialogue, 2012. John Paul Rathbone, "Chinese bank loans to Latin America top $75bn," *The Financial Times,* Feb. 16, 2012.

可的共識。」**15**

三、拉美轉型

　　美國原本計畫於2005年成立包括北美、中美及南美的「美洲自由貿易區」（Free Trade Area of the Americas, FTAA），然因該自貿區一旦成立巴西在「南方共同市場」（Mercosur）甚至在南美洲的龍頭地位將受到威脅，故盧拉（Luiz Inácio Lula da Silva）總統不但將美洲自貿區的建立視爲「美國兼併拉丁美洲的計畫」，其所屬工黨更支持以公投拒絕加入該自貿區，巴西因此被美國視爲「心不甘情不願的伙伴」（The Reluctant Partner）。

　　儘管巴西是二戰期間唯一向歐洲派遣軍隊的拉美國家，但卻未能在戰後的談判中爭得一席之地。直到二十世紀九〇年代，前總統卡多索（Fernando Henrique Cardoso）成功阻止通貨膨脹後，巴西的國際地位開始有所提升。冷戰結束後巴西「大國外交」戰略內容有二，一爲強調發展與南美國家的「睦鄰友好關係」，二爲發展與世界其他發展中大國的「新興大國關係」。事實上巴西對美國的經濟依存度自上世紀末已開始下降，「巴西外貿格局發生了重大的變化，其主要貿易伙伴基本形成了美國、歐盟、拉美和亞洲『四足鼎立』的格局。」**16**卡多索不但促成「南方共同市場」的建立、開始尋求聯合國安理會席次，更在自由貿易旗幟下與發展中國家結盟。

　　盧拉自2003年就任總統後推行「南南合作」策略後在全球三十五個國

15　張家哲，「查韋斯病情與委內瑞拉的未來」，《新民晚報》，2013年1月18日，A29版。
16　吳志華，「巴西的『大國外交』戰略」，《拉丁美洲研究》，27卷4期（2005年8月），11頁。

家新設大使館，遍及非洲和加勒比海地區。[17]巴西利用其經濟優勢不但成爲南美經濟的火車頭，更成爲區域強權。2009年盧拉總統在「二十國集團峰會」（G-20）前曾盛情招待英國首相布朗（Gordon Brown），但會後盧拉對媒體表示，「這場金融危機乃由藍眼睛白種人的不理性行爲所引起，危機之前，他們看似對經濟什麼都懂，現在證明了他們什麼都不懂。」基於以下原因美國想在拉美重建領導地位若無巴西的支持恐難竟全功。

在全球油源瀕臨枯竭之際，2008年11月巴西宣布在近海發現大型油田使其石油儲量增加40%，此其一。巴西生質能源技術領先全球，和美國生產的燃料用酒精占全球90%，此其二。[18]自美國金融危機以來，盧拉對開發中國家遭池魚之殃頗多微詞，2008年11月上旬，二十國集團財長和央行行長會議中，巴西以主辦國身分積極聯合中國、印度、俄羅斯爭取更大的發言權，稍後在華府的峰會中盧拉更表示，全球地緣政治已出現新的格局，任何政治、經濟決策，少了二十國集團將不合邏輯，此其三。[19]因此，巴西是美國不可或缺的戰略伙伴。[20]

17　Mac Margolis, "The Crafty Superpower," *Newsweek*, April 27, 2009, pp. 20-22.
18　Cristina Militi, "Brazil and the United States: Two Regional Superpowers Begin to Re-evaluate their Relations," COHA Press, November 11, 2008.
19　David Ignatius, "Racing to the Summit," *The Washington Post*, Nov. 13, 2008, p.A23.
20　向駿，「真有『拉美10年』嗎？」《南風窗》，26期，2011年12月14-27日，90-91頁。

貳、「權力轉移」理論

　　本節以「權力轉移」（Power Transition）理論探討本世紀以來拉丁美洲政經情勢變化的原因有三。首先，雖然「權力轉移」理論原屬以研究西方大國間關係為主的「一般性理論」（general theory），但該理論之延伸與擴建卻是從南美洲開始的，因此對拉美區域研究學界具有特殊意義[21]。其實區域研究專家不但可透過對某些特定區域的深入研究修正甚至超越傳統「國際關係」以大國互動為研究對象的偏見，[22]更可藉由和國際關係學者間的學術互補提出具體可行的政策建議。[23]

　　其次，中國社會科學院「拉美研究在中國」課題組認為政治方面的特點之一是「關注拉美政治發展中的重大理論問題，注重對拉美出現的新理論、新思潮的研究」，[24]從上世紀七〇年代的「依附理論」，[25]到近年來委內瑞拉推動的「二十一世紀社會主義」都有相當的研究成果。[26]儘管如此，「中國學界對拉美國際關係理論的探討相對較少」，本章期能對此有所補足。[27]

　　最後，就美、拉關係而言，有人認為「美國與拉丁美洲的關係從來不是平等的關係，而是一種美國主導下的雙邊關係。最近三十年來，隨著拉美地區危機頻繁發生，特別是隨著世界兩極冷戰格局結束和美國成為唯一的超級

21　Douglas Lemke, "Samll States and War: An Expansion of Power Transition Theory," in Jacek Kugler and Douglas Lemke, eds., *Parity and War: Evaluation and Extension of The War Ledger*, Ann Arbor: The University of Michigan Press, 1996, pp. 77-91.

22　Douglas Lemke, *Regions of War and Peace*, Cambridge: Cambridge University Press, 2002, pp. 4-7.

23　Jacek Kugler, "World Politics: Quo Vadis?" *International Studies Review*, Vol. 8, No. 4, Dec., 2006, p.557.

24　「2006-2007年度報告」，《拉丁美洲研究》，29卷2期，2007年4月，頁54。

25　孫若彥，「依附論與拉美國際關係研究」，《拉丁美洲研究》，28卷3期，2006年6月，頁48-51, 55。張建新，「從依附到自主拉美國際關係理論的成長」，《外交評論》，2009年2期，頁114-122。

26　陳華，「查韋斯的21世紀社會主義構想」，《當代世界》，2006年2期。徐世澄，「拉丁美洲的幾種社會主義理論和思潮」，《當代世界》，2006年4期。陶文昭，「查韋斯的新社會主義」，《科學社會主義》，2006年1期。

27　「2006-2007年度報告」，《拉丁美洲研究》，29卷2期，2007年4月，頁68。

大國以後，美拉雙方地位失衡的狀況進一步加深，美拉雙邊關係的非對稱性更加突出。」[28]但也有人認為「拉美外交中的兩重性非常突出。例如，拉美國家既與美國密切合作，又反對美國的霸權主義政策。」又如，「中拉關係雖然取得了快速的發展，但『中國威脅論』卻在那裡有一定的市場。」[29]本章期能對國際新格局下的拉美情勢變化提供有解釋力的理論。

　　所謂「權力轉移」係由奧根斯基（A.F. Kenneth Organski）於1958年在其所著《世界政治》（*World Politics*）一書中首次提出，1980年他和古格勒（Jacek Kugler）合著的《戰爭總帳》（*War Ledger*）一書才算是該理論之完整建構。1996年由古格勒主編之《均勢與戰爭》（*Parity and War*）明白指出中國因綜合國力不斷提升而逐漸具備對國際現況表達不滿的實力，最終將成為美國霸權的挑戰者。[30]千禧年出版的《權力轉移：二十一世紀的戰略》（*Power Transition: Strategies for the 21ˢᵗ Century*）一書更指出，「只要中國大陸繼續對其在國際局勢中所擔任的角色不滿，將是美國唯一潛在的挑戰者。」[31]

　　「權力平衡」理論的假設前提為國際體系是無政府狀態（anarchy），但「權力轉移」認為國際體系是有層級的（hierarchy）。[32]所有的國家都認知這個層級的存在，也了解本身權力在此層級中相對應的關係，此種關係

28 蘇振興，「全球話背景下美國與拉美關係的新特點」，朱鴻博、江時學、蔡同昌主編，《國際新格局下拉美研究》，上海：復旦大學出版社，2007年，頁3。
29 江時學，「拉美對外關係的兩重性」，朱鴻博、江時學、蔡同昌主編，《國際新格局下拉美研究》，上海：復旦大學出版社，2007年，頁44。
30 Jacek Kugler, and Douglas Lemke, *Parity and War: Evolutions and Extensions of The War Ledger*. Ann Arbor: The University of Michigan Press, 1996.
31 Tamman, Ronald et al., eds., Power Transitions: Strategies for the 21st Century, New York: Chatham House Publishers., 2000, pp. 153-181.
32 若以臺灣前外交部長陳唐山對新加坡在聯合國大會上「臺灣部分團體推動的臺獨是最危險的，將會引發與中國大陸的戰爭，並將其他國家都牽扯進去」的談話表達強烈抨擊，甚至直指新加坡為「鼻屎」小國，然對美國前國務卿鮑爾（Colin Powell）「臺灣不是主權國家」的談話只敢表示「surprise」的態度觀之，國際體系中的國家應該是大小有別的。

隨著各國國力的消長而產生動態變化。在國際體系的權力金字塔中（如圖
1-1），區分為超級強權、強權、次權以及弱權國家，而權力主要是集中在
少數超級強權的手中。這說明了各主要國家在全球事務中的相對實力，從來
就不是一成不變的。至上世紀末止，世界主要五大政經「權力中心」包括了
美國、中國、日本、歐盟和俄羅斯。**33**

圖1-1　傳統國際權力層級

資料來源：《權力轉移：21世紀的戰略》（*Power Transitions: Strategies for the 21st Century*），頁7。

「權力轉移」理論認為國際政治權力乃集中於少數國家之手，而戰爭則
源自體系內主要國家間綜合國力之差異、成長速度之快慢及對現狀（status
quo）之滿意程度。敵對的國家或集團的政治、經濟、軍事等綜合力量呈現

---

33 張春柏等譯，（Paul Kennedy原著）（1995），《霸權興衰史-1500至2000年的經濟
　　變遷與軍事衝突》（*The Rise and Fall of The Great Powers*），臺北：五南圖書出版公
　　司，1995年，頁2-7。

均勢（parity）時，戰爭的機率會增加；雙方實力呈現明顯差距時戰爭的可能性降低。發動戰爭者通常為綜合國力較弱但不滿於現狀者，而綜合國力則取決於人口之多寡、政治效率和經濟發展。

在權力轉移的過程中國與國之間會出現相互競爭的情勢，通常主導國際體系的強權企圖維持國際現狀，而崛起的強權則對現況有所不滿。由於挑戰者的國力增強，因此會設法改變現狀。如果防衛者與挑戰者無法協調，衝突就有可能爆發。因此，「權力轉移」理論是一種動態的架構，透過對國際間階層體系中各國滿意度及對和平與衝突的選擇等作有系統的探討，提供了解國際政治的基本原則。[34]

超強（美國）在體系內掌握了最多的資源，並依據本身的利益主導國際趨勢、建立秩序與分配資源。儘管超強權國家扮演支配性角色，但也無法單獨控制其他大國的行動，而是透過「超越」潛在對手的優勢及採取「結盟」的方式來管理國際權力體系，進而繼續維持其超強地位。「權力轉移」理論將挑戰者定義為當其國力達超強權國家的國力80%（含）以上的國家，如果未來出現對現況不滿的挑戰者和其支持者，將會是引發戰爭的導火線。[35]

除了上述全球的權力層級體系之外，此種權力層級也存在於各區域間，也就是在不同的地域會形成各自的區域權力層級，以及擁有各自的超強權、強權、次權和弱權。若將圖1-2的三角形轉換成角錐形，則增加了地理距離的第三構面，例如印度與巴西同屬三角形中的強權國家，但他們因地理上的距離並不會在相同區域階層體系中相互影響。印度在南亞而巴西在南美扮演重要角色，所以它們分別在整個大圓錐體中以不同的小圓錐形式出現（如圖1-2）。

---

34 Tamman, Ronald et al., eds., *Power Transitions: Strategies for the 21st Century*, New York: Chatham House Publishers., 2000, pp. 5-6.

35 Ibid., pp. 6-7.

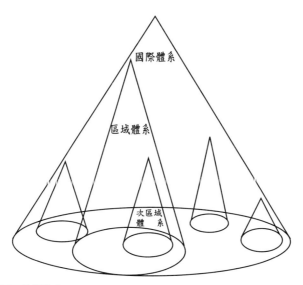

圖1-2　全球及區域體系

資料來源：《權力轉移：21世紀的戰略》（*Power Transitions: Strategies for the 21st Century*），頁8。

　　惟這些區域權力層級所形成的體系是受全球權力層級制度的影響：因此，低階者不會跨越區域控制較高的區域層級，且區域層級中的強權國家是受全球層級中強權國家所影響，亦即戰爭可從全球層級擴散到區域層級，但不會由區域層級向上擴散到全球層級，決定區域內戰爭的條件之一是「比鄰」（proximity）。**36**

一、權力動態變化的因素

　　「權力轉移」理論認為一個國家的權力是由人口（population）、經濟

36　Ibid., pp. 8, 64-68.

力（economic productivity）和政治力（political capacity）三者作用而成，每一個因素對權力有不同的影響，人口數量在短期內是難以改變的，經濟成長的改變相對較迅速，對權力的影響是中期的，而政治能力則可以在短時間內高度運作並影響國家的權力。**37**

二、人口因素

國家的人口係指能夠提供勞動力及戰鬥力的人數而言，它是成爲強權國家的必要條件，如果沒有足夠的人口，一個國家不可能成爲強權。政府可藉由經濟手段改變國家的生產力，或藉由政治的控制提升其相對政治能力，但很難由政策來操縱人口成長率，因爲人口不可能在短時間內快速變化的。**38**

三、經濟成長

眾多的人口並不代表強大的國力，其人口必須具有相當生產力才能促進經濟成長。經濟成長可增加資本累積，資本成長則反應在國內生產總值（GDP）。但如果人口過多且缺乏政治能力，則國家可能陷入「貧困陷阱」（poverty trap），即生產小於消費。反之，優質的勞動力及政治能力則能促使經濟快速成長。經濟成長通常集中在開發中國家，已開發國家因已達到相對較高水準的資本累積和政治能力，經濟成長力道趨於緩和。

37 A.F.K. Organski, and Jacek Kugler (1980), *The War Ledger*, Chicago: University Of Chicago Press,1980, pp. 15-16.

38 Feng Yi, Jacek Kugler, and Paul Zak, "The Politics of Fertility and Economic Development," *International Studies Quarterly*, Vol.44, No.2 , 2000, pp. 667-694.

四、政治能力

政治能力係指國家對其國民取得資源的能力。政治上有能力的政府相對地可獲得較多資源，從而擴展其國家權力。經濟發展程度較低的國家，因為個人精力多消耗在求取日常生活所需，要從其中獲取資源較為困難。就國家發展言，在經濟發展程度較低和經濟成長較高的國家之中，國家獲取資源的能力有顯著的不同。在高強度政治控制的國家，能有效動員其潛在人口資源使國家的權力增強。對具有眾多人口和生產力持續改善中的國家而言，相對政治能力為國家權力變化的關鍵變數。

五、「結盟」影響「權力轉移」

由於權力要素的人口和政治力受外界影響甚小，而經濟發展又以「內生成長」為主，故「權力轉移」理論並不重視國際政治上的「結盟」，但金武桑（Woosang Kim）針對「結盟」提出如下的修正。不同的經濟成長導致全球或區域的主要國家間權力分配的變化，藉由工業化、政治現代化、科技發展產生的內部成長導致主要國家間相對能力的變化。國內政經結盟的轉變導致國家利益及對國際現狀的變化。權力的再分配和利益的再定義提供快速成長國家挑戰現狀的機會。他的研究有三項結論：挑戰者的不滿意、對手國間的權力分配和結盟的程度都會提高衝突的可能性；結盟可提升權力，故可減輕或加劇戰爭的風險；透過技巧的結盟或解盟策略，東亞及其他地區的戰爭危機可獲得管理。[39]

---

39 Woosang Kim, "Power Parity, Alliance, Dissatisfaction, and Wars in East Asia, 1860-1993," Journal of Conflict Resolution, Vol. 46, No. 5, Oct. 2002, pp. 654-671.

六、「權力轉移」適用性的擴張

　　「權力轉移」理論的分析層次（level of analysis）原屬「國際層次」，[40]但藍基（Douglas Lemke）認為在區域體系或區域次體系也適用。他將南美洲（美洲區域體系之下的次體系）分成大西洋岸（阿根廷、巴西和烏拉圭）、太平洋岸（智利和祕魯）、北方濱海（哥倫比亞、厄瓜多爾和委內瑞拉）和中部國家（玻利維亞和巴拉圭）等四個更小的區域做為分析的單位（unit of analysis）。藍基的研究發現南美洲的和平時期相對較長因為該次區域內的國力很少達到戰爭所需的均勢（parity）。[41]

　　值得一提的是「權力轉移」理論應用於全球各區域的研究中發現，「均勢」和「不滿意」同時存在比兩者均不存在時戰爭發生的機率大幅提高，以南美地區為例從1.2%提升至11.6%，增加將近十倍（詳見表1-1）。

表1-1　區域性戰爭的機率（%）

	強權	非洲	遠東	中東	南美
未達均勢、滿意	7.9	0.8	2.2	1.4	1.2
均勢但滿意	14.8	1.5	4.2	2.7	2.3
未達均勢、不滿意	32.0	4.0	10.7	7.1	6.1
均勢且不滿意	48.6	7.8	19.4	13.3	11.6

資料來源：《權力轉移：21世紀的戰略》（*Power Transitions: Strategies for the 21st Century*），頁72。

40　華茲（Kenneth Waltz）在其經典《人、國家與戰爭》中指出戰爭起源可分為以下三者：個人層次（individual level）係就決策者的人格特質如嗜權、好鬥等角度推敲戰爭爆發的原因；國家層次（state level）從國內政治體制或決策程序角度，如是否民主，預測戰爭發生的可能；國際層次（system level）主要從國際體系的權力結構，如「無政府狀態」或「單極／兩極／多極」等探討人類戰爭的由來。Waltz, 1959.

41　Lemke, Douglas, "Small States and War: An Expansion of Power Transition Theory," in Jacek Kugler and Douglas Lemke, eds., Parity and War: Evaluation and Extension of The War Ledger, Ann Arbor: The University of Michigan Press, 1996, pp. 77-91.

　　當一國的國力提升後，相對地也會希望在全球或區域的階層體系中享有較多的權力。因此，「權力轉移」理論認為引發戰爭的動機主要來自對權力層級內規範滿意度的變化，而大部分的衝突係由不滿意現況的國家期望提高在權力層級中的地位而發生。位於權力階層體系頂部的國家（如圖1-1），通常因為控制了大多數的財富與權力，並且制訂相關的規則，超級強權相對較滿意現況，因此是現況的捍衛者。以下兩節分別探討小布希和歐巴馬兩位美國總統的拉美外交政策。

參、小布希失去拉美

　　小布希第一任總統期間忙於因應911事件冷落拉美情有可原，連任後雖企圖振作卻力不從心。2004年初，「美洲對話」（Inter-American Dialogue）總裁哈金（Peter Hakim）在《外交事務》（*Foreign Affairs*）雙月刊上題為「不情願的伙伴」（The Reluctant Partner）一文中指出，「巴西或許沒有強到足以如願地塑造拉丁美洲的政策，但它還是有足夠的能力幫助或阻撓美國在此一地區的計畫。」由於「長久以來巴西政界一直認為巴西是和美國、俄羅斯、中國和印度並列的強國，」雖然「巴西從未強烈地挑戰美國的目標……但盧拉在雙邊關係加入了意識形態的成分，」因此，「布希應避免強迫盧拉選邊（to choose side）。」[42]

　　巴西學者包吉歐（Carlos Gustavo Poggio Teixeira）在《巴西、美國和南美次系統：區域政治和缺席帝國》（*Brazil, the United States, and the South American Subsystem: Regional Politics and the Absent Empire*）一書中認為柯林頓（Bill Clinton）提出的「美洲自由貿易區」（FTAA）因未顧及巴西在南美的龍頭地位，導致巴西和其他鄰國聯手阻止美國南進，終致FTAA胎死腹中。[43]

　　布希本打算在2005年重建與世界溝通的橋樑，結果卻陷入各種外交麻煩中，《基督教科學箴言報》甚至認為當年是美國外交上失敗的一年。[44]先看擁有34個會員國的美洲國家組織（OAS）祕書長的選舉。該組織於4月11日選舉新任祕書長，結果美國屬意的候選人薩爾瓦多前總統福樂雷斯（Francisco Flores）在選前四十八小時宣布退出，另兩位候選人在五次投票

42　Peter Hakim, "The Reluctant Partner," *Foreign Affairs*, Jan./Feb. 2004, pp. 114-123.

43　Carlos Gustavo Poggio Teixeira, *Brazil, the United States, and the South American Subsystem: Regional Politics and the Absent Empire*, Lexington Books, 2012. Reviewed by Richard Feinberg, *Foreign Affairs*, Vol.92, No.1, Jan./.Feb., 2013, p.194.

44　Howard LaFranchi, "Image problems hamper US on goals abroad" *The Christian Science Monitor*, Dec. 30, 2005.

均以17對17票打成平手後，大會決定於5月2日再投票。未料另一位候選，墨西哥當時的外交部長戴貝斯（Luis Ernesto Derbez）也於4月29日宣布退選。戴貝斯不但是美國訓練出來的經濟學家，且曾任職世界銀行長達十四年，而墨西哥則是北美自由貿易區的成員國。

4月28日美國國務卿萊絲表示，「美國支持的候選人戴貝斯是一位優秀的人選，不但在墨西哥工作出色，而且在國際上也是一位傑出的外交家。」美國最不希望的是由智利前內政部長殷蘇薩（José Miguel Insulza）當選。七○年代初他曾擔任智利左派總統阿葉德（Salvador Allende）的顧問，皮諾契獨裁期間則流亡義大利和墨西哥。福樂雷斯和戴貝斯相繼在選前最後一刻退選幕後的施壓者正是盧拉，此一結果相當程度反應巴西率領南美對抗北美的野心。

2005年底《新聞周刊》（*Newsweek*）封面故事形容布希是美國近代最孤立封閉的總統，形同生活在對外隔絕的氣泡裡（Bush in the Bubble），他只聽極少數人的話，且不聽逆耳之言。[45]該刊國際版編輯札卡利亞（Fareed Zakaria）露骨地認為布希發展出「帝國式的外交」（imperial style of diplomacy）是因為他「缺乏和世界溝通的天分」，具體事證是布希多次出訪行程中和受訪國家「盡可能的少接觸」（as little contact as possible）。[46]

一、拉美內部的「權力轉移」

墨西哥與美國的密切關係雖因九一一事件中斷，但拉美多國如古巴、委內瑞拉等對美墨關係頗不以為然，巴西官員不但將傳統的拉丁美洲畫分為

45　Evan Thomas and Richard Wolffe, "Bush in the Bubble," *Newsweek*, Dec. 19, 2005, p.10-19.

46　Fareed Zakaria, "An Imperial Presidency," *Newsweek*, Dec. 19, 2005, p.9.

「北美」、「南美」以示和墨西哥劃清界線，[47]甚至聯手另起爐灶。2004年12月「南方共同市場」和「安第斯國家集團」合併為「南美洲國家聯盟」（Unión de Naciones Suramericanas, UNASUR）。

　　就拉丁美洲內部的「權力轉移」而言，巴西和墨西哥雖為次區域的兩大強權，但因地處南、北兩端，不具備藍基強調的「比鄰」（proximity）條件，因此發生戰爭的機率低。巴西因為綜合國力最強者，故其外交以維持區域穩定、確保既得利益為原則。巴西被美國視為「心不甘情不願的伙伴」，因為一旦「美洲自由貿易區」（FTAA）成立，巴西在南美洲的龍頭地位將受到威脅。

二、委、哥衝突

　　2008年2月5日，美國國家情報總監麥康諾（Michael McConnell）在十六個情報單位主管的陪同下，於參院情報委員會在年度例行「美國當前及未來的威脅」聽證會上表示，在古巴和伊朗的協助下，委內瑞拉總統查維茲（Hugo Chávez）持續挑戰美國在拉丁美洲的利益。[48]但從「權力轉移」理論看，委內瑞拉的威脅僅屬區域層次，其中又以和哥倫比亞之間的對抗最為明顯，因為兩國關係具備「比鄰」、「均勢」、「不滿意」三條件，故戰爭機率高。

　　2008年3月1日哥倫比亞政府軍以陸、空聯合行動，越界進入厄瓜多爾邊境追剿哥國最大左派叛軍——「哥倫比亞革命武裝力量」（Fuerzas Arma-

---

47　Andres Oppenheimer, "Brazil may be overplaying hand as South American superpower," *The Miami Herald*, May 8, 2005.

48　"Report: Chávez's anti-U.S. crusade is intact Pablo Bachelet," *The Miami Herald*, Feb. 6, 2008. 張宗智、林寶慶，「台海最大威脅是誤判」，《世界日報》，2008年2月6日。

das Revolucionarias de Colombia, FARC），被擊斃的數十名武裝人員中包括該組織二號人物雷耶斯（Raúl Reyes）。次日，厄瓜多總統柯雷亞（Rafael Correa）指控哥國侵犯主權，除召回駐哥大使、驅逐哥國駐厄大使外，並調派軍隊至兩國邊界，哥倫比亞外交部雖道歉，但指厄瓜多暗助叛軍，兩國對峙情勢急劇升高。委內瑞拉總統查維茲不但調動10個裝甲營至兩國邊境，更指哥國舉動「可能引發戰爭」，已退休的古巴強人卡斯楚（Fidel Castro）則宣稱整個事件是「美帝計畫種族屠殺的結果」。[49]

　　3日厄瓜多爾宣布與哥國斷交，委國則驅逐哥國外交官，且無限期關閉駐哥使館。4日，哥國總統烏立貝（Álvaro Uribe）在美國支持下宣稱要將查維茲資助恐怖主義的罪證告上國際法庭，柯雷亞則赴巴西尋求盧拉總統的支持。6日，中美洲的尼加拉瓜宣布與哥國斷交。7日，多明尼加總統在第二十屆里約集團（Rio Group）峰會中斡旋成功，哥、厄、委三國總統握手言和，尼加拉瓜、委內瑞拉與哥倫比亞復交。[50]外交危機雖暫時告一段落，但最終以華府支持的哥倫比亞道歉收場顯示美國影響力邊緣化的趨勢，小布希的拉美政策可謂全盤皆輸。其政策失敗的持續影響是2011年12月3日正式成立運作的「拉丁美洲暨加勒比國家共同體」（The Community of Latin American and Caribbean States/Comunidad de Estados Latinoamericanos y Caribeños, CELAC）將美國排除在外。

---

49 夏嘉玲，「侵厄瓜多剿叛軍 哥國恐引戰火」，《聯合報》，2008年3月4日。
50 蔡文英，「瀕臨開戰 哥厄委3國突言和」，《蘋果日報》，2008年3月8日。

肆、歐巴馬能挽回拉美？

　　2009年4月17～19日在千里達與多貝哥舉行的第五屆美洲國家高峰會議期間，美國總統歐巴馬和小布希的死對頭委內瑞拉總統查維茲互動良好，並曾三度握手。在歐巴馬與南美洲國家聯盟十二個成員國會面時，查維茲主動送給歐巴馬一本烏拉圭作家加萊亞諾（Eduardo Galeano）所寫的《拉丁美洲：被切開的血管》（*Open Veins of Latin America: Five Centuries of the Pillage of a Continent*）。儘管該書主要內容在揭露新、老殖民者對拉美的剝削和掠奪，歐巴馬還是欣然接受贈書，並表示將回贈一本他自己寫的書。

　　《拉丁美洲：被切開的血管》於1971出版，「可讀性高」只是該書曾高居亞馬遜暢銷書排行榜第二位的原因之一，另一原因是該書出版近四十年後書中描繪的貧窮和不均仍普遍存在，儘管貧窮人口的比例降低了，但因總人口增加故窮人的數量是增加的。至於拉美實質平均收入仍停留數十年前的水準，因此和北美的差距反而更大了。[51]《拉丁美洲：被切開的血管》全書跨越近五百年，作者從1492年哥倫布「邂逅」美洲後西班牙對印第安人統治的崩解談到二十世紀中拉美的外債、投資和資本主義間的惡性循環。他痛陳拉丁美洲如何先後在歐洲和美國的殖民統治下「持續為服務他人的需求而存在」。該書更解釋拉美如何在被掠奪、揮霍後深陷貧富懸殊的劫難。如果用一句話表達該書的主要訴求應該是「拉丁美洲的發展不足（underdevelopment）是其他地區發展（development）的結果」。[52]

　　但《華爾街日報》專欄作家歐格蘭蒂（Mary Anastasia O'Grady）認為該書根本是「白痴的聖經」（the idiot's bible）。她舉1996年出版的暢銷書《拉丁美洲完全白痴手冊》（*The Manual of the Perfect Latin American*

51　Marjorie Miller, " 'Open Veins' and enduring ills in Latin America," *Los Angeles Times*, April 26, 2009.

52　向駿，「歐巴馬在拉丁美洲的挑戰」，《歷史月刊》，257期（2009年6月），頁44-49。

Idiot）為例，該書譏諷充滿胡言亂語的《拉丁美洲：被切開的血管》是拉美白痴最常引用的聖書。而2007年出版的《被遺忘的大陸》（*Forgotten Continent*）則認為《拉丁美洲：被切開的血管》一書是由選擇性的事實、誇張、錯誤和陰謀所組成的。[53]《白痴手冊》作者之一尤薩（Alvaro Vargas Llosa）認為最能被鼓舞的白痴有兩位，一是委內瑞拉總統查維茲，另一位是玻利維亞總統莫拉雷斯（Evo Morales）。[54]看來查維茲大力推銷該書若非意識形態使然就是別有用心。

為改善與拉」美洲的關係，歐巴馬「承認美國過去的政策錯誤」，並利用參加美洲高峰會的機會向查維茲伸出「友誼之手」。美國國內的保守派如美國參議院前議長金瑞奇（Newt Gingrich）和前副總統錢尼（Dick Cheney）警告歐巴馬不要被查維茲的握手和擁抱所「迷惑」。但《紐約時報》則在社論指出，「委內瑞拉不是戰略威脅，美國為布希總統的莽撞已付出太高的代價。」[55]

其實從地緣戰略看，巴西才是美國真正的對手。巴西著名經濟學家富爾塔多（Celso Monteiro Furtado, 1920～2004）認為「擬議中的從阿拉斯加到火地島的美洲自由貿易區『也不會有進展』。因為兩個美洲之間存在巨大的差別，所以『很難想像』它們之間『會達成協議』，只有無視兩個美洲的特殊情況，無視兩個美洲的差異，才會相信這個倡議』。」[56]

53   Mary Anastasia O'Grady, "The Idiot's Bible," *The Wall Street Journal*, April 26, 2009. Plinio Apuleyo Mendoza, Carlos Alberto Montaner and Alvaro Vargas Llosa, *Manual del perfecto idiota latinoamericano* (The Manual of the Perfect Latin American Idiot), Plaza & Janes Editores; 1996. Michael Reid, *Forgotten Continent: The Battle for Latin America's Soul*, Yale University Press, 2007.
54   Alvaro Vargas Llosa, "The Return of the Idiot," *Foreign Policy,* May/June, 2007.
55   "Horrors! A Handshake!" *The New York Times* (editorial), April 24, 2009.
56   楓林，「富爾塔多談歐洲─拉美自由貿易等問題，」《拉丁美洲研究》，2000年1期（1月），頁57。

一、美國重返拉美五道坎

根據國際貿易委員會（International Trade Commission）的統計，拉美市場占美國出口的44%。以2011年為例，美國對墨西哥的出口達一千九百七十億美元，超過對英國、德國、法國、義大利、西班牙和愛爾蘭的總合，美國對拉美出口達三千六百六十億美元，超過對中國出口的三倍（一千零三十億美元）。拉美對美國經濟發展的重要性絕不亞於歐洲和亞洲。

歐巴馬總統能否在第二任期內重返拉美有五道坎。第一是能否有效改革移民政策？2012年大選他所獲得71%拉丁族裔的選票是改革移民政策最有力的民意基礎，因為一千一百萬非法移民中的大部分將因此受惠。根據《全球經濟中的僑匯與發展》（*Migrant Remittances and Development in the Global Economy*）一書作者歐羅斯哥（Manuel Orozco）的估算，目前拉美非法移民如果取得合法身分，每年從美國寄回母國總計約七百三十億美元之僑匯將可增加18%，即在2014年可再增加一百三十億美元。**57**這將有助於改善墨西哥和中美洲國家的經濟。

第二是查維茲的影響力是否持續？委內瑞拉前總統查維茲於2013年3月5日過世對美國而言固然是好消息，但4月14日選出的繼任者馬杜洛（Nicolas Maduro）是否與華府修好尚待觀察。《華盛頓郵報》專欄作家羅賓森（Eugene Robinson）認為美國若作出正確反應將有助於古巴和委內瑞拉推動改革。儘管兩國民眾大多希望改善與美國關係，但華府若期望古、委兩國在一夜之間成為美國人心目中理想的民主化資本國家，那可能是緣木求魚。

後查維茲時代並不保證美國能順利重返南美，故華府需認真面對。國務院主管拉美事務的助理國務卿Roberta S. Jacobson曾於2012年12月21日主動

57　Andres Oppenheimer, "Obama may help Latin America - without trying," *The Miami Herald*, Jan. 19, 2013. Manuel Orozco, *Migrant Remittances and Development in the Global Economy* Lynne Rienner Publishers, March, 2013.

以電話聯絡查維茲指定接班的副總統馬杜洛（Nicolas Maduro），主要討論恢復互派大使的可能性。

第三是美巴關係能否有效改善？對德國鐵血宰相俾斯麥（Otto von Bismarck）而言，當年歐洲的地圖是「法國在左邊，俄國在右邊，我們在中間。」史丹佛大學胡佛研究所高級研究員Timothy Garton Ash認爲今天的歐洲領導人如果具備俾斯麥的智慧，應該說：「中國，印度和俄國在右邊，美國和巴西在左邊──這就是我們的歐洲地圖。」[58]從地緣戰略看，巴西才是美國需要拉攏的對象。

以2013年1月在巴西利亞召開的第六次巴西──歐盟峰爲例，羅塞芙在共同行動宣言簽字儀式和新聞發布會中指出，2013年巴西與歐盟的共同願望是共渡難關，讓經濟發展更上一層樓。歐盟作爲巴西最大的貿易伙伴和外國對巴直接投資的最大來源地區，雙方關係歷來十分緊密，巴西視歐盟爲戰略關係伙伴。

對於美國因應金融海嘯所提出的量化寬鬆措施，巴西財長曼特加（Guido Mantega）曾多次警告該措施屬保護主義，所引發的匯率戰爭可能給世界帶來嚴重後果。[59]儘管如此，相較反美意識形態較濃的前總統盧拉（Luiz Inácio Lula da Silva），積極改善和現任總統羅塞芙（Dilma Rousseff）的關係應爲歐巴馬能否重返拉美的關鍵。

第四是中國經濟是否持續快速成長？由於中國經貿實力已能有效幅射拉美，美國不宜仍將拉丁美洲的忠誠視爲理所當然。2010年《經濟學人》提出「拉美十年」（Latin American Decade）一詞後，愈來愈多人看好拉丁美

58　Timothy Garton Ash, "Can Europe Survive the Rise of the Rest?" *The New York Times*, Sept. 10, 2012. 蒂莫西・加頓・阿什，「大國環伺之下歐洲如何求生？」《紐約時報》，2012年9月10日。

59　John Paul Rathbone, Jonathan Wheatley, "Brazil's finance chief attacks US over QE3," *The Financial Times*, Sept. 21, 2012. 約翰・保羅・拉思伯恩，喬納森・惠特利，「巴西財長：美聯儲第三輪量化寬松是匯率戰爭」，《金融時報》，2012年9月21日。

洲。[60]但「拉美十年」的出現相當程度取決於中國的經濟發展。中國在追求國內政治穩定的同時，兼顧其經濟發展步調並對「拉美十年」作出貢獻恐非易事。再者，儘管巴西國際地位大幅提升，然因經濟成長過度依賴中國引發質疑：中國的國家資本主義會成為「新殖民主義」威脅嗎？中國如無法及時做出相應的政策調整，美國重返拉美機會可能大增。

　　第五道坎是能否有效整合TPP「聯拉抗中」？近來美國不僅高唱「重返亞洲」，更積極推動「跨太平洋伙伴關係」（Trans-Pacific Partnership, TPP）。從「大戰略」層次看，TPP是後冷戰以來美國改善和拉美關係最重要的政策。TPP包括智利、墨西哥和祕魯，哥倫比亞則早於2010年表達參加的意願，更重要的是這四個濱臨太平洋的拉美國家已於2012年6月6日在智利簽署拉美太平洋聯盟（Pacific Alliance/ Alianza del Pacífico）框架協定。美國如能有效整合拉美國家，不僅可領軍突破在全球地緣經濟的地位，更可達到「聯拉抗中」的「大戰略」效果，重返「美國後院」亦將水到渠成！

　　影響二十一世紀初拉丁美洲國際關係的三個重要因素為美國衰退、中國崛起、和拉美轉型。由於中國經貿實力已可有效幅射至拉美，美國不應仍將拉丁美洲的忠誠視為理所當然。從美、中「權力轉移」理論和實務看，拉美國家逐漸從「反美」向「脫美」移動恐難避免，但如何減緩速度則視華府能否提出有效政策。儘管在可見的未來，美國外交重心或將移至亞洲，然其綜合國力之提升仍有賴於與拉美關係之維持與改善。[61]歐巴馬如無法有效拉攏拉美制衡中國，拉丁美洲恐將不再是「美國後院」。

60　向駿，「風水輪流轉 拉美大翻身」，《聯合早報》，2012年1月31日，版23。
61　Parag Khanna, "Look South, Not East," *Foreign Policy*, Nov. 11, 2011.

第二章　民主發展：後第三波挑戰

政治文化可能影響民主政治的發展，民主政治的運作也可能影響
政治文化的形成，政治文化既是政治發展的因也是果，端視地區的
不同而定。

Larry Diamond, Seymour Lipset, and Juan Linz, 1987.

壹、前言

　　拉丁美洲國家能順利過渡到公民民主嗎？杭廷頓（Samuel P. Hunting-ton）認為在所有選舉民主中，拉美最有可能率先邁入自由民主，因為它和西方文明的相似性、與北美的貿易聯繫日益緊密、經濟處於中等發達水準及精英較偏好民主價值觀等等。[1]但學界也有不同的看法，有些觀點認為拉美民主的前景沒那麼樂觀，貧困和不平等導致的政治兩極化是其致命威脅。另一些觀點則認為，當前拉美社會組織日益鬆散會降低民主體制的效率並危及其合法性。[2]根據「拉美民主晴雨表」（Latinobarómetro）2008年的調查，拉丁美洲僅五分之一的民眾信任其政黨，四分之一信任其立法部門及三分之一信任其司法部門。[3]本文區分為文獻回顧、墨西哥、宏都拉斯及海地三個案例研究及結論五部分。

1　Samuel P. Huntington, "After Twenty Years: The Future of the Third Wave," *Journal of Democracy,* Vol.8, No.4, Oct. 1997, p. 10.

2　Marcus J Kurtz, "The Dilemmas of Democracy in the Open Economy: Lessons from Latin America," *World Politics*, Vol.156, Jan. 2004, p. 262.

3　Larry Diamond, "The Democratic Rollback," *Foreign Affairs*, Vol.87, No.2, March/April, 2008, pp. 36-48.

貳、文獻回顧

　　1950及1960年代有關民主政治的理論基本上可分為兩大類：一類屬經驗性，另一類屬規範性。前者「只問事實不問價值」，後者「只問價值不管事實。」但是「這種分類的正當性，在1970年代以後，漸漸受到政治學者的質疑」，因為「事實與價值之間絕非截然分割而毫無關係，或經驗命題與規範性命題之間絕非涇渭分明而互斥對立。」[4]

　　晚近探討「民主化」運動的文獻概可分為四類。第一類著重於分析政治制度對民主的開放、過度、和鞏固所可能產生的影響。例如Juan Linz和Samuel Valenzuela就認為要鞏固民主需建立一套有助於維持民主政治的制度與行為準則。Adam Przeworski則認為建立民主的首要條件在於使政治參與者都了解民主乃解決衝突的唯一方式，任何以非民主手段達到目的之行為都將招致更大的損失。不論得勢（當選）或失勢（落選）都不是永久的，因此遵守民主程序的競爭規則為各方獲得政治權力的最佳保證。[5]而民主化過程中最大的特徵就是「不確定性」（uncertainty），亦即大部分的衝突雖都經由民主程序解決，但卻沒有任何人可於事先準確預知結果。[6]

　　就政治層面而言，影響民主化運動最重要的機制為政黨制度和選舉制度，因為「政黨賦予人民參政的管道，建立百姓和政府間的連繫，選舉則有助於建立民主乃主權在民的意識。」[7]無政黨，一則無法匯聚多元社會錯綜

4　郭秋永，《當代三大民主理論》，臺北：聯經出版社，2001年，頁22。

5　Adam Przeworski, *Democracy and the Market*, New York: Cambridge University Press, 1991, p. 4.

6　Adam Przeworski, "Some Problems in the Study of the Transition to Democracy," in Guillermo O'Donnell, Philippe C. Schmitter, and Laurence Whitehead, eds., *Transition from Authoritarian Rule*, Baltimore: The Johns Hopkins University Press, 1986, p.58. Also see Adam Przeworski, "The Games of Transition," in Scott Mainwaring, Guillermo O'Donnell, and J. Samuel Valenzuela, eds., *Issues in Democratic Consolidation*, Norte Dame, Ind.: University of Norte Dame Press, 1992, p. 105.

7　Scott Mainwaring and Timothy R. Scully, eds., *Building Democratic Institutions: Party Systems in Latin America*, Stanford: Stanford University Press, 1995, p. 24.

複雜的民意並實施公意政治，再則無法透過在野黨執行監督落實責任政治。
而公意政治和責任政治的運作若無公平、公正、公開的選舉制度則難竟其
功。[8]

政黨維持其政壇地位的方法概略有下列三種。一、執政黨不斷壓制甚或
否定反對黨及其政治活動的合法性。二、執政黨利用職權或賄賂選民、或利
益輸送、甚或騷擾反對黨，以利在選舉中獲勝。三、執政黨以其政績爭取選
民的認同和支持。[9]政黨，特別是執政黨如希望以政績吸引選票，則需廣納
技術官僚。政黨所期待的政績愈高，所任用的技術官僚就愈多。就拉美而言
墨西哥和阿根廷為成功案例，委內瑞拉則屬失敗案例。[10]

「選舉制度對於形塑政黨的重要性是顯而易見的，並且不論是總統制
或內閣制，選舉制度也跟著大大決定了政治體系的效應。」[11]然就拉丁美洲
而言，「由於不當的選舉制度運作，加深了與政治疏離的情況，拉丁美洲的
政治制度缺乏反應與效能，所以他們明確表示比例選舉制度（proportional
electoral system）改革的必要（智利與墨西哥除外），以利採納英美的『第
一名過關』（first-past-the-post），或其他過半數與相對多數的制度。」[12]

第二類側重於財經政策對產業（利益）團體間政治結盟所可能產生的影

8　向駿，「墨西哥民主化運動之發展近況」，《問題與研究》，38卷12期，1999年12
月，頁17-28。

9　Lawrence Mayer, *Redefining Comparative Politics: Promise Versus Performance*, Newbury
Park, CA: SAGE Publications, 1989, p.109.

10　Mark Eric Williams, "Escaping the Zero-Sum Scenario: Democracy versus Technology in
Latin America," *Political Science Quarterly*, Vol. 121, No. 1, Spring 2006, pp. 119-139.

11　Dieter Nohlen（陳駿德譯），「拉丁美洲的選舉制度與選舉改革」，見Arend Lijphart
and Carlos H. Waisman, *Institutional Design in New Democracies*, 蔡熊山、陳駿德、陳
景堯（譯），《新興民主國家的憲政選擇》，臺北：韋伯文化出版社，1999年，頁
53。

12　Peter Siavelis and Arturo Valenzuela（陳駿德譯），「選舉動力與政治穩定」，見Ar-
end Lijphart and Carlos H. Waisman, Institutional *Design in New Democracies*, 蔡熊山、
陳駿德、陳景堯（譯），《新興民主國家的憲政選擇》，臺北：韋伯文化出版社，
1999年，頁93。

響。如Jeffry A. Frieden分析拉美國家因對外債危機處理方式的差異而導致不同的民主發展。[13]Karen L. Remmer則探討經濟危機與民主化發展在拉美國家互動的經驗。[14]當拉美國家「從程序民主進入到實質民主的過渡期中，經濟發展的不穩定性乃是影響其民主鞏固的重要因素之一。」[15]而「新自由主義」（neoliberalism）、跨國企業及國際貿易對拉美民主發展的影響更廣泛地被研究。[16]

　　早在1959年李普賽（S. M. Lipset）的「民主政治的一些社會要件」一文就對經濟發展和民主政治關係有過系統性的研究。[17]李普賽以實證比較方法所得的結果是：國家的經濟發展程度愈高，民主政治愈得以維持。此後經濟發展和民主化關係的研究結果概可歸納爲四類。一、經濟發展可導致或有助於民主化；二、民主化會促進經濟發展；三、經濟發展不一定導致或有助於民主化；四、民主化不一定會進經濟發展。這四種看法各有其不同的理論基礎，也引用不同的實例。[18]至90年代，經濟學者實證結果發現，經濟發展

13　Jeffry A. Frieden, *Debt, Development, and Democracy: Modern Political Economy and Latin America*, 1965-1985 (Princeton: Princeton University Press, 1991), pp. 3-91.

14　Karen L. Remmer, "Democracy and Economic Crisis: The Latin American Experience," *World Politics*, Vol. 42, No. 3 , April 1990, pp. 315-335.

15　蔡東杰，「民主化理論的釐清與重構：以拉丁美洲爲例」，《問題與研究》，36卷8期（1997年8月），頁67-80。向駿，「北美自由貿易協定對墨西哥政治的影響」，《問題與研究》，36卷3期，1997年3月，頁91-99。

16　Judith A., Teichman, "Competing Visions of Democracy and Development in the Era of Neoliberalism in Mexico and Chile," International *Political Science Review*, Vol. 30, No. 1 Jan. 2009, pp. 67-87. Javier Rodríguez and Javier Santiso, "Banking on Democracy: The Political Economy of International Private Bank Lending in Emerging Markets," *International Political Science Review*, Vol. 29, No. 2, March 2008, pp. 215-246. Beatriz Magaloni, "Partisan Cleavages, State Entrenchment, and Free Trade: Latin American in the 1990s," *Latin American Research Review*, Vol. 43, No. 2 , 2008, pp.107-135.

17　Seymour Martin Lipset, "Some Social Requisites of Democracy," *American Political Science Review*, Vol. 53, No. 1, 1959, pp. 69-105.

18　詳見郭承天，吳煥偉，「民主與經濟發展：結合質與量的研究方法」，《問題與研究》，36卷9期，1997年9月，頁77-82。

會導致民主，但民主並不會導致經濟發展。[19]

　　貿易自由化之所以會對民主化運動產生巨大的影響，因為貿易的開放不僅會增加財貨、勞務之交流，附帶地也增加思想、觀念的相互激盪或管理技術的逐步改進。再者，由於貿易政策的轉變對產業（利益）團體間政治結盟會產生影響，因而改變其政治生態進而影響民主化運動的進程。Ronald Rogowski曾就歷史的角度分析對外貿易如何影響國內政治的聯盟，他認為對外貿易開放的程度會影響國內生產要素（資本、勞工、土地和技術）所有權人之間的利益分配，進而導致政治結盟的變化。[20]Elhanan Helpman更以數學實證發現，國際貿易政策的形成與國內利益團體的政治行為之間確實存在緊密的聯繫。[21]

　　貿易與民主的關係在政治經濟學上有兩種相對的看法。第一種學派認為貿易和民主係「正」相關：即貿易愈開放民主也愈進步。第二種學派認為貿易和民主係「負」相關：即貿易開放會阻礙民主的成長。第一種學派的推論乃植基於「比較利益論」（comparative advantage）。所謂「比較利益」在經濟學上係指由於各國生產的要素稟賦（endorsement）不盡相同，各國將生產、出口相對價格較高的商品、進口相對價格較低的商品以獲取最大的貿易利得（gains from trade）。國際貿易之不可避免乃因「比較利益」之無所不在。[22]此一學派認為國際貿易會提升經濟自由，進而導致資本、技術、資訊的互通有無，乃至思想、觀念的互相激盪。凡此種種均會加速民主化的腳步。因此，貿易與民主係正相關。

19　Ross E. Burkhart and Michael S. Lewis-Beck, "Comparative Democracy: The Economic Development Thesis," *American Political Science Review*, Vol.88, No. 4 (Dec. 1994), pp. 903-910.

20　Ronald Rogowski, "Political Cleavages and Changing Exposure to Trade, " *American Political Science Review*, Vol. 81, No. 4 (Dec. 1987), pp. 1121-1137.

21　Elhanan Helpman, "Politics and Trade Policy," *NBER Working Paper* 5309, Oct. 1995.

22　有關「比較利益」無所不在的討論詳見 "The Miracle of Trade," *The Economist*, Jan. 27. 1996, pp. 61-62.

　　第二種學派則認爲由於政府介入國際貿易乃不可避免，如關稅的制定，人民的財貨交易自由因貿易的發生而不得不有某種程度的犧牲。此一學派更認爲由於國際貿易一直被視爲「經濟成長的引擎」，而經濟成長又往往被百姓視爲施政成敗的重要指標。因此，非民主政府往往可借由貿易開放所帶來的經濟成長而提升其政權的合法性。智利皮諾契（Augusto Pinochet）政權（1973～1990）被此一學派視爲兩者爲負相關的最佳範例。Stephan Haggard和Robert R. Kaufman則以臺灣爲例，說明良好的經濟表現不但可累積執政當局用於滿足其選民所需的資源，更可增加威權政黨在民主協商過程中的談判籌碼。他們認爲，國民黨以貿易開放政策成功地提升經濟成長，因而延長了執政的時間。[23]祕魯前總統托雷多（Alejandro Toledo）認爲近年來拉丁美洲諸多國家因經濟蓬勃發展導致威權政府行興起，因此也隱含了貿易會間接阻礙民主的概念。[24]

　　第三大類探討「國外因素」對民主化的影響。外國政治或經濟勢力對當地國民主化發展負面的影響往往大於正面的。[25]「更令人吃驚的是，直到二十世紀的最後幾十年，美國在拉丁美洲留下的干預紀錄極不光彩，它爲了保護本國企業，或者是官方所謂的美國國家安全而在拉美進行干預，有時不惜直接干預以推翻當地的民選政府。」[26]如1954年推翻瓜地馬拉民選的阿本斯（Jacobo Árbenz Guzmán）政府，又如1973年推翻智利民選的阿燕德（Salvador Allende Gossens）政府。

　　影響民主化的國際因素有示範效應（demonstration effect），亦稱滾

23　Stephan Haggard and Robert R. Kaufman, *The Political Economy of Democratic Transition, Princeton*: Princeton University Press, 1995, pp. 267-306.

24　Alejandro Toledo, "Latin America: Democracy with Development," *Journal of Democracy*, Vol. 21, No. 4, Oct. 2010, p. 6.

25　Stephen Brown, "Foreign Aid and Democracy Promotion: Lessons from Africa," *The European Journal of Development Research*, Vol.17, No.2, June 2005, pp. 179-198.

26　Robert A. Dahl（著），李柏光、林猛（譯），《論民主》，臺北：聯經出版社，1999年，頁170。

雪球效應（snowballing effect）或骨牌效應（domino effect）。杭廷頓認為
「某一個國家成功地實現民主化，會鼓勵其他國家的民主化。」如阿根廷
的民主化激勵了智利和巴西的民主人士。[27]區域性組織也扮演推動民主化的
角色，「拉美的政治發展進程必然受到外部因素的影響，美洲國家組織歷
來發揮著重要的作用，總的來說，該組織在推動拉美的民主化進程方面功
不可沒。」[28]就拉美而言，里約集團（Rio Group）也在鞏固拉美民主的過
程中發揮過重要作用。1991年9月29日海地發生軍事政變後，里約集團發表
的聲明中重申繼續對海地進行禁運，直到恢復阿里斯蒂德（Jean-Bertrand
Aristide）總統的合法權力。2009年6月28日宏都拉斯政變後，里約集團對
政變發動者表示「最強烈的譴責」並要求恢復前總統賽拉亞（José Manuel
Zelaya）的合法權力！

　　根據「自由之家」（Freedom House）的統計，二十世紀九〇年代中
期全球大約有一百二十個民主國家且呈現穩定狀態，至2009年初選舉的民
主國家仍有一百一十九個，但到2010年初則下降為一百一十六個，「第三
波」民主化似乎遇到了「回潮」，（詳見附表1）。Larry Diamond認為「回
潮」產生的原因之一是西方領袖一方面不太願意指責其友邦的不民主，另方
面又太過度抨擊非友邦國家的民主。拉美的委內瑞拉、玻利維亞和厄瓜多均
屬後者。[29]

　　「美洲國家組織」於1948年成立的宗旨之一是促進區域內的民主，自
1962年起美國因古巴屬於非民主國家堅持「中止」其會籍。然至2012年4月
在哥倫比亞舉行的「美洲國家組織」第六屆高峰會，除美國和加拿大外均

27　Samuel P. Huntington, The Third Wave: Democratization in the Late Twentieth Century,
　　University of Oklahoma Press. 1991, pp. 100-106.
28　江時學，「拉美政治的發展前景」，《拉美發展前景預測》，北京：中國社會科學
　　出版社，2011年，頁42。
29　Larry Diamond, "The Democratic Rollback," *Foreign Affairs*, Vol.87, No.2, March/April,
　　2008, pp. 36-48.

反對再藉民主之名抵制古巴重返該組織，主辦國哥倫比亞總統桑多士（Juan Manuel Santos）甚至於會前親訪古巴向勞爾（Raúl Castro）表達無法邀請出席與會歉意，結果大會因「缺乏共識」無法簽署「宣言」，其未來發展值得觀察。

第四大類將分析重點置於文化的差異上：強調不同的文化對民主化可能產生的不同影響。Gabriel A. Almond 和Sidney Verba於1963年發表的《公民文化：五個國家的政治態度與民主》一書可算是近代西方學者對文化與民主關係跨國研究的首部經典著作，他們將「公民文化」定義為「基於溝通和說服、共識和多元及可適度改變的文化。」[30]1993年由Robert D. Putnam、Robert Leonardi和Raffaella Y. Nanetti共同發表的《使民主運轉起來》則「全面闡述了著名的社會資本理論，有力推動了政治文化研究向縱深發展。」[31]

Robert A. Dahl認為「具有相當文化同質性的國家，極有可能發展和延續民主的政治制度；相反地，一個國家如果存在次文化的嚴重分化與衝突，這種可能性就大大降低。」儘管他認為近兩個世紀以來美國對文化多樣性探取的「同化」方法是非常成功的案例，但他也指出，「到了二十世紀末，在美國，以往的同化方法在對付日漸擴大的西班牙裔和其他產生自我意識的少數民族團體時，能否獲得成功，這還是未知數。」[32]

部分研究認為威權性的文化體系，如天主教、回教和儒家思想等，因講究權威、服從、容忍、秩序等，因此不適合民主政治發展。1990年代馬來西亞和新加坡的政治人物更提出所謂「亞洲價值」論（Asian values），但

30　A "culture based on communication and persuasion, a culture of consensus and diversity, a culture that permitted change but moderated it." Gabriel A. Almond and Sidney Verba, eds., *The Civic Culture: Political Attitudes and Democracy in Five Nations*, 1963, p. 8.

31　Robert D. Putnam, Robert Leonardi, and Raffaella Y. Nanetti, *Making Democracy Work: Civic Traditions in Modern Italy*, Princeton: Princeton University Press, 1993. 郭定平，「編前語」，《文化與民主》，上海：上海人民出版社，2010年，頁1。

32　Robert A. Dahl（著），李柏光、林猛（譯），《論民主》，臺北：聯經出版社，1999年，頁173, 176。

Andrew J. Nathan認為其背後的理由是怕冷戰結束後美國藉人權、民主議題向中國施壓而影響區域的穩定。[33]

　　另有學者指出以政治文化的觀點看民主發展時，有可能單純地將民主政治視爲文化的產物。政治文化與民主政治之間應該是雙向的關係：即政治文化可能影響民主政治的發展，而民主政治的運作也可能影響政治文化的形成，政治文化既是政治發展的因也是果，端視地區的不同而定。[34]因此，「對於不同型態政治經濟發展的研究必定會涉及到文化因素，不論是區域研究或是比較政治研究，沒有政治文化變數的加入恐怕都不夠完整。」[35]

33 Andrew J. Nathan, "Confucius and the Ballot Box," *Foreign Affairs*, Vol.92, No.4 (July/ Aug., 2012), p. 134.

34 Larry Diamond, Seymour Lipset, and Juan Linz, "Building and Sustaining Democratic Government in Developing Countries : Some Tentative Finding," *World Affairs*, Vol. 150, No. 1, 1987, pp. 5-19.

35 向駿，「拉丁美洲政治文化變遷」，向駿主編，《拉丁美洲研究》，臺北：五南書局，2001年，頁120。

參、案例研究

限於篇幅，本章僅就上述文獻中之第一、二、三類提出案例研究，依序為墨西哥、宏都拉斯和海地。

一、墨西哥

本節將從經濟層面探討影響墨西哥民主化運動的因素，包括財經政策的自由化、國營企業之私有化及財富分配之合理化等。

1982年債務危機後拉美各國幾乎同時開始了兩場運動：一場是經濟上的新自由主義運動，即所謂發展模式的轉變；一場是政治上的民主化運動，即所謂拉美的民主復興。[36]杭廷頓對第三波民主化運動的討論中曾多次以墨西哥政經的變化說明經濟自由化與政治自由化之間的因果關係，他認為，歷經第三波民主浪潮的政權在經濟上大多屬於中度發展的國家，因為「在窮的國家裡民主化不可能，在富的國家裡民主化已經發生過了。」[37]然若以被他定義為1976年人均所得介於一千至三千美元的「民主過渡區」（transition zone for democracy）而論，墨西哥該年之一千四百三十六美元明顯屬於民主過渡區的國家，但並未被杭廷頓列入第三波民主國家之林，其主要原因乃在其「一黨獨大」的政黨體系。

以下探討墨西哥如何自八〇年代初因經濟危機被迫實施經濟自由化而導致九〇年代的政治自由化，內容則以1986年加入「關稅暨貿易總協定」（GATT）以及1994年加入「北美自由貿易協定」（NAFTA）為討論重點。墨西哥於1986年在德拉馬德里（Miquel de la Madrid）總統主導下加入關稅

---

36 曹昭輝，「論拉美發展模式的轉換和政治民主化」，《拉丁美洲研究》，1996年2
期，頁8。
37 Huntington, *The Third Wave*, p. 60.

暨貿易總協定(GAAT)後,墨國經濟因受該協定的規範而愈來愈開放,更重要的是迫使其國內產業面對較公平的遊戲規則和較大的國際競爭。墨國產業結構在八○年代間因經濟開放已發生很大的轉變,例如其製造業產品出口比例由1982年的14%提升至1989年的55%。[38]

九○年代起影響民主化主要的機制在加入「北美自由貿易協定」,因為該協定「是第一個明文納進特定人權條款的區域貿易協定,主要指將勞動人權(社會條款)及環境標準列為附屬條款,並開始努力讓勞動人權成為爭端解決標的,但須先與簽約國進行對話與協調。」[39]1980年代,石油一直是墨西哥出口的大宗,至1996年僅占墨西哥出口的11%。1993年,墨西哥僅有二萬家出口商,至1996年底其數量陡增至近三萬二十家。[40]1982年墨西哥有一千一百五十五家國營企業,至1996年底僅存一百八十五家。[41]《泰晤士報》社論曾指出如果沒有北美自由貿易協定,1997年墨西哥期中選舉的結果是不可能發生的。[42]

由於北美自由貿易協定附加條款提供了仲裁機關,使墨西哥境內之商人得以將訴訟案件送到美國或加拿大接受較公正的裁決,導致執政黨不得不對境外勢力做出相當的讓步。此一經濟結構快速改變所帶來的政治衝擊至少有三:(一)公務人員自行裁量權力的日益降低;(二)百姓對依法行政要求的日益升高;(三)企業界的生存依附於執政黨恩給的成分減少而依賴於國際競爭規則的程度增加。這種對法治需求的增加創造了有利於民主化運動發展的環境。

---

38 M. Delal Baer, "North American Free Trade," *Foreign Affairs*, Vol. 70, No. 4, Fall 1991, p. 133.

39 洪財隆,「何以自由貿易協定 跟人權條款一起蔓延」,《蘋果日報》,2012年5月26日。

40 *Los Angeles Times*, July 1, 1997, p. B7.

41 *Los Angeles Times*, Jan. 10, 1999, p. C16.

42 *The Times*, July 9, 1997, p. 19.

　　從經濟學的角度而言，加速北美自由貿易協定固然提高了墨西哥產業的國際競爭力，但貿易自由化也改變了該國數十年以穩定的經濟利益平衡，而這種轉變更強烈衝擊其政治變化。Susan Kaufman Purcell就指出：「加入北美自由貿易協定不但可使墨西哥在經濟上更發達，就政治制度而言也可以使其從權威體制轉變爲較具競爭性的民主體制。」[43]北美自由貿易協定對墨西高政治生態的影響在1997年期中選舉展現出來，《時代》指出，革命制度黨（PRI）之所以在選舉中失敗，乃因人數眾多、獨立性強的年輕選民背棄了革命制度黨。這群選民雖支持墨西哥經濟開放的原則，但他們認爲北美自由貿易協定所帶來的財富應該被更廣泛的分配，同時他們也認爲政府應爲貧富差距的惡化負責。[44]

　　根據美國加州大學的調查報告，「墨西哥大多數人追求與外界自由競爭的經濟權力，希望以公平的價格出售他們的貨物。新的經濟制度帶來的政治變革將取代舊的、任人唯親的政治制度。如果沒有經濟改革，墨西哥的各級地方權貴就仍將控制墨西哥經濟生活的各個方面，政治民主化也將成爲泡影。」[45]其實，墨西哥的政治生態自八〇年代中期即因經濟發展政策的改變而開始逐漸轉型。選民依附於執政黨，而執政黨以物質、實利交換選票的侍從制度（clientelism）因經濟開放、貿易自由而逐漸腐蝕。[46]自墨西哥加入北美自由貿易協定後，革命制度黨非但愈來愈無法掌握選民的動向，黨內保守派與改革派之鬥爭也日益加深，而「其內部的鬥爭與自由化的發展有著很高的關聯性」，[47]因爲貿易自由化對經濟成利益有重新分配的作用，而執政

43　Susan Kaufman Purcell, "The Changing Nature of US-Mexican Relations," *Journal of Interamerican Studies and World Affairs*, Vol. 39, No. 1 (Spring 1997), p. 140.

44　*Time*, July 21, 1997, p. 43.

45　曲鵬程，「美國威爾基教授談墨西哥在美州自由貿易區中的地位」，《拉丁美洲研究》，1997年1期，頁58。

46　Jonathan Fox, "The Difficult Transition from Clientelism to Citizenship: Lessons from Mexico," *World Politics*, No. 46, Jan. 1994, pp. 151-184.

47　鄧中堅，「墨西哥民主化的發展」，《問題與研究》，35卷7期，1996年7月，頁

黨內部的鬥爭即源自於對此重新分配後的利益競逐。[48]

影響墨西哥民主化另一個經濟因素為財經政策的開放導致其社會力的充分釋放。自1994年後，北美自由貿易協定則為加速其民主化運動的主要機制。經由與美國和加拿大的經濟整合，墨西哥的產業得以較公平的遊戲規則和國內、外的業者競爭，從而創造了有力民主化運動發展的環境。千禧年前，「拉美國家正處於由程序民住進入實質民主的過度其中，」[49]1997年期中選舉雖顯示墨西哥在「程序民主」方面已漸趨完備，然在「實質民主」方面的發展則有賴於新選舉法規能否在大選期間公正的執行。2000年總統選舉前唯一可確定的就是充滿「不確定性」，這正是民主化運動最有效的指標。[50]結果終於導致「政黨輪替」。2012年7月1日墨西哥總統大選結果，革命制度黨（PRI）候選人裴尼亞（Enrique Peña Nieto）獲38.2%選票當選代表墨西哥已完成「二次輪替」。

（一）政黨輪替有利民主

根據杭廷頓提出的「二次輪替」（two turnover test）理論，民主國家從初期邁向成熟的過程中，兩次的政黨輪替是關鍵的里程碑，因為朝野政黨都經歷過在朝和在野的經驗比較能理性扮演其角色，所以呈現較成熟的民主運作。但根據《2011年拉美民主晴雨表報告》（Latinobarómetro 2011 Report），墨西哥受訪者認為「民主優於其他制度」的比例從2001年的46%降至2011年的40%，更糟的是認為「民主與威權沒啥差別」的比例36%，高

97。

48　向駿，「北美自由貿易協定對墨西哥政治的影響」，《問題與研究》，36卷3期，1997年3月，頁91-99。

49　蔡東杰，「民主化理論的釐清與重構：以拉丁美洲為例」，《問題與研究》，36卷8期，1997年8月，頁80。

50　向駿，「墨西哥民主化運動之發展近況」，《問題與研究》，38卷12期，1999年12月，頁27。

居拉美之冠，顯見受訪者認為政黨之間差別不大。

　　2006年卡德隆（Felipe Calderón）贏得大選因為他了解墨西哥正轉變為一個以中產階級為主的國家，「中產階級雖追求政治穩定，但也策動經濟變化以利改善生活品質。」[51]問題是卡德隆上臺前墨西哥已深陷毒品泥沼，就任後更每況愈下。據統計，卡德隆自2006年12月上任向毒品宣戰至2012年大選前，約有五萬人死於幫派暴力，包括名三十二名市長和八十三名警察首長。[52]根據「全球和平指數」（Global Peace Index）墨西哥的全球排名從2007年的79降至2012年的135。如此動亂的社會如何能贏得中產階級的支持？「如果民主化對墨西哥只有正面的影響，為何會有那麼多人離開墨西哥呢？」[53]（詳見附表2）

　　更糟的是販毒集團快速向中美洲漫延。2011年6月下旬，美國國務卿柯林頓（Hillary Clinton）在瓜地馬拉舉行的「中美洲安全會議」（Central America Security Conference）上承認，「大部分毒品消費是在我自己的國家」，因此承諾增加對中美洲掃毒援助總額達到3億，但她也強調中美洲國家在反毒上要「分攤責任」（shared responsibilities）。同年7月25日美國宣布對包括墨西哥的澤塔斯（Zetas）販毒集團在內的四大國際犯罪集團採取新的嚴厲制裁措施。美、墨聯手反擊後，瓜地馬拉首當其衝成為販毒組織流竄中美洲的門戶。因此反毒不僅是墨西哥的內政問題，也是外交問題！

51　Luis de la Calle and Luis Rubio, *Mexico: A Middle Class Society/Poor No More, Developed Not Yet*, Washington, DC: Woodrow Wilson Center for Scholars, 2012, p. 95

52　Robert C. Bonner, "The Certel Crackdown," *Foreign Policy*, Vol. 91, No. 3, May/June 2012, pp. 12-16.

53　Jon Shefner, "Development and Democracy in Mexico," *Latin American Research Review*, Vol.47, No.1, 2012, p. 201.

（二）新政府挑戰

2012年12月1日就職的革命制度黨（PRI）總統裴尼亞（Enrique Peña Nieto）至少面臨以下三項挑戰。首先是如何洗刷毒品王國汙名。2012年大選前二個禮拜，裴尼亞宣布邀請哥倫比亞的「掃毒將軍」那蘭荷（Oscar Naranjo）擔任首席安全顧問起草對抗毒梟策略。[54]裴尼亞當選後更在《紐約時報》投書表示將仿傚哥倫比亞、意大利和法國等建立一支4萬人的「國家憲兵隊」（National Gendarmerie）到暴力最嚴重的郊區執行任務。[55]墨西哥毒梟有名的問候語是「銀〔彈〕或鉛〔彈〕」（Plata o plomo? Silver or lead?），聯邦、州、縣三級警察在威脅和利誘下早已腐敗至極。三年之艾恐難治七年之痾！

其次是如何減少貪腐。2001年過世的墨西哥富豪Carlos Hank González 曾謂「一個貧窮的政客是個可憐的政客。」（A politician who is poor is a poor politician）。根據「國際透明組織」所做的全球「貪腐印象指數」（CPI）調查評比，墨西哥從2001年的五十一名降至2011年的一百名，可見其惡化速度之快（詳見附表3）。另據該組織2010年的估算，墨國光是用於賄賂警察的金額就高達二十五億美元。[56]美國零售業龍頭沃爾瑪公司（Wal-Mart Stores Inc）在墨西哥門市店占其全球門店總數的五分之一，2012年4月因涉嫌以行賄手段獲得新店許可證遭美國司法部、證券交易委員會及墨國政府介入調查。故遏止甚至減少貪腐應列為施政優先目標。

最後是實踐「返拉入亞」大戰略。相較於其他拉美國家，墨西哥和美國的關係特別密切，除兩國共享約三千公里的邊界外，更重要的是1994年生效的「北美自由貿易協定」。但拉美多國如古巴、委內瑞拉等對墨西哥和美

---

54 "William Booth and Nick Miroff, Peña Nieto to name Colombian as security adviser," *The Washington Post*, June 15, 2012.

55 Enrique Peña Nieto, "Mexico's Next Chapter," *The New York Times*, July 3, 2012.

56 Manuel Corrales, "Mexico's Pursuit of 'Developed Nation' Status, " *COHA*, June 11, 2012.

國的關係頗不以為然，巴西更刻意將傳統的拉丁美洲畫分為「北美」、「南美」以示和墨西哥劃清界線。[57]

因此近年來墨西哥積極擴張國際經貿版圖！洽簽自貿協定且已生效者除歐盟（2000年）、以色列（2000年）和日本（2005年）外，拉美國家則包括哥倫比亞（1995年）、哥斯大黎加（1995年）、尼加拉瓜（1998年）、智利（1999年）、薩爾瓦多（2001年）、瓜地馬拉（2001年）、宏都拉斯（2001年）和祕魯（2012年）。

2012年墨西哥先於6月6日和智利、祕魯和哥倫比亞等國共同簽署拉美太平洋聯盟（Pacific Alliance）框架協定，再於6月18日宣布成為「跨太平洋伙伴協議」（TPPA）第10個談判國家。參與這兩個區域性經貿組織充分顯示墨西哥進軍亞洲的強烈企圖，對其未來在全球地緣經濟地位應會有所突破。因此，裴尼亞當選後表示將「展開和亞太地區政經合作的新時代。」[58]

成立於1929年的革命制度黨在墨西哥政壇地位毀譽參半，墨西哥籍諾貝爾文學獎得主巴斯（Octavio Paz）曾將其喻為「仁慈的食人魔」（philanthropic ogre），祕魯籍諾貝爾文學獎得主巴加斯‧尤薩（Mario Vagas Llosa）形容的更貼切：「完美的獨裁」（perfect dictatorship）。2012年大選前諸多相關評論中，最可能成真的應屬曾獲普立茲獎的歐本海默（Andrés Oppenheimer）的觀察：裴尼亞如果當選，墨西哥不可能回到「完美的獨裁」，但可能成為「不完美的民主」（imperfect democracy）。[59]

---

57 Andrés Oppenheimer, "Brazil may be overplaying hand as South American superpower," *The Miami Herald*, May 8, 2005.
58 Enrique Peña Nieto, "Mexico's Next Chapter," *The New York Times*, July 3, 2012.
59 Andrés Oppenheimer, "Mexico's election may resurrect authoritarian party," *The Miami Herald*, June 23, 2012.

二、宏都拉斯

1995年杭廷頓曾指出，「在新興民主國家未來的軍民關係上，問題可能出在文人這一邊：來自於民主政府無法成功地促進經濟發展和維持法律和秩序。」[60]宏都拉斯案例支持此一論點。

2009年6月28日深夜宏都拉斯總統賽拉亞（José Manuel Zelaya）被軍方強行押解登機流亡哥斯大黎加後由國會議長米契列地（Roberto Micheletti）接任總統，此二十一世紀以來中美洲的首次政變再次提供學術界特殊的研究案例，[61]美國舊金山大學政治學教授Stephen Zunes將其稱為「德古西政變」（Tegucigolpe）。[62]

「德古西政變」之所以特別原因有五。事件本身是否應被稱為「政變」並無定論。美國國防部雖中止和宏國所有的軍事合作，但拒絕將事件稱為「政變」。因此事件發生後數月宏國前、後任國家領導人一直為本身的合法性隔空叫陣，此其一。[63]除聯合國、美洲國家組織外，古巴和委內瑞拉等也因支持賽拉亞而共同呼籲對新政府實施貿易制裁，導致出現「極權的卡斯楚（Raúl Castro）、假民主的查維茲（Hugo Chávez）和歐巴馬站在一起」

60 Samuel P. Huntinton,, "Reforming Civil-Military Relations," *Journal of Democracy*, Vol. 6, No. 4, Oct. 1995, p.17.

61 拉美其他特殊案例，如1992年4月祕魯前日裔總統藤森謙也（Alberto Fujimori）在軍方支持下斷然宣布關閉國會並大幅改組司法部門，因而在政治學界創造了「自為政變」（self-coup）一詞。又如，2001年阿根廷政府不顧信用破產逕自宣布債券無效，導致「賴賬事件」。再如，委內瑞拉總統查維茲推動的「二十一世紀社會主義」已被學界廣泛研究。

62 Stephen Zunes, "Showdown in 'Tegucigolpe'," *Foreign Policy In Focus*, July 10, 2009. 宏都拉斯首都德古西加巴（Tegulcigalpa），因其字尾galpa與西班牙文「政變」golpe類似，故取其諧音Tegucigolpe，可中譯為「德古西政變」。

63 Michael Shifter, "Obama's Honduras Problem," *Foreign Affairs*, Aug. 24, 2009. Natalie Pullen and William Mathis, "Arturo Valenzuela: Looking Back to Look Ahead（II）," COHA, Aug. 26, 2009.

之現象，此其二。[64]各方所提解決方案恐陷宏國民主於「雙輪」局面：如果准許賽拉亞返國復職等於認可其違憲行為，如果不准賽拉亞返國復職等於認可罷黜總統行為，此其三。[65]事件發生後美洲開發銀行（Inter-American Development Bank）、歐盟、世界銀行及美國國際開發總署（Agency for International Development）等均暫停對宏都拉斯的援助，但臨時政府卻態度強硬，對歐巴馬政府的拉美政策造成嚴厲的考驗，此其四。隨著僵局不斷的延宕，拉美左派政府如委內瑞拉、尼加拉瓜、厄瓜多爾等之危機感日益增強，甚至擔心會引發骨牌效應，此其五。[66]

宏都拉斯政變之國內因素有二，其一為「程序民主」（procedural democracy）和「實質民主」（substantial democracy）間有相當落差。宏都拉斯政變不僅「突顯出民主理論在『理想』與『現實』之間的巨大落差」，且再度提供拉丁美洲「嘗試失敗的民主最終更帶來長期的政經動盪不安」案例。[67]

宏國自八○年代恢復憲政以來，由自由黨（Partido Liberal de Honduras, PLH）和及國民黨（Partido Nacional de Honduras, PNH）兩大黨輪流執政，（如表2-1）。但根據「自由之家」（Freedom House）2009年的報告，宏都拉斯的「政治權力」（Political Rights）和「公民自由」（Civil Liberties）均僅獲三分（最差為七分）屬「部分自由」（partly free）國家。

64　Ray Walser, "Honduras's Conservative Awakening," *WebMemo* No. 2566, The Heritage Foundation, July 27, 2009.
65　Mel Martinez, "Foundations of Democracy being dismantled," *The Miami Herald*, July 13, 2009.
66　Alexandra Olson, "Latin leftists fear a Honduras coup domino effect," AP, Aug. 19, 2009.
67　蔡東杰，「現實主義民主與第三波浪潮的反思」，《全球政治評論》，27期，2009，頁8。

表2-1　宏都拉斯兩黨輪流執政表（1982～2010）

年分	執政黨	總統
1982～1986	自由黨	Roberto Suazo Córdova
1986～1990	自由黨	José Azcona del Hoyo
1990～1994	國民黨	Rafael Leonardo Callejas Romero
1994～1998	自由黨	Carlos Roberto Reina Idiáquez
1998～2002	自由黨	Carlos Roberto Flores Facussé
2002～2006	國民黨	Ricardo Rodolfo Maduro Joest
2006～2009	自由黨	José Manuel Zelaya Rosales
2009～2010	自由黨	Roberto Micheletti Baín
2010～	國民黨	Porfirio Lobo Sosa

資料來源：作者自行整理

　　更糟的是宏都拉斯也是拉美最貧窮國家之一，以2008年為例，人均所得為一千八百四十二美元。根據「世界糧食計畫」（World Food Program）的報告，其貧窮人口的比例從2007年的69%增加到2008年的73%。另根據《全球經濟自由：2009年度報告》（*Economic Freedom of the World: 2009 Annual Report*），宏都拉斯在全球一百七十九個接受評比的經濟體中排名第9。再以「國際透明」組織（Transparency International）2009年的全球「貪腐印象指數」（CPI）為例，宏都拉斯在一百八十個國家中名列130，堪稱「中南美洲末段生」。這就不難理解何以學者會指出聯合國和美洲國家組織「都低估了宏都拉斯受苦於賽拉亞的程度及確保他留在國外的決心。」[68]

　　國內因素之二是「憲政工程」（constitutional engineering）品質不佳。「德古西政變」充分顯示宏都拉斯對薩托利（Giovani Satori）所謂的「憲政體制」和「選舉制度」兩項「憲政工程」無法達成共識。此次政變

68　Michael Shifter, "Obama's Honduras Problem," *Foreign Affairs*, Aug. 24, 2009.

的主角賽拉亞在2005年11月贏得大選後於2006年1月宣誓就職總統，任期四年。根據1982年通過的宏都拉斯憲法，總統必須卸任十年後才能再次參選，該憲法第239條甚至規定，任何尋求修憲及延長任期的總統將自動失去總統職位。[69]由於下次大選訂於2009年11月29日舉行，企圖連任的賽拉亞總統自上半年起積極推動修憲公投。3月24日賽拉亞以行政命令（編號PCM-05-2009）要求「國家統計局」（National Statistical Institute）於6月28日辦理「預備性投票」（preliminary poll），議題為「你贊成在2009年11月的大選中包括由人民決定是否召開全國修憲大會的第4張選票？」[70]

　　結果繼宏都拉斯最高選舉法庭（Supreme Electoral Tribunal）宣布該公投不合法後，最高法院也做出相同的判定。6月23日國會甚至通過法律禁止在大選前一百八十天內舉行公投。由於大選將於11月29日舉行，因此6月28日的公投成為非法。然在最高法院宣判公投違憲後賽拉亞仍一意孤行故引發軍方、反對黨強烈反彈。賽拉亞於6月24日免除總參謀長Romeo Vásquez Velásquez職務，稍後國防部長Edmundo Orellana則和三軍軍種總司令集體辭職以示對總參謀長的支持。次日最高法院宣布塞拉亞將總參謀長免職違憲必須恢復其職務，但賽拉亞並未理會，結果導致6月28日清晨遭軍方押解被迫流亡哥斯大黎加，由國會議長繼任總統至2010年1月27日賽拉亞任期屆滿為止。由於「持續主義（continuismo）——國家領導人企圖無限期延長任期——乃拉美威權傳統，立即的憲政制裁成功地防止了宏都拉斯的持續主

69　至2005年止國會就該憲法做過10次解釋並增訂26次。第239條英譯如下："Article 239: No citizen who has already served as head of the Executive Branch can be President or a designated person. Whoever violates this law or proposes its reform, as well as those that support such violation directly or indirectly, will immediately cease in their functions and will be unable to hold any public office for a period of 10 years."

70　英文如下"Are you in accord that in the general elections of November 2009 there be included a fourth ballot in which the people decide whether to convoke a National Constituent Assembly?"其他三張分別為總統、國會議員及市長選票。

義。」[71]

　　杭廷頓在《第三波》一書中曾提出六點可能引發第三次民主回潮（re-verse wave）的潛在原因，其中至少有二點適用於宏都拉斯案例。[72]其一為「民主政權若總是未能有效的運作，這將瓦解其合法性。」公投適法性之爭充分顯示宏都拉斯民主無法有效運作。其二是「如果一個非民主國家大大擴展了其實力，並開始向境外擴張，這也會刺激其他國家的威權主義運動。」賽拉亞之所以加入「玻利瓦美洲替代方案」（ALBA）就是因為看到委內瑞拉總統查維茲不僅對內擴權又不斷對外擴張的成功案例，最後選擇走上民粹之路。

　　不同於二十世紀下半葉拉丁美洲民主飽受軍事政變的摧殘，二十一世紀以來不少拉美的民選國家領導人在街頭示威或暴動下被推翻，例如2001年的阿根廷總統德拉陸（Fernando de la Rúa）、2003年的玻利維亞總統桑契斯（Gonzalo Sánchez de Lozada）、2004年的海地總統亞里斯提德（Jean-Bertrand Aristide）、2005年的厄瓜多爾總統古提雷斯（Lucio E. Gutiérrez Borbúa）。（詳見表2-2）

　　這也就不難了解何以宏都拉斯臨時總統米契列地自認有合法性。他在《華爾街日報》撰文表示，賽拉亞之所以被罷黜，因為司法和立法機關發現他違憲。最高法院曾以15：0的投票結果認定他非法舉辦「公投」，因此下令軍隊逮捕他。在宏都拉斯的法律下，軍隊是執行最高法院逮捕令適當的單位。[73]

71　Sara Miller Llana, "Was Zelaya's ouster a coup?" *The Christian Science Monitor*, July 21, 2009.

72　詳見杭廷頓（Samuel P. Huntington）著，劉軍寧譯，《第三波：20世紀後期民主化浪潮》，上海：三聯書店，1998年，頁356-358。

73　Roberto Micheletti, "The Path Forward for Honduras," *The Wall Street Journal*, July 27, 2009.

表2-2　拉美總統任期屆滿前離職分析（1985～2012）

國家	總統	憲法任期	離職日期	離職原因	備考
玻利維亞	Hernán Siles Zuazo	1982～1986	1985.8.6	經濟政策失敗導致大規模示威且造成民眾死亡	軍方扮演要角，民選總統繼任
阿根廷	Raúl Alfonsín	1983～1989	1989.7.8 提前五個月	經濟政策失敗導致大規模示威	新當選總統提前就任
海地	Jean-Bertrand Aristide	1991～1996	1991.9.29	軍事政變	軍事執政團取代
巴西	Fernando Collor de Mello	1989～1994	1992.12.29	經濟危機／貪腐嚴重導致示威	副總統繼任
委內瑞拉	Carlos Andrés Péres	1989～1993	1993.5.20	經濟危機／貪腐嚴重導致兩次可能政變故遭彈劾	國會指定繼任者
瓜地馬拉	Jorge Serrano Elías	1991～1996	1993.6.1	企圖關閉國會及逮捕最高法院成員	副總統接任4天辭職，國會指定繼任者
多明尼加	Joaquín Balaguer	1994～1998	1996.8.16	選舉舞弊導致大規模示威	提前選舉
厄瓜多爾	Abdalá Bucaram	1996～2000	1997.2.6	經濟危機／貪腐嚴重國會控心智不足	國會指定繼任者
巴拉圭	Raúl Cubas Grau	1998～2003	1999.3.29	副總統遭暗殺導致遭彈劾	國會指定繼任者
厄瓜多爾	Jorge Jamil Mahuad	1998～2002	2000.1.21	貪腐嚴重導致原住民大規模示威	副總統繼任
阿根廷	Fernando de la Rúa	1999～2003	2001.12.20	經濟危機／貪腐嚴重導致街頭暴動	副總統辭職國會指定繼任者
祕魯	Alberto Fujimori	2000～2005	2000.11.22 七月二十八日上任	選舉舞弊／貪腐嚴重導致大規模示威	第一副總統辭職國會指定繼任者

國家	總統	憲法任期	離職日期	離職原因	備考
玻利維亞	Gonzalo Sán-chez de Lozada	2002～2006	2003.10.17	大規模示威且造成民眾死亡	副總統繼任
玻利維亞	Carlos Meza Gisbert	2003～2006	2005.6.6	無法解決國際與國內對天然氣所有權之爭議	最高法院首席大法官接任臨時總統
海地	Jean-Bertrand Aristide	2001～2004	2004.2.29	軍隊動亂／貪腐嚴重導致政權失控	最高法院首席法官繼任
厄瓜多爾	Lucio E. Gutiér-rez Borbúa	2003～2007	2005.4.20	政治危機導致示威，軍方表態不支持後逃至巴西使館	副總統繼任
宏都拉斯	José Manuel Zelaya	2006～2010	2009.6.28	總統違憲遭罷黜流亡哥斯大黎加	國會議長繼任
巴拉圭	Fernando Lugo	2008～2012	2012.6.22	嚴重瀆職	副總統繼任

資料來源：1. Arturo Valenzuela, "Latin American Presidencies Interrupted," *Journal of Democracy*, Vol. 15, No. 4, (Oct. 2004), pp.8～9.

2. 向駿，「從宏都拉斯政變看拉美民主發展」，《全球政治評論》，29期（2010年4月），37～39頁。

　　儘管有「一種觀點認為，宏都拉斯軍方依照最高法院的指令行事，把『破壞法律和侵犯憲法的總統』趕下臺，不會對憲法秩序造成破壞。〔但〕這種傳統思維方式增加了解決危機的難度。宏都拉斯政變是冷戰後中美洲的首次政變，這也是對拉美民主體制的考驗。美洲國家組織成員國2001年簽署的《美洲民主憲章》，主張對政變等違反民主的行為採取集體行動。當前，維護民主體制成為拉美國家的共識。如果此次危機不能按憲章精神解決，將是對該組織宣導的維護民主體制機制的打擊。」[74]

74　袁東振，「政變考驗拉美民主體制」，《人民日報》，2009年7月29日。

　　宏都拉斯事件是《美洲民主憲章》（Inter-American Democratic Charter）簽署以來第一次接受真正的考驗。[75]該憲章第19條規定，會員國資格會因「民主秩序中斷」而被暫停，其中包括「憲政體制被非憲法手段變更」。紐約大學教授Jorge Castañeda認為此一規定必須對拉美國家一體適用，不可因某些國家不悅而有選擇性的應用。[76]所謂某些國家當然包括美國。以下探討另一深受美國影響的國家──海地的民主發展。

三、海地

　　從2010年1月12日的地震到賑災期間爆發的霍亂疫情到11月28日總統大選結果難產，海地幾乎陷入無政府狀態，原訂2011年1月16日的第二輪選舉因此被迫延期。令人震驚的是流亡海外25年的前總統杜瓦利耶（Jean-Claude Duvalier）於1月16日突然返國攪局，二天後他因貪腐和挪用公款遭起訴。雪上加霜的是2004年被放逐的另一位前總統亞里斯提德（Jean-Bertrand Aristide）稍後也準備自南非返國。有鑒於此，美國國務卿柯林頓（Hillary Clinton）於2011年1月30日訪問海地並要求當局採納「美洲國家組織」專家建議，由知名流行歌手馬泰利（Michel Martelly）取代蒲雷華（René Préval）總統支持的候選人塞葉斯坦（Jude Celestin）和反對黨的前第一夫人馬尼加（Mirlande Manigat）參加3月20日的第二輪決選。結果馬特萊當選並於2011年5月14日就職。

75　José Miguel Insulza, "OAS intent on democracy," *The Miami Herald*, Aug. 1, 2009.
76　Jorge Castañeda, "Moving Ahead in Honduras," *Newsweek*, Aug. 10-17, 2009, p. 17.

（一）民主道路崎嶇

　　1791年海地成為拉丁美洲第一個擺脫奴隸制度的國家，1804年海地又成為拉美第一個獨立的國家。面對此一主張「人生而平等」的黑人所建立的國家，美國因仍保有奴隸制度相當恐懼，直到1862年才在林肯（Abraham Lincoln）總統任內承認海地。[77]

　　儘管有如此輝煌的歷史，海地卻也是拉丁美洲最不穩定的國家，高文盲比例、高失業率、社會不平等與普遍貧困是動盪不安的根源。杭廷頓在《第三波：二十世紀後期民主化浪潮》一書中所列舉有助於民主化的因素，如強大的中產階級、高水準的教育、低度的社會兩極化和社會暴力等，海地無一具備。根據《外交政策》（Foreign Policy）的研究報告，海地自2005年起一直被列為「失敗國家」（failed states），2010至2012年分別名列全球倒數第11、5、7位。

　　另根據美國政治學者曼斯斐德（Edward D. Mansfield）和史奈德（Jack Snyder）2005年合著的《為戰而選：新興民主為何走向戰爭》（Electing to Fight: Why Emerging Democracies Go to War?）一書，「不完全的民主化國家」（incomplete democratizing states）比那些「完全的民主國家」不穩定。而所謂「不完全民主化國家」係指那些建立民主機制程序錯誤的國家，例如雖先有選舉，但沒有文人領軍的制度、沒有獨立的司法機關或對反對黨，和新聞沒有足夠的保障等，這種國家的民選領導人反而更可能利用戰爭巧取個人的政治利益。海地雖無力對外發動戰爭，但內戰卻陷國家於無政府狀態，可算是典型的「不完全民主化國家」。

　　海地淪落到今天的下場，內亂導致的外患是主因。1911至1915年間海地的六位總統不是被刺身亡，就是被迫逃往國外。1915年7月，美國威爾遜

77　Mark Danner, "To Heal Haiti, Look to History, Not Nature," *The New York Times*, Jan. 22, 2010.

總統（Thomas Woodrow Wilson）以保護國家經濟利益為由，派出330名海軍陸戰隊占領海地。稍後更派一名等同太上皇的「高級專員」（High Commissioner），直到1934年才把政權歸還海地，但仍繼續控制海地對外財務至1947年止。[78]

（二）杜瓦利耶父子獨裁

1957年軍醫出身的杜瓦利耶（Francois Duvalier）奪得政權後自封終身職當了十四年總統，人稱「老杜瓦利耶」（Papa Doc）。1971年過世後，其子（Jean-Claude Duvalier）繼承大位直到1986年遭政變推翻，人稱「小杜瓦利耶」（Baby Doc）。父子兩人執政期間，無辜百姓遭殺害至少三萬人。1986年2月7日小杜瓦利耶偕同家小被迫搭乘美國軍機流亡法國正式結束其父子將近三十年的獨裁統治。[79]

2011年1月16日杜瓦利耶返國後，檢察官和律師在警察陪同下前往其下榻旅館會談，隨後在嚴密戒備下將他帶往首都太子港法庭，旅館外和沿途的支持者則揚言杜瓦利耶如被捕海地將烽火燎原。法官就杜氏及其親信挪用數千萬美元公款和其他濫權犯行進行長達四小時偵訊後，決定對他起訴並管制出境。

儘管杜瓦利耶表示返國是想在海地多災多難之際展現愛國情操，但在諸多可能原因中最令人難以接受的是想阻擋海地政府沒收他在瑞士銀行帳戶約五百七十萬美元的贓款。瑞士通過的所謂「杜瓦利耶條款」於2011年2月1日生效，根據新法規定，貪汙被告雖未被定罪仍可向瑞士銀行索回贓款的條件有二，一是國家體制虛弱，二是貪汙被告不克出庭。因此即使海地未起訴

78 陸以正，「你所不知道的海地」，《中國時報》，2010年1月18日。
79 向駿，「從海地大選看拉美民主危機」，《歷史月刊》，219期，2006年4月，頁76-80。

杜瓦利耶，瑞士仍可根據該法將贓款還給海地。**80**

（三）美國惡質干涉

　　1990年亞里斯提德（（Jean-Bertrand Aristide）雖成為海地史上首位經由民主方式產生的總統，然因某些政策激怒軍方，同年9月30日即在政變後被迫流亡美國。1994年10月美國總統柯林頓（Bill Clinton）派二萬名美軍幫助海地恢復民主，但條件是亞里斯提德只能做完原本至1995年的任期。千禧年亞里斯提德在憲法規定不得連任的限制解除後再度參選，並以92%的得票率當選。但不久又再次面臨政變危機，2004年2月底亞里斯提德在情勢失控下流亡非洲。之後儘管聯合國陸續增派至九千多名部隊協助維和，但海地仍一直處於無政府狀態。

　　2004年3月初亞里斯提德在記者會上表示自己是被劫持而流亡，堅稱仍是海地總統並呼籲海地人民對占領該國的「毒梟和恐怖分子」實行「和平抵抗」。當時美國國務院發言人包潤石曾表示，「亞里斯提德先生如果真心為祖國著想，就讓他的國家邁向未來，不要再掀舊帳了。」而所謂「舊帳」包括美國粗暴干涉海地內政不足與外人道的惡行。

　　邁阿密「海地正義民主協會」負責人Brian Concannon, Jr.指出，亞里斯提德護照已過期，雖依法申請換新但遭拒，他強調亞里斯提德絕對有回國的權利。亞里斯提德的律師則強調他是被綁架而非自願去國，也從未放棄以平民身分返鄉定居意願。儘管美國、法國、加拿大等國認為亞里斯提德返國使選舉僵局更難解決，但浦雷華（René Préval）政府仍於2011年2月1日同意核發護照。

　　亞里斯提德於2004年2月底流亡海外後，延期多次的總統大選終於在

---

80 王麗娟，「海地前獨裁者 返鄉保1.7億髒錢」，《聯合報》，2011年1月23日。

2006年2月7日舉行，然在持續一週的計票中，代表「希望黨」（Lespwa, Hope）的蒲雷華雖一直保持領先但始終未能超過當選所需的50%門檻，而已開出選票中又有相當多的無效票，其支持者懷疑官方作票。在浦雷華指控「選舉過程中有大規模舞弊和嚴重錯誤」後，總統府不得不組成一個包括各政黨、選務和政府官員在內的委員會負責調查。直到2月14日將近八萬五千張丟棄的選票被發現後，選務機關同意不將其計入總投票數，蒲雷華的得票率才從49.76%提升到51.15%，而當選總統。

　　然而蒲雷華就任後始終未能有效改善海地的民生問題，2010年初地震後的賑災行動更顯示其政府毫無執行力。根據海地衛生當局1月28日公布的統計，死於霍亂傳染病的人數高達四千零三十人，另有二十萬人受到感染。[81]海地國家治理能力低落的主因之一為貪腐，根據「國際透明」（Transparency International）組織2010公布的貪腐印象指數（CPI）海地在全球一百七十八個國家中排名第142，世界銀行認為海地無效的預算、採購制度導致援助困難。另根據「災難問責計畫」（The Disaster Accountability Project, DAP）2011年1月公布的報告，在一百九十六個收到賑災捐贈的組織中只有三十八個能完成追蹤調查。[82]該計畫實際負責人Ben Smilowitz指出，「有將近一半的捐款仍在銀行的賑災帳戶裏，這可能會降低個人和他國政府捐贈的意願。」[83]

　　針對海地1804年的獨立，已故千里達學者詹姆士（C. L. R. James）在其《黑色的耶可賓黨人》（The Black Jacobins）一書中曾寫道：「黑人由奴隸轉變為能自我組織的人，並擊敗當年實力強大的歐洲強權，是革命鬥爭和功業裡最偉大的史詩。」對照於上述海地民主發展令人不勝唏噓。

81　Samantha Nadler, "Post-Quake Haiti: The Year in Review," *COHA Report*, Jan. 21, 2011.

82　"One Year Follow up Report on the Transparency of Relief Organizations Responding to the 2010 Haiti Earthquake" Disaster Accountability Project, Dec. 2010/Jan., 2011.

83　Georgianne Nienaber, "Haiti still buried under the rubble of duelling NGO's: OXFAM Report," *The Huffington Post*, January 14 2011.

肆、結語

　　影響民主化的因素概可區分為國內政治、經濟、文化及國際干預等四大類，但絕非取決於單一因素。本文三個案例僅就影響最大的因素提出探討，其他各因素仍有相當研究的空間。例如，墨西哥的革命制度黨和臺灣的國民黨在千禧年前就一直是「比較政治學」界熱門的研究案例，2012年大選結果將再提供學術界比較墨西哥和臺灣「二次政黨輪替」的絕佳案例。

　　又如，2009年宏都拉斯「政變」餘波仍未完成平息之際，2012年巴拉圭又發生類似的案例。6月22日前總統魯戈（Fernando Lugo）被彈劾下臺，與魯戈同屬執政聯盟的副總統佛朗哥（Luis F. Franco Gómez）依法繼任總統，直到2013年8月魯戈原任期屆滿為止。魯戈不是本世紀拉丁美洲第一位個任期未滿而下臺的民選總統，也不會是最後一位。

　　再如，根據「人權觀察」（Human Rights Watch）組織的估計，2011年大選前返國的杜瓦利耶曾下令殺害二至三萬人。2013年初海地太子港上訴法院恢復對前總統杜瓦利耶（Jean-Claude Duvalier）在1971～1986年獨裁期間侵犯人權等指控舉行聽證會。聯合國人權高級專員皮萊（Navi Pillay）提醒海地當局：一個國家有責任對過去嚴重侵犯人權的罪行進行追究以確保正義得到伸張。她鼓勵海地當局行使自己的職責，確保「有罪必究」（to act on their responsibilities）。在三次拒絕出面後，2月28日杜瓦利耶終於親自出席聽證會，海地的「轉型正義」也再次受到國際媒體關注。[84]

　　下一章將對拉丁美洲的「轉型正義」提出更深入的探討。

84　向駿，「從海地看轉型正義」，《中國時報》，2013年3月7日，版A19。

第三章　轉型正義：遲來總比不來好

被抹煞的、被掩蓋的，統統應該還原真相，歷史就是真相，真相才是歷史，不是真相就是偽史，就是虛構、小說。到底當年怎麼樣？不是勝利者說了算！

白先勇，《亞洲週刊》，2012年5月27日，頁44

壹、前言

　　拉丁美洲實踐「轉型正義」的步調雖因各國歷史背景與政經環境而異，然自本世紀以來對「轉型正義」的追求可謂方興未艾。就中美洲而言，瓜地馬拉前總統波蒂佑（Alfonso Antonio Portillo）因2000至2004年任內貪瀆與洗錢罪名遭美國聯邦法院通緝，2010年1月26日企圖偷渡出境時遭逮捕，聯合國「瓜地馬拉反豁免特權委員會」負責人稱該日是瓜國司法值得紀念的日子。[1]美國上訴法院於2010年10月簽署對波蒂佑的引渡令，但他須先面臨瓜國司法對其盜用公款的審判。

　　2012年1月14日就職的瓜地馬拉總統裴瑞（Otto Pérez Molina）上任不到兩週，退休將領瑞歐斯（Efraín Ríos Montt）即於1月26日因違反人權被判在家拘禁，瑞歐斯於1982年3月成功發動軍事政變後至1983年8月擔任總統。[2]2013年3月19日他因種族滅絕與違反人道罪受審，聯合國人權事務高級專員皮萊（Navanethem Pillay）女士表示「這是全球第一次有前國家元首被該國司法以種族滅絕罪送上法庭受審。」[3]5月10日瑞歐斯遭判刑八十年。另2011年因被控涉入1982年屠殺案（Dos Erres村莊）被從美國引渡回瓜地馬拉的退役軍人皮門帖（Pedro Pimentel Rios）則於2012年3月16日被判處六千零六十年的重刑。[4]

　　在加勒比海地區，海地自2013年初恢復對前總統杜瓦利耶（Jean-Claude Duvalier）在1971～1986年獨裁期間侵犯人權等指控舉行聽證會。聯合國人權高級專員皮萊提醒海地當局：一個國家有責任對過去嚴重侵犯人權的罪行進行追究以確保正義得到伸張。她鼓勵海地當局行使自己的職責，確

1　郭篤為，「涉貪瓜國前總統波蒂佑偷渡被捕」，《中國時報》，2010年1月28日。
2　Elisabeth Malkin, "Accused of Atrocities, Guatemala's Ex-Dictator Chooses Silence," *The New York Times*, Jan. 26, 2012.
3　Dudley Althaus, "Latin America makes strides: Former Guatemalan dictator faces genocide trial," *The Christian Science Monitor*, March 19, 2013.
4　「瓜地馬拉退役軍人被判6,060年徒刑」，《轉型正義週訊》，No.177，2012年3月16日。

保「有罪必究」（to act on their responsibilities）。杜瓦利耶三次拒絕出庭後終於2月28日親自出席聽證會，海地的「轉型正義」也再次受到國際媒體關注。**5**

　　就南美洲而言，2010年3月就職的烏拉圭總統穆希卡（José Mujica）在軍政府期間（1973～1985年）曾經是游擊隊領袖及政治犯，因此對「轉型正義」的追求不遺餘力。儘管該國於1989年及2009年兩次公投中均反對取消赦免軍政府執政團成員的「期滿法」（Expiration Law），但下議院於2010年10月20日通過廢止該法，烏國司法機關因此得以對軍政府期間違反人權的案件展開調查。**6**

　　至於巴西，綽號「鐵娘子」的首位女總統羅賽芙（Dilma Rousseff）於2011年1月1日隆重就職，全球一百三十國元首或特使出席典禮，但貴賓席上最特殊的是當年和她一起坐牢的十一位囚室獄友。羅賽芙政府於2011年11月19日成立「真相及和解委員會」跨出實踐「轉型正義」的第一步！

　　本章除文獻回顧外並將探討智利、祕魯、阿根廷、巴西及海地等案例。

5　向駿，「從海地看轉型正義」，《中國時報》，2013年3月7日，版A19。
6　"Take three," *The Economist*, Nov. 24, 2010.

貳、文獻回顧

「轉型正義」（transitional justice）最早由法理學者Ruti G. Teitel 提出，指涉如何藉由法律手段疏解轉型時的緊張情勢。[7]晚近「該詞已成為政治論述中普遍使用的範疇，意指新興民主社會解決舊政權的政治過失所採取司法與非司法的各種項措施，包括起訴加害人、特赦加害人乃至刻意迴避此議題等手段皆有。」[8]1980及1990年代東歐及拉美諸多國家從威權轉為民主，「轉型正義」因此廣被探討。2001年3月1日，「國際轉型正義中心」（International Center for Transitional Justice, ICTJ）在紐約成立並迅速擴展到全球30餘國。

所謂「轉型正義」泛指新興民主國家對過去威權政府暴行和不正義行為的彌補，通常具有司法、歷史、行政、憲法、補償等面向。簡言之，即對過去加害者罪行的追究、對過去不當利益的追討、對歷史不正義象徵的平反及清除。然在探討「集體不正義」時需避免「選擇性的審判」。追求「轉型正義」應避免信賴保護原則與法治原則中的正當程序原則，由於歷史是有延續性的，故選擇性的「轉型正義」不是正義，且可能導致社會無止境的價值衝突。[9]

「國際轉型正義中心」將「轉型正義」定義為

對系統性、全面性違反人權的反應。它尋求對受害者的承認及促進和平的可能。轉型正義並非特殊形式的正義，而是在經歷普遍

7 David Luban, "Review of Jon Elster, Closing the Books." *Ethics* Vol.116, No.2, 2006, pp. 409-412.
8 葉浩，「價值多元式轉型正義理論：一個政治哲學進路的嘗試，」《臺灣政治學刊》，12卷1期，2008年6月，頁12。
9 張文貞，「另類的憲改工程：學建臺灣的法治與政治信任」，《新興民主的憲政改造：國際視野與臺灣觀點國際研討會》，行政院研究發展考核委員會出版，2005年，第4頁之註13。

性違反人權後社會自我轉型的正義。有些案例中，這些轉變突如
其來，另一些案例中，轉變可能持續數十年。此一進程主要出現
於1980年代末及1990年代初的拉美和東歐。同時，人權份子也
希望在探究前朝系統性違反人權時能不危及進行中的政治轉型。
這些改變稍早被稱為民主過渡，近來人們開始將此多面向的領域
稱為轉型正義。

　　「轉型正義」的內涵主要包括對利用公權力犯罪者之追訴處罰，對物
質資源結構之調整與重分配，以及對受文化歧視者尊嚴與認同之承認三大層
面。其主要困難在於如何透過政治行動與制度創新加以實踐。從第三波民主
化經驗來看，除部分東歐國家能順利以「法制化」實踐轉型正義外，其餘國
家往往錯失正當性的「關鍵時刻」，使得轉型正義遲遲無法獲得合法性的實
踐形式。[10]

　　「轉型正義」包括「追溯正義」（retroactive justice）、「修復正義」
（restorative justice）和「應報正義」（retributive justice）等內容。「追溯
正義」探討應否追溯過威權時期的合法暴行及濫權，進而決定是否將行為者
繩之以法；「修復正義」屬刑法概念，係以被害人心理康復、重建為目標；
「應報正義」則植基於「以眼還眼、以牙還牙」的概念，認為對過去加害者
的報復應該符合比例原則。[11]「從人道主義的角度來看，威權或極權獨裁對
平民百姓所造成的身心傷害，確實不是任何藉口（如經濟發展或社會穩定）
所能合理化，拉丁美洲國家的經驗則顯示，威權政府的受害者視獨裁者為萬
惡不赦的元凶，必欲去之而後快；然而威權政府也曾嘉惠過相當人口，後者
對政府獨裁的說法未必接受，因此經常與前者發生衝突。由於真相無法順利

10　顏厥安，「轉型正義更需要道德」，《中國時報》，2006年8月15日。
11　嚴震生，「真相委員會與轉型正義」，《校園》，2006年11/12月號，頁40。

帶來和解，因此社會陷於動盪之中。」[12]

　　2007年4月屠圖（Desmond Mpilo Tutu）在「轉型正義與國族融合」研討會中指出，人需要慈悲與溫柔對待，過去不會就此消失；若不承認過去，過去會回來傷害我們，一定會後悔當時沒有面對過去。宇宙有道德感，是非對錯都會發生影響，也許表面上看不出來，但正義終究還是會勝利的。屠圖更表示，轉型正義過程中的和解，不能靠組織、也非一蹴可及，那是漫長的面對、尋找、原諒的救贖過程。和解必須先有承認錯誤的前提，「不願面對、忘記眞相的人，終將注定重蹈覆轍！」[13]因爲「沒有眞相就沒有和解」，故成立眞相委員會或類似機構是民選政府首要責任，找出犯罪眞相及犯罪者是第二步，認罪道歉賠償是第三步，寬恕及重建記憶是第四步。這四步都完成，「和解」才能眞正來到。[14]但是祕魯「眞相及和解委員會」（Comisión de la Verdad y Reconciliación, CVR）主席雷納（Salomón Lerner）認爲「眞相無法自動帶來和解；要有斡旋才能有和解，和解的必要條件是正義。」[15]

　　「轉型正義」之實踐至少有以下三個難題。如何處理威權時期犯下侵犯人權、剝奪生命和自由、凌虐人道等罪行的加害者，包括威權政府的統治核心權力菁英以及接受其指令較低階的執行者，此其一。在最近一波民主化中崩潰的威權體制大多曾經維持相當長的時間，威權政體在漫長的統治過程中，創造了不少的支持者和同情者。因此追究政治領導階層的罪行，通常會造成社會的緊張和分裂，此其二。威權體制並不是獨裁者一個人的功業，他

---

12 江宜樺，「轉型正義不是唯一價值」，《中國時報》，2007年3月1日。
13 江慧眞，「屠圖：忘記眞相 注定重蹈覆轍」，《中國時報》，2007年4月25日。
　　「屠圖給臺灣上了一堂『轉型正義』課」，《中國時報》（社論），2007年4月26日。
14 孫慶餘，「誤入歧途的『轉型正義』」，《蘋果日報》，2007年4月20日。
15 Jo-Marie Burt, "Guilty as Charged: The Trail of Former Peruvian President Alberto Fujimori for Human Rights Violations," *The International Journal of Transitional Justice*, Vol. 3, 2009, p.393.

需要各個階層、各行各業的支持。如果要追究侵犯人權的政治和道德責任其界線何在？此其三。[16]

「拉丁美洲民主政府對轉型正義的追求，經常被軍人仍擁有的強大勢力所限制。」[17]因此，哥斯大黎加前總統同時也是1987年諾貝爾和平獎得主的阿里亞斯（Oscar Arias）認爲拉丁美洲發展進程中的一大障礙是「對民主承諾的脆弱性」，亦即仍受威權主義牽制。拉美民主從未完成，因爲「我們虧欠獨裁統治下的受害者，那些在二十世紀用其鮮血撰寫悲慘史頁的人；我們虧欠受壓迫和折磨的倖存者，我們虧欠那些親身經歷軍事統治恐懼的人。」換言之就是未能嚴肅面對「轉型正義」的問題。

另有研究發現，轉型正義和國家的政治經濟發展有關，其經濟發展的好壞影響實踐轉型正義手段的選擇。[18]「特別是智利、阿根廷和烏拉圭，到底應該選擇記憶（memoria）或遺忘（olvido）、審理（justicia）或原諒（perdon），仍舊是個爭論不休的問題。」[19]儘管如此，美洲開發銀行行長莫雷諾（Luis Alberto Moreno）於2010年4月在《金融時報》指出，拉美要從「失落十年」邁向「拉美十年」，其所採取的四個具體舉措之一是「在建設一個更爲永久的制度框架的同時，迅速建立能夠傳達民衆要求的臨時政治進程。」[20]拉丁美洲自二十一世紀以來的經濟發展已經到了可以面對「轉型正義」問題的階段了。

16 吳乃德，「轉型正義和歷史記憶：臺灣民主化的未竟之業」，《歷史與現實》，臺北：聯經出版社，2006年7月。

17 Tina Rosenberg, "Overcoming the Legacies of Dictatorship," *Foreign Affairs*, Vol. 74, No. 3, May 1995, pp. 134-152。

18 Tricia D. Olsen, Leigh A. Payne, and Andrew G. Reiter, "At What Cost? The Political Economy of Transitional Justice, " *Taiwan Journal of Democracy*, Vol. 6, No. 1 (July 2010), pp. 165-184.

19 邱稔壤，《從政治外交層面看南錐禿鷹行動引發之人權爭議》，臺北：印刻出版公司，2002年，163頁。

20 Luis Alberto Moreno, "Lessons in liberation from Latin America," *The Financial Times*, March 23, 2011.

　　近年來拉丁美洲成立的「眞相調查委員會」調查之案件槪可分爲以下
三類。第一類爲年代雖久然因一黨執政多年故不便調查者。此類案件之所以
被調查乃因當事人已過世或已在政壇過氣，調查之目的不在處分主事者，
而在藉對眞相的發掘撫平歷史的傷痕。墨西哥福克斯（Vicente Fox）總統
於2001年11月任命特別檢察官調查1968年10月2日晚間特拉特洛可廣場（La
Plaza de Tlatelolco）屠殺案及其後至少二百七十五件政府殺戮案件。該事
件發生三十多年來，墨西哥官方歷史教科書看不到任何相關的眞相。從未被
定罪的前祕密警察首長納札（Miguel Nazar Haro）因被證實在事件發生後
拷打並殺害左翼人士於2004年2月被捕，但2006年指控被撤銷。同年6月，
八十四歲的前總統埃切維利亞（Luis Echeverría Álvarez）被控與屠殺有
關，2009年聯邦法官免除其罪。

　　第二類爲年代雖不久遠但再不查明可能無法還給當事人公道者。此類
案件因當事人年事已高，調查之目的期能在主事者死亡前能了解眞相或在
受害者死亡前能獲得合理補償。如阿根廷軍政府時期的總統魏德拉（Jorge
Rafael Videla）與前海軍總司令馬賽拉（Emilio Eduardo Massera）因涉及屠
殺、竊嬰等案。

　　第三類爲年代不久但通常爲「威權／民主過渡」或「政黨輪替」之
前、後發生者。此類案件因政黨競爭激烈或因意識形態衝突，調查之目的在
凸顯前政府之非法性或在提升執政者之合法性和正當性，如祕魯的藤森謙
也（Alberto Fujimori）案。在他十年總統任內，該國議會、法院、媒體在
藤森和軍方聯手的高壓統治下，對民主程序和社會正義的追求早已噤若寒
蟬。[21]（詳見表3-1）

21　向駿，「『真相委員會』之真相」，《蘋果日報》，2004年7月13日。

表3-1　拉丁美洲眞相委員會分析比較表

政府類型	國家	政權取得	起迄時間	國家領導人	真相委員會成立時間
軍人政府	阿根廷	軍事政變	1976～1983	軍事執政團	1983/12/15
	巴西	軍事政變	1964～1985	軍事執政團	
	智利	軍事政變	1973～1990	Augusto Pinochet	1991
	烏拉圭	軍事政變	1976～1985	軍事執政團	1985
軍文交替長期內戰	哥倫比亞	選舉	1985～2013	民選總統	1985/2006
	瓜地馬拉	政變／選舉	1960～1996	民選總統/軍人政變	1994
文人威權	秘魯	選舉	1980～1985	Fernando Belaunde	2001/6～2003/8/28
			1985～1990	Alan García	
			1990～2000	Alberto Fujimori	

資料來源：作者整理

各國真相委員會名稱如下：

阿 根 廷：失蹤者國家委員會（Comisión Nacional para la Desaparición de Personas, National Commission on the Disappearances of Persons, or CONADEP）。

巴　　西：真相與和解國家委員會（Comisión Nacional para la Verdad y Reconciliación, National Commission on Truth and Reconciliation）

智　　利：國家真相與和解委員會（Comisión Nacional de Verdad y Reconciliación, National Truth and Reconciliation Commission）

烏 拉 圭：失蹤者成因與情境調查委員會（Comisión Investigadora sobre la Situación de Personas Desaparecidas y Hechos que la Motivaron, Investigative Commission on the Situation of Disappeared People and Its Causes）

哥倫比亞：1985：真相委員會（La Comisión de la Verdad, Truth Commission on the Palace of Justice）

　　　　　2006：國家補償及和解委員會（National Commission for Reparation and Reconciliation）

瓜地馬拉：歷史澄清委員會（Commission for Historical Clarification）

　　　　　1995：回復歷史記憶（Recovery of the Historic Memory, REMHI）

祕　　魯：真相與和解委員會（Commissión de la Verdad y Reconciliación, Truth and Reconciliation Commission）

Jon Elster在其《結帳》（Closing the Books）一書中曾開宗明義揭示其任務乃純粹爲「實證（positive）和解釋（explanatory）的工作。」他之所以避開民主轉型的規範性論述，原因是他認爲「轉型正義」這種「現象的脈絡依存特性乃通則化所無法跨越的障礙。」[22]因此以下以案例研究方式探討兩個軍政府轉型爲民主體制者：智利和阿根廷，以及文人威權政府：祕魯之藤森謙也政權等三個案例。

一、智利

智利政黨傳統爲多黨制，其最大缺點是總統選舉因票源分散故候選人很難獲得絕對多數選票。自1946年起到1973年止，僅1964年的傅瑞（Eduardo Frei）獲得56.1%的選票，其他總統的得票均未過半，最後都由國會採不記名投票方式就得票最高的兩位候選人進行表決。從1958年至1970年間的三任總統出現標準的「政黨輪替」：先是右派的阿列珊德（Jorge Alessandri, 1958～1964），繼爲中間派的傅瑞（1964～1970），最後是左派的阿燕德（Salvador Allende Gossens, 1970～1973）。[23]然因阿燕德得票僅36.2%，很難在政策上取得共識造成經濟困頓、社會動盪，最終導致政變。

1973年9月11日，皮諾契（Augusto Pinochet）將軍以軍事政變手段推翻民選總統阿燕德政府後開始軍事統治。此後將近十七年的獨裁期間固然有許多令人髮指的罪行，但智利成功的經濟發展模式卻也成爲學術研究的經典案例。與其他獨裁政權更不相同的是，皮諾契居然於1988年10月5日就「是否

22　Jon Elster, *Closing the Books: Transitional Justice in Historical Perspective*. Cambridge, England: Cambridge University Press, 2004.
23　熊建成，洪惠紋（譯），《拉丁美洲政治體制》。臺北：國立編譯館，1988年，58頁。

同意繼續執政」舉行公投，從55.99%反對、44.01%贊成的結果看，皮諾契
政府當時的支持率甚至超過許多民選政府。而皮諾契欣然接受公投結果並於
1990年3月11日「還政於民」則顯示他是一位「知所進退」的獨裁者。或許
正因此一特殊的歷史經驗，近年來智利政經發展在拉丁美洲始終令人刮目相
看。**24**

　　皮諾契在十七年軍事統治期間血腥鎮壓異己，根據官方統計遭殺害者超
過三千人，包括1976年9月21日在華府以汽車炸彈炸死智利前駐美大使雷特
利（Orlando Letelier）及其美籍祕書摩菲特（Ronni Moffitt）。但他卻因英
國的偽善及美國的抵制逃過西班牙對其引渡的要求，壓垮他的最後一根司法
稻草是，2004年11月底因以假名開設祕密帳戶存款超過二千七百萬美元遭
檢方以逃稅、詐欺、偽造文書等罪名起訴並處以居家軟禁。在法院數度裁定
他不得享有豁免權後，皮氏終於2006年11月24日表示願為所犯罪行負完全
責任。

　　皮諾契政府在1988年公投受挫的主因在於基民黨、社會黨、激進黨等
十七個中間和左派政黨組成「民主聯盟」（西班牙文簡稱為Concertación）
對付共同的敵人——皮諾契。此後從1990年基民黨的艾爾文（Patricio Ay-
lwin）到1994年基民黨之傅雷（Eduardo Frei）到2000年社會黨的拉哥斯
（Ricardo Lagos）乃至2006年社會黨的巴契萊（Michelle Bachelet Jeria）
連續四任總統均屬此一「聯盟」。其中又以巴契萊受害於皮諾契獨裁統治最
深。

　　巴契萊1951年9月29日出生於軍人家庭，其父Alberto Bachelet Martínez
是忠於社會黨阿葉德政府的空軍准將，母親是人類學家。1973年軍事政變
後其父因拒絕合作以「叛國罪」入獄，後遭嚴刑致死終年五十一歲。巴契

24　向駿，「走出獨特陰影智利躍居拉美楷模」，《玉山周報》，16期，2009年9月
　　24-30日46頁。

萊在大學醫學系就讀期間，非但品學兼優且爲學生運動領袖。1975年1月
10日，巴契萊與母親被關進素有「集中營」之稱的格裏麥爾迪監獄（Villa
Grimaldi）。期間常遭審訊和毆打，她非但從不屈服且替獄友治病。被移監
至Cuatro Álamos後，因軍方人士協助逃離監獄，巴契萊與母親開始長達五
年的流亡生活，先到澳洲後轉至東德。流亡東德期間她繼續在大學修習醫
學，並學習法語、德語等。1979年學成回國後不到十年成爲全國知名的外
科及流行病專家。

　　1990年文人政府上臺，軍方爲重新建立形象，在國家戰略及政策研究
院（Academia Nacional de Estudios Políticos y Estrategicos, ANEPE）舉
辦軍事研習班，特邀社會黨等左派黨團軍事問題專家共同參加。巴契萊以
第一名成績畢業，因此得於1998年赴華府美洲國防學院（Inter-American
Defense College）進修。學成返國後，巴契萊先後擔任過3位國防部長的顧
問。2002年1月被任命爲國防部長，成爲拉美第一位女性國防部長，她自我
期許成爲「軍文雙方的橋樑。」[25]。2006年1月16日巴契萊在第二輪總統選
舉中擊敗對手，成爲智利第一位也是拉丁美洲第三位女性民選總統，任期四
年。

　　儘管皮諾契直到2006年12月10日過世前並未受到法律的實質制裁，
成爲實踐「轉型正義」的憾事，但智利對「轉型正義」的追求並未中止！
2009年9月軍政府時期的一百二十九名軍、警因涉嫌數百名反對派人士失蹤
而遭逮捕。[26]

　　皮諾契案之所以受國際關注在於全案包括西班牙等多國之受害者，此
其一；皮諾契本人因赴英國旅遊期間遭西班牙引渡而遭拘留長達十六個月之
久，此其二；支持皮諾契1973年政變的美國前國務卿季辛吉（Henry Kiss-

25　Nora Boustany, "A Painful Path to Chile's Defense Ministry," *The Washington Post*, Oct. 9,
　　2002, p. A28.
26　Eva Vergara, "Chile: 129 to be arrested on 'dirty war' charges," AP, Sep. 1, 2009.

inger）因遭究責而加入國際法「普遍性管轄」之論戰，此其三。限於篇幅以下僅探討第三點。**27**

　　2001年7/8月號的《外交事務》雙月刊摘錄季辛吉所著《美國需要外交政策嗎？》（*Does America Need A Foreign Policy?*）一書部分章節以「普遍性管轄權的陷阱」爲題刊出，文章主要說明普遍性管轄的盲點。國際法上所謂「普遍性管轄」（universal jurisdiction）係指某些特定罪行如殘害人群（genocide），因其在本質上危害到人類社會的利益，因此無論犯罪行爲發生於何地，由何國國民所爲，各國皆得對此類行爲採取管轄。但季辛吉認爲普遍性管轄權一則會使被告面對其不熟悉的司法體系，再則使被告難以取得訴訟所需的證據故會損及被告在程序上的權利，他特舉皮諾契引渡案說明普遍性管轄權的爭議。**28**

　　季辛吉所以撰文主要是因爲英國在處理皮案期間有人認爲如果不是美國的縱容，皮氏不可能犯下如此的罪行，因此曾任美國外交政策制訂者的季辛吉亦應受到司法的制裁。例如《季辛吉的審判》（*The Trial of Henry Kissinger*）一書的作者希沉思（Christopher Hitchens）就認爲，「以全球的眼光觀之，前國務卿季辛吉和智利前總統皮諾契應該等同視之。」**29**

　　明眼人一看就知道季辛吉撰文的目的之一在爲他本人脫罪。人權觀察（Human Rights Watch）執行長柔斯（Kenneth Roth）在同年9/10月號的《外交事務》期刊上毫不留情地批評季辛吉是強詞奪理。季辛吉認爲普遍性管轄權是一種新的概念，柔斯反駁早自1970年起美國法院即已主張對恐

27　前兩項參閱，向駿，「政治與法律之平衡：以皮諾契倫敦蒙難爲例」，《問題與研究》，38卷4期，1999年4月，頁55-69。向駿，「從皮諾切特被拘禁看智利民主化進程」，《拉丁美洲研究》，1999年3期，頁46-52。

28　Henry A. Kissinger (2001), "The Pitfalls of Universal Jurisdiction," *Foreign Affairs*, July/August, pp. 86-96.

29　轉引自Jonathan Power (2001), "Henry Kissinger should be tried for war crimes," *Taipei Times*, March 4, p. 9.

怖主義和劫機行爲有管轄權，「新」的不是普遍性管轄權而是執行管轄權的意願，此其一。季辛吉認爲當時尙未運作的國際刑事法庭（International Criminal Court）對戰爭罪（war crime）的定義不明，柔斯指出條約上戰爭罪的定義和1977年日內瓦公約以及美國軍方手冊上的定義幾乎相同，此其二。季辛吉批評普遍性管轄權將使國際刑事法庭對美國人有管轄權的主張可能造成缺席審判，柔斯反駁說當年美國緝捕諾瑞加（Manuel A. Noriega）又何曾獲得巴拿馬的允許，此其三。季辛吉建議罪行是否違反人權應由聯合國安理會認定，柔斯反駁說只要行使「否決權」，安理會五個常任理事國的國民將可自外於普遍性管轄權，此其四。

熟悉《外交事務》（Foreign Affairs）雙月刊的讀者都知道撰寫「國際關係新書」（Recent Books on International Relations）專欄的均爲各領域的頂尖學者，如曾負責亞太區域的白魯洵教授（Lucian W. Pye）即爲著名的「中國通」。拉丁美洲問題專家馬克斯威爾（Kenneth Maxwell）多年來爲該專欄撰寫與拉美相關的新書介紹，但他卻在季辛吉的壓力下於2004年5月13日向出版《外交事務》的外交關係協會（Council on Foreign Relations）及該刊的總編輯遞出辭呈。[30]

季辛吉之所以再度發威，係因《外交事務》總編輯侯吉（James F. Hoge Jr.）邀請馬克斯威爾在該刊2003年11/12月號撰寫《皮諾契檔案：有關暴行及責任的解密文件》（The Pinochet File: A Declassified Dossier on Atrocity and Accountability）之書評。[31]該書係作者孔伯祿（Peter Kornbluh）根據二萬五千多件美國政府有關智利1973年政變的解密文件撰寫而成。

馬克斯威爾的書評集中於政變中自殺的阿燕德及另兩起相關的暗殺事

30 Diana Jean Schemo, "Kissinger Accused of Blocking Scholar," *The New York Times*, June 5, 2004.
31 Kenneth Maxwell, "The Other 9/11: The United States and Chile, 1973," *Foreign Affairs*, Nov./Dec. 2003, pp.147-151.

件：其受害者分別為曾任智利軍事參謀長的史奈德將軍（General René Schneider）及智利前外交部長雷特利（Orlando Letelier）。前者於1970年在智利遭綁架後殺害，後者於1976年在華府遭暗殺。馬克斯威爾認為前案係為皮諾契1973年的政變掃除障礙，後案則有利於鞏固皮諾契的政權。他「確認」美國情報單位在智利政變前、中、後涉入的程度極深，因此當時擔任國務卿的季辛吉也難脫干係。

季辛吉當然不是省油的燈。曾在季辛吉手下擔任拉丁美洲事務助理國務卿的羅傑斯（William D. Rogers）立刻在該刊2004年1/2月號上撰文反駁。更令季辛吉不滿的是馬克斯威爾竟然還要舉行辯論會探討季辛吉1970年代在智利的角色和政變的責任歸屬，這可踩到了季辛吉的痛處，因此季辛吉不惜糾集各路人馬用盡諸般手段抵制該辯論會。馬克斯威爾在巨大的壓力遞出辭呈後逕赴哈佛大學拉丁美洲研究中心任資深研究員。[32]

2011年智利政府持續探索阿燕德的死因。智利法醫中心應阿燕德家屬與民眾要求於2011年5月23日重新開棺，7月下旬驗屍報告確認阿燕德死於自殺，而非長期傳聞的遭政變軍人擊斃。[33]8月18日皮涅拉（Sebastian Piñera）政府又公布九千八百名受害者新名單，使軍政府期間（1973～1990年）受害者總數增為四萬零一十八位，所有受害者可終身月領約合二百六十美元之補償金。[34]

2012年10月智利最高法院向美國提出引渡美國海軍退伍上校戴維斯

---

32 向駿，「學術研究vs.政治正確」，《蘋果日報》，2004年7月5日，A17版。
33 智利法醫中心向司法部遞交鑑定報告指出，阿燕德頭部兩處槍傷源自當時掉落腿間的自動步槍，死亡方式為自殺。參與鑑定的英國彈道專家大衛.普雷爾（David Prayer）指出，由古巴領導人卡斯楚贈送的AKA自動步槍當時設定為連發，從而解釋了為何有兩發子彈射入阿燕德頭顱的疑團。Eva Vergara, "Chile: Scientific autopsy confirms Allende suicide," AP, July 19, 2011. 郭篤為，「智利前總統阿葉德 證實自殺」，《中國時報》，2011年7月21日。
34 Eva Vergara, "Chile recognizes 9,800 more Pinochet victims," AP, Aug. 18, 2011. 「智利上修皮諾契政權受害者人數」，《轉型正義週訊》，No.150，2011年8月26日。

（Ray E. Davis）之要求。戴維斯於1973年政變期間擔任美國駐智利大使館
武官，由於他提供兩名美國公民（Charles Horman和Frank Teruggi）資訊給
智利當局，導致兩人遭殺害。**35**

二、祕魯

　　藤森謙也（Alberto Fujimori）1938年7月28日出生於利馬的日本僑民
家庭，雙親於1934年從日本移民祕魯，祖籍爲九洲熊本縣。1955年藤森以
第一名的成績考入祕魯農業大學，1961年又以第一名成績畢業。之後他曾
赴法國斯特拉斯堡大學（University of Strasbourg）和美國威斯康辛大學
（University of Wisconsin-Milwaukee）深造，學成歸國後回母校執教。
1984年藤森出任該校科學系主任，同年又當選爲農業大學校長。三年後他
被任命爲祕魯全國大學委員會主席，這是他擔任的第一個公職。他的前妻蘇
珊娜・樋口（Susana Higuchi）是日裔祕魯人，兩人於1974年結婚、1998年
離婚，共有四個子女。

　　1990年藤森以學者清新形象獨立參加祕魯總統大選，他以「90改革」
（Cambio 90）號召被白人壓迫已久的原住民和貧苦階層，結果意外成爲祕
魯史上第一位日裔總統。藤森不僅於兩年內將通貨膨脹率從7650%降至50%
並開始償還外債。但1992年4月，他卻在軍方的支持下斷然宣布關閉國會並
大幅改組司法部門，因而在政治學界創造了「自爲政變」（auto-golpe）的
新名詞。

35　Pascale Bonnefoy, "Chile: Extradition Request Approved in 1973 Case of Americans
　　Killed," *The New York Times*, Oct. 18, 2012, p. A8. 根據本案改編而成的電影「失蹤」
　　（Missing）贏得1982年奧斯卡最佳改編劇本獎，傑克.李蒙（Jack Lemmon）則因該
　　片贏得1982年坎城影展最佳男主角獎。

同年9月，藤森將祕魯多年來的動亂之源——「光明之路」的首腦古茲曼（Abimael Guzman）繩之以法，因而樹立了不向暴力低頭的英雄形象。儘管祕魯憲法規定總統任期五年不得連任，但藤森卻成功修憲並於1995年獲得64%的選票而連任總統，2000年更再度連任。但拉丁美洲史學家不僅認爲祕魯是九〇年代第一個重返威權統治的南美國家，[36]更認爲藤森統治期間的祕魯呈現了「不自由民主」（illiberal democracy）的特質。[37]

千禧年藤森三度參選總統引發國際嚴重關切，《華盛頓郵報》認爲「藤森的所作所爲已使祕魯政府體制產生微妙變化，或許會是二十一世紀拉丁美洲威權統治政體復辟的先聲。」此一評論並非危言聳聽，因爲當時祕魯的政情確實出現杭亭頓認爲會引發民主回潮的條件，例如社會的兩極化、法治的崩裂、既得利益團體的抗拒和民主機制運作失靈等。[38]

藤森雖於2000年7月28日就職總統，然其合法性一直籠罩在賄選疑雲中，同年9月16日流出的數百卷錄影帶更揭露其在位長達十年的國安首腦蒙特西諾斯（Vladimiro Montesinos）曾向各界人士行賄。蒙氏於案發後潛逃巴拿馬，這對藤森的困境可謂雪上加霜，「棄車保帥」成爲他不得不採取的因應措施。藤森一方面公開譴責蒙氏罪行，另一方面在蒙氏被巴拿馬驅離潛返回國後親自指揮搜捕任務。

同年11月藤森不動聲色按計畫出席15、16日於汶萊舉行的APEC高峰會議，反對黨則於16日推舉潘尼阿瓜（Valentin Paniagua）出任國會議長，奪回自1992年失守的國會掌控權。藤森見大勢已去，高峰會後潛逃日本並於20日向國會發出辭職信函但未被接受，次日《華盛頓郵報》以「逃亡中的

36　Thomas E. Skidmore and Peter H. Smith, *Modern Latin America*. New York: Oxford University Press, 1997, p. 225.

37　Peter H. Smith and Matthew C. Kearney, "Transitions, Interrupted Routes toward Democracy in Latin America," *Taiwan Journal of Democracy*, Vol.6, No.1, (July 2010), p. 154.

38　Samuel P. Huntington, *The Third Wave: Democratization in the Late Twentieth Century*, pp. 290-294.

受傷武士」稱之。**39**

　　藤森雖自2003年3月因被控殺人和綁架等罪名被國際刑警組織列爲通緝犯，然因日本極右派富豪和政客組成的集團強烈支持藤森而引發爭議。此一集團以在日本擁有一百七十家連鎖醫院的德田虎雄（Torao Tokuda）爲首，藤森流亡日本生活費用多由德田支付。根據集團成員之一的東京都知事石原愼太郎（Shintaro Ishihara）表示，「日本有責任保護藤森……因爲他是第一個成爲外國元首的日本後裔。」**40**

　　根據繼任托雷多（Alejandro Toledo）政府於2003年8月公布的四千多頁《眞相調查報告書》，以「罄竹難書」形容藤森任內所犯罪行實不爲過。藤森雖於2003年3月起被國際刑警組織列爲通緝犯，但因乃父曾在日本戶政機構爲其登記出生證明故藤森具日本國籍，復因日本極右派政商大老力挺，祕魯不但對引渡藤森莫可奈何，托雷多對藤森一再從日本表示將參加下任總統競選更是不堪其擾。

　　2004年9月22日托雷多在聯合國安理會大廳外舉行記者會，呼籲各國領袖向日本施壓協助引渡藤森返國，次日藤森卻在日本表示，他已經決定重返祕魯政壇，並將參加2006年祕魯總統競選。2005年11月6日藤森欲借道智利潛入祕魯被補，智利最高法院依雙方於1932年簽署的引渡條約接受祕魯的引渡要求。2007年9月21日藤森自智利被引渡回祕魯後，最高法院於12月10日開始對他在1990至2000年任內所犯綁架、謀殺、貪腐、濫權及盜用公款等七項案件展開審訊，所遭求刑累計達三十六年。

　　藤森雖入獄服刑，但其長女藤森惠子（Keiko Fujimori）卻成功接收其政治資產。2006年4月9日祕魯國會選舉惠子以全國最高票當選國會議員，

39 Anthony Faiola, "A Wounded Samurai on the Run," *The Washington Post*, Nov. 21, 2000, p. A19.
40 Calvin Sims, "Fujimori Is Wined and Dined by Tokyo's Powerful," *The New York Times*, June 28, 2001.

2008年1月15日惠子宣布參選下屆總統時表示：「我這樣做是因爲我相信家父是清白的，祕魯人感念他，多次民意調查證明如此。」2009年4月9日，藤森謙也因違反人權被特別法庭判處最高之25年徒刑。此一判決之所以具歷史意義因爲「它標誌著首位民選總統被引渡回國而且因違反人權受審並判刑。」[41]他也是拉美史上首位民選總統被本國法庭判刑者[42]

2011年選戰期間，《經濟學人》將藤森之姓氏視爲惠子在總統選戰中最大的「賣點」（selling point），她也不負衆望地贏得第二高票（23.5%）。但稍後惠子表示如果當選，「我向上帝發誓，我不會赦免他（藤森）。我曾多次重申，赦免藤森不是我的想法，也不是我家人的意圖」，並謂「我對父親政府曾發生的錯誤表示譴責。我認爲我們應該客觀地看待過去，不要帶有仇恨。」[43]可見惠子並未能擺脫其父貪腐的陰影。

2011年6月5日藤森惠子在第二輪總統選舉以3%的差距敗北。祕魯「轉型正義」的成敗及藤森的命運相當程度取決於烏馬拉（Ollanta Humala）總統的態度。2012年9月祕魯政壇因對2003年的《眞相調查報告書》總結報告有不同看法引發朝野對立。因罹患口腔癌而三度接受手術的藤森一則因拒絕在請求烏馬拉特赦的函件上簽字，再則因其豪奢的獄中生活引發民衆不滿，他的特赦也因此仍充滿變數。[44]

41　Jo-Marie Burt, "Guilty as Charged: The Trail of Former Peruvian President Alberto Fuji-mori for Human Rights Violations," *The International Journal of Transitional Justice*, Vol. 3, 2009, p.384.

42　Lauren Nelson, "The Legacy of Alberto Fujimori: Is Now a Chance for the Vindications of Human Rights? " COHA Report, October 10, 2008.

43　「祕魯前總統藤森女兒稱如當選不會赦免其父親」，《人民日報》，2011年4月20日。

44　郭篤爲，「坐牢像度假 藤森想獲特赦也難」，《中國時報》，2012年11月2日，版A24。

三、阿根廷

　　阿根廷前總統裴隆（Juan Domingo Perón）於1974年7月1日去世後，由其第三任妻子也是副總統的伊莎貝爾（Isabel Martínez de Perón）繼任，但執政未滿兩年招致相當民怨，1976年3月23日三軍總司令—陸軍上將魏德拉（Jorge Rafael Videla）、海軍上將馬賽拉（Emilio Eduardo Massera）及空軍准將阿古斯帝（Orlando R. Agosti）——成功發動不流血政變後，組成軍事執政團（Junta）並由魏德拉將軍出任總統。為重建「新秩序」（Orden Nueva），軍政府強硬鎮壓反革命活動，包括以綁架、暗殺、酷刑等方式迫害反對者。**45**

　　軍政府的鐵腕措施不但面臨國內人權團體的強烈反彈與譴責，也引起國際對阿根廷人權問題的關注與壓力，面對與日俱增的民主呼聲，魏德拉於1981年辭總統之職。在考量政府無力解決政治困境與經濟危機的事實後，繼任總統加迪耶里（Leopoldo Fortunado Galtieri）決定以「外交事件」轉移國內的不滿情緒，因此於1982年4月2日出兵福克蘭群島（Falklands Islands，阿根廷稱之為馬維娜群島Las Malvinas），結果兵敗如山倒。**46**加迪耶里於1982年6月17日辭去總統與陸軍總司令之職，軍政府隨於1983年垮臺。

　　繼任的文人總統艾方辛（Raúl Ricardo Alfonsín）上臺後立刻展開對軍

---

45 軍方宣稱其執政目標在「重建一強大且穩定的民主政體、遠離腐敗與馬克斯思想的威脅」。為了達成此一遠景，必須暫時以獨裁集中行政、立法、司法等資源，有效解決國內各類問題，如此方能根除叛亂、穩定社會秩序、推動經濟發展等，此即所謂的「國家重整時期」。參閱：Alison Brysk, *The Politics of Human Rights in Argentina: Protest, Change, and Democratization*, Stanford: Stanford University Press, 1994, pp. 19-20, 34, 94.

46 1810年阿根廷獨立後，依國際法國家繼承原則，宣稱繼承西班牙得自英國的福克蘭群島主權，並於1816年將該島易名為馬維娜群島且派駐軍隊駐守，英國於1833年派遣軍艦占領福克蘭群島，強迫阿根廷駐軍撤離該島，英國宣布不承認阿根廷自西班牙繼承福島主權，強制將該島主權置於英國之下。

政府的究責行動，1983年12月15日成立「失蹤者國家委員會」（Comisión Nacional para la Desaparición de Personas, CONADEP），1984年9月20日公布名爲「永遠不再」（Nunca Más, Never Again）的調查報告。根據該報告的統計，在長達七年的「骯髒戰爭」（Guerra Sucia, Dirty War）期間失蹤者約一萬三千人，但其他人權組織估計，遭殺害或失蹤者高達3萬多人。魏德拉於1985年被處終身監禁。

然在軍方強大的壓力下，艾方辛於1986年12月24日頒布「終止法」（Ley de Punto Final, Full Stop Law，第23492法案），主要內容爲「終止對於被控在軍政府統治期間執行或參與政治暴力等違反人權犯行者的起訴與調查。」所有相關新案件需於六十天內提出，結果因新案件倍增導致黎哥中校（Aldo Rico）於次年復活節發起暴動！[47]爲平息軍方的不滿，艾方辛於1987年6月4日頒布「服從法」（Ley de Obediencia Debida, Law of Due Obedience，第23521號法案），主要內容爲「在無任何被認可的確切證據下，得以免除軍政府時期官員與其從屬者，如警察、特務、神職人員、公務員等等涉及違反人權的罪刑。」

繼任的梅南總統（Carlos Saúl Menem）於1990年12月29日頒布包括魏德拉、馬賽拉等人的特赦令。1991年梅南頒布命令對遭美洲人權委員會（Inter-American Commission on Human Rights）起訴的前受刑人進行賠償，1994年更將賠償擴及所有受刑人。2001年12月De la Rúa總統在下臺前三天簽署法令拒絕阿根廷人因人權罪出國受審。

2010年10月27日因心臟病「猝死」的阿根廷前總統柯什內爾（Nestor Kirchner）任內（2003～2007）曾力挽狂瀾、領導阿根廷度過嚴重的經濟危機，2010年5月他更當選南美洲國家聯盟首任祕書長。他死後雖享相當哀

47　Phil Gunson, "Raúl Alfonsín: Argentine president who played a key role in the restoration of Democracy," *The Guardian*, April 2, 2009.

榮，但較少被提及的是他曾堅定地推動取消對軍政府期間違反人權官員的赦免。「阿根廷處理轉型正義……最關鍵的推手，並非政權輪替初期的總統，反而是在民主化二十年後才上臺的的柯什內爾。」**48**

柯什內爾2003年上臺後，國會宣布特赦無效並重新對竊嬰案進行審判，多名前官員因不同罪名被捕下獄。稍後警醫貝赫斯（Jorge Berges）和時任布宜諾斯艾利斯省警察廳廳長艾切哥拉赤（Miguel Etchecolatz）因盜竊嬰兒及偽造文書於2004年3月29日遭布宜諾斯艾利斯聯邦法院判處七年徒刑。2005年6月，阿根廷最高法院宣判前述「終止法」和「服從法」違憲，司法機關因而得以全面審判骯髒戰爭時期的加害者與共犯，阿根廷也得以展開「轉型正義」的追求。**49**

在諸多受審的加害者中最特別的應屬協助軍警犯下包括謀殺等81起案件的天主教神父費尼克（Christian Federico von Wernich），他在擔任首都警察隊神父期間，利用聽取告解的機會，將相關訊息告知軍警。連續三個月的大審後，2007年10月9日他因協助軍政府犯下七起謀殺、三十二起刑求及四十二起綁架案被聯邦法院判處無期徒刑。費尼克是第一位因協助軍政府迫害人權而受審、判刑的神職人員。

2010年4月20日，前軍政府時期最後一任獨裁者比尼奧內（Reynaldo Bignone, 1982～1983）被判處二十五年監禁。他被控曾於1978至1979年擔任「二把手」期間，犯下了包括謀殺、虐待、綁架等一系列罪行，受到五十六項罪名的指控。同年12月22日，魏德拉則和其他二十九名前軍官一起接受審判，繼魏德拉被判處終身監禁後，2011年3月31日多位將領亦因執行「禿鷹行動」被判處20～25年重刑。**50**

48　葉虹靈，「追悼一位轉型正義的推手」，《蘋果日報》，2010年10月29日。

49　"Take three," *The Economist*, Nov. 24, 2010.

50　Debora Rey, "Argentina: Ex-agents sentenced in Operation Condor,"AP, Mar. 31, 2011. 向駿，「追求轉型正義 南美方興未艾」，《玉山周報》，94期，2011年4月6-12日，34-35頁。

　　2013年3月當選天主教教宗的樞機主教伯戈格里奧（Jorge Bergoglio）在阿根廷軍事統治期間涉及二名耶穌會教士遭綁架的舊案在他當選後被廣為討論。教宗方濟（Pope Francis）被指控和1976年5月發生的「失蹤案」有關。在阿國首都貧民窟服務窮人的耶穌會教士亞利奇（Francisco Jalics）和約理奧（Orlando Yorio）遭軍方綁架之後五個月間飽受刑求折磨，約理奧被釋放後指控綁架及遭虐係因樞機主教伯戈格里奧對兩名神父「撤回了保護」，允許軍方對他們下手。真相到底如何有待教廷調查！

　　《公開的祕密》（*An Open Secret*）一書的作者卡梅羅（Carlos Gamerro）曾謂，「贏者創造歷史，敗者撰寫歷史」。[51]然就阿根廷案例而言似乎沒有贏家。

四、巴西舊案新希望

　　2011年1月1日羅賽芙（Dilma Rousseff）成為巴西首位女總統，就職典禮貴賓席上最特殊的是當年和她一起坐牢的11位囚室獄友，其中包括內政部「特赦委員會」主席麗塔‧悉帕伊（Rita Sipahi），當年曾在獄中產子的經濟學家瑪莉亞.烏爾班（Maria Urban）。

　　1964年3月31日巴西軍方在美國積極介入下成功對古拉特總統（João Goulart）發動政變後展開長達二十一年的軍事統治。根據巴西總統府人權辦公室的聲明，1964年至1985年軍政府期間遭殺害或失蹤者超過四百五十人。近年來把巴西推上世界舞臺最有貢獻的兩位總統都曾是軍政府的受害者！

51　"The winners make history and the losers write it," Carlos Gamerro, *An Open Secret*, (Translated by Ian Barnett), Pushkin Press, 2012. "The price of love," *The Economist,* Nov. 26, 2011.

　　前總統卡多索（Fernando H. Cardoso）因不見容於軍政府於1964年4月
17日被迫流亡阿根廷。他在《巴西，如斯壯麗：傳奇總統卡多索回憶錄》
（英文書名*The Accidental President: A Memoir*）中曾謂「1964年4月發生
的，不只是一場政變，而是巴西社會一次影響深遠的衝突」，結果證明「巴
西連正確地組成獨裁政權都辦不到」。[52]巴西的外債從1978年的四百三十億
美元，激增為1984年的九百一十億美元，諷刺的是卡多索總統任內最大的
政績就在穩定巴西的經濟。

　　至於曾被歐巴馬總統（Barack Obama）形容為「全世界最具人望政治
家」（the most popular politician on earth）的卸任總統盧拉（Luiz Inácio
Lula da Silva），1970年代因多次協助組織工會運動曾被逮捕拘禁一個月，
後因遭抗議而被釋放。盧拉於1975年和1978年兩次當選聖保羅州工會主席
後都曾領導工人反對軍政府，但他在總統任內對實踐轉型正義並不積極。

　　羅賽芙於1965年至1970年加入共黨外圍組織進行城市游擊武裝活動，
曾因綁架三名外國大使交換獄中同志而轟動一時，落網後因拒絕悔改入獄近
三年，並一度受軍情單位長達二十二天的酷刑。[53]根據巴西總統府人權辦公
室的聲明，1964年至1985年軍政府期間遭殺害或失蹤的超過四百五十人，
由於司法機關認為1979年的「赦免法」不應免除當年涉案人員接受法律制
裁，故於2010年11月4日對軍政府期間違反人權的四名官員提出告訴，包括
曾對羅賽芙施暴的前陸軍上尉利瑪（Mauricio Lopes Lima）。[54]羅賽芙於
2011年11月19日成立「真相及和解委員會」。

---

52 Fernando H. Cardoso, *The Accidental President of Brazil: A Memoir*, Public Affairs, 2007.
　　林志懋譯，《巴西，如斯壯麗：傳奇總統卡多索回憶錄》，臺北：早安財經出版
　　社，2010年3月12日，頁118-119。
53 郭篤為，「巴西女總統就職獄友當貴賓」，《中國時報》，2011年1月1日。
54 Bradley Brooks, "Brazil wants Rousseff's alleged torturers tried," Nov. 4, 2010.

五、海地令人失望

　　由美國駐聯合國大使蘇珊萊絲（Susan Rice）領軍的安理會十五人代表團於2012年2月13日到海地視察四天，其目的在了解自前總統亞里斯提德（Jean-Bertrand Aristide）於2004年流亡海外後安理會派遣維和部隊執行任務的成果。從2010年1月12日的地震到賑災期間爆發的霍亂疫情到11月28日總統大選結果難產，海地幾乎陷入無政府狀態，2011年1月16日第二輪選舉因此被迫延期。令人震驚的是流亡海外二十五年的前總統杜瓦利耶（Jean-Claude Duvalier）竟於當天（1月16日）返國攪局，雪上加霜的是2004年被放逐的亞里斯蒂德總統也於同年3月18日自南非返國。3月20日知名流行歌手馬泰利（Michel Martelly）當選總統並於5月14日就職。

　　馬泰利總統多次建議特赦杜瓦利耶，2012年1月30日法院撤銷對杜瓦利耶「違反人權」起訴，並建議所犯「金融性罪行」交由特別委員會審理，2月初法官以「超過追訴時效」為由宣布杜瓦利耶無罪，馬特萊雖表示「我堅信海地需要和解，」[55]但國際特赦組織卻痛斥判決「無恥」。

　　1957年軍醫出身的杜瓦利耶（Francois Duvalier）奪得政權後自封終身職當了十四年總統，人稱「老杜瓦利耶」（Papa Doc）。1971年過世後，其子（Jean-Claude Duvalier）繼承大位直到1986年遭政變推翻，人稱「小杜瓦利耶」（Baby Doc）。父子兩人執政期間，無辜百姓遭殺害至少三萬人。1986年2月7日小杜瓦利耶偕同家小搭乘美國軍機流亡法國後正式結束其父子將近三十年的獨裁統治。[56]根據「人權觀察」（Human Rights Watch）組織的估計，杜瓦利耶曾下令殺害二至三萬人。

　　杜瓦利耶應否面對司法制裁，不僅事關海地的「轉型正義」，更值得國

55　"I do believe that we need that reconciliation in Haiti." Amy Wilentz, "Impunity in Port-au-Prince" *The New York Times*, Feb. 8, 2012.
56　向駿，「從海地大選看拉美民主危機」，《歷史月刊》，219期（2006年4月），76-80頁。

際組織如聯合國的積極介入。2012年1月底聯合國人權高級專員皮萊（Navi Pillay）曾敦促有關當局確保為杜瓦利耶執政期間人權受到侵犯的人伸張正義，因為「如果正義得不到伸張，和解和寬恕便無從談起。」至於美國，儘管國務卿希拉蕊（Hillary Clinton）2011年1月底在為期一天的閃電式訪問中曾謂：「我們對海地人民有深厚的承諾：包括人道援助、推動民主及建立霍亂醫療中心。」但她真正「不願面對的真相」是該如何協助海地的「轉型正義」難題。

《雨季》（*The Rainy Season: Haiti Since Duvalier*）一書的作者魏藍茲（Amy Wilentz）認為「如果法律不願譴責過去的罪犯、處罰加害者，並明白表示未來絕不容忍濫權，海地不可能會有真正的民主。」[57]令人失望的海地案例再度證明「拉丁美洲是個充斥著威權復辟、健忘症的陷阱和有罪不罰（impunity）的地方。」[58]

57 Amy Wilentz, "Impunity in Port-au-Prince," *The New York Times*, Feb. 8, 2012.
58 Alison Brysk, "Recovering from State Terror: The Morning After in Latin America," *Latin American Research Review*, Vol. 38, No. 1, Feb. 2003, p.239.

參、結語

近年來拉美多位當年的加害者陸續過世，導致更多「遲來的正義不是正義」（Justice delayed is justice denied），舉例如下。2010年11月8日阿根廷前海軍將領馬賽拉（Emilio Massera）過世，享年85歲。1976～1983年軍政府期間馬賽拉在海軍機械學校（Escuela de Mecánica de la Armada. ESMA）成立惡名召彰的政治監獄，遭虐待或刑求至死者多達5,000人，1985年被判處終身監禁，此其一。

2011年5月5日曾經擔任薩爾瓦多國防部長的前將領龐西（René Emilio Ponce）因病去世，享年64歲。他被認為應對1989年六名教士謀殺案負責，1993年薩國通過包括赦免龐西的「大赦法」，但1999年被美洲國家組織（OAS）所屬的美洲人權委員會（Inter-American Commission on Human Rights）認定違反國際法，此其二。[59]

2011年7月17日烏拉圭前總統博爾達貝里（Juan Maria Bordaberry）病逝家中，享年83歲。博氏因在1971～1976年總統任內破壞憲法並涉及數起人權侵害案件於2010年被判處三十年徒刑，法院念其年事已高且健康不佳准他軟禁在家，此其三。

拉美多國實踐「轉型正義」的另一困境在面對美國霸權的無奈。美國至今仍未加入國際刑事法庭（International Criminal Court）背後主因即為軍方擔心國際法中的「普遍性管轄權」可能對美國國民造成缺席審判。前國務次卿格羅斯曼（Marc Grossman）認為該法庭是「無法監督的機構」；曾任外交委員會主席的前參議員荷姆斯（Jesse Helms）更將之稱為「未審先判的法庭」（kangaroo court）；而國防部前部長倫斯斐（Donald Rumsfeld）則認為該法庭「在艱難危險的反恐戰爭中特別麻煩[面對]」。[60]由於部分簽約

---

59 William *Grimes*, "René Emilio Ponce, El Salvador General Linked to Priests' Murders, Dies at 64," *The New York Times*, May 3, 2011.

60 James Graff, "America Is Not Pleased," *Time*, July, 8, 2002.

國拒絕對服務於境內的美國國民付予豁免權，布希政府在2002年7月1日在
國際刑事法庭正式成立運作一週年之際，宣布暫停對其中三十五個國家的軍
事援助，其中包括許多拉美國家。因此拉丁美洲能否有效追求「轉型正義」
相當程度有賴美國的態度。

第四章　發展模式：
二十一世紀的社會主義？

古巴模式如今連在古巴也行不通了！

古巴強人卡斯楚（Fidel Castro），2010年9月8日

壹、前言

　　1995年1月10日魯賓（Robert Rubin）在白宮宣誓就任財政部長後，面臨的第一件棘手任務就是夥同聯邦準備委員會主席葛林斯潘（Alan Greenspan）和財政部次長桑默斯（Larry Summers）等共商如何解決墨西哥金融危機。根據聯邦儲備局（Federal Reserve Board）當時的估計，在最壞的情況下，墨西哥金融危機的連鎖反應將使美國年經濟成長率下降0.5%到1%。由於「北美自由貿易區」（NAFTA）正式運作剛滿一年，而墨西哥又被視為開發中國家經濟改革的模範，因此美國不得不即足了勁伸出援手。[1]

　　但2001年底阿根廷的處境就沒有那麼幸運了。美國前財政部長歐尼爾（Paul O'Neill）毫不掩飾對紓困計畫的嫌惡，國際貨幣基金當時的首席副主任克魯格（Anne O. Krueger）認為阿根廷應宣布國際破產。[2]由於美國對阿根廷和墨西哥的態度差別有如天壤，拉美其他國家不得不思自保之道，因而引發應採何種經濟發展模式的爭辯。

　　阿根廷經濟危機對拉美直接的影響是導致「南方共同市場」（Mercosur）其他成員國（巴西、巴拉圭、烏拉圭）貨幣競相貶值及投資環境惡化，間接的影響則是貿易保護主義抬頭導致「美洲自由貿易協定」（Free Trade Agreement of the Americas, FTAA）談判產生更大歧見。因此拉美國家開始質疑多年來他們在經濟上奉行以「華盛頓共識」（Washington Consensus）為基礎的新自由主義。

　　新自由主義在拉丁美洲從理論到政策的演變至少經歷了以下四個過程。第一個是七〇年代中期的智利，其改革包括「發揮私人積極性」、「國家只起補充作用」、「放寬對勞工市場調控」等，但並未形成一體適用於拉

1　Robert Rubin and Jacob Weisberg, "In an Uncertain World," *The New York Times*, Nov. 30, 2003.

2　Joseph Kahn, "Plan to Let Nations Declare Bankruptcy Gains," *The New York Times*, Dec. 25, 2001.

美的政策。第二個是1985年「貝克計畫」（Baker Plan）中對債務國的改革要求，其內容雖未形成政策體系但逐漸成爲西方債權國、債權銀行和國際貨幣基金組織等共識。第三個是1989年的「華盛頓共識」，第四個是1996年的「修改華盛頓共識」。[3]

所謂「華盛頓共識」係由英國經濟學家、華盛頓國際經濟研究所高級研究員、國際貨幣基金顧問威廉森（John Williamson）於1990年在其《拉美政策改革的進展》（*The Progress of Policy Reform in Latin America*）一書中提出，內容包括以下十點改革：遵守財政紀律、重新安排公共支出的優先順序、稅制改革、金融自由化、競爭性匯率、貿易自由化、開放國外直接投資、國有企業民營化、解除管理和確立財產所有權，這十條被稱爲「新自由主義的政策宣言」。[4]

1996年威廉森在泛美銀行年會上對「華盛頓共識」做了以下的補充。一、政府必須建立更穩定和專業化的機構，特別是獨立的中央銀行、強有力的預算部門和獨立廉潔的司法部門。二、儘管政府應少干預，但需增加在社會領域，如健康方面的公共支出。三、由於教育對長期經濟發展所需的人力資源有決定性影響，故應優先增加支出。四、鑑於墨西哥的金融危機，必須強化金融監管。五、由於拉美各國財政並無明顯改善故須恢復財政紀律增加儲蓄。六、開徵土地稅。七、保持競爭性匯率，排除固定匯率或將當作名義錨。八、繼續區域內貿易自由化。九、透過民營化和自由化建立競爭性市場經濟。十、重新界定產權並使整個社會都可能獲得產權。這新十條稱爲「修

3　蘇振興，「新自由主義與拉丁美洲」，《拉丁美洲研究》，2004年2期（4月），頁7。

4　John Williamson, *The Progress of Policy Reform in Latin America*, Institute for International Economics, 1990. Also, "From Reform Agenda: A Short History of the Washington Consensus and Suggestions for What to do Next," *Finance & Development*, 40, 3(Sept. 2003): pp. 10-11.

改華盛頓共識」。[5]綜觀其演變，新自由主義包含了意識形態、經濟理論、經濟政策和經濟改革等四個層面。[6]

世界銀行前副總裁林毅夫認為，「華盛頓共識改革的結果最多也只能說是具爭議性，一些經濟學家甚至將二十世紀八〇、九〇年代描述為許多發展中國家『失去的數十年』。」[7]但根據另一位前世界銀行副總裁兼首席經濟顧問也是諾貝爾經濟學獎得主史迪格利次（Joseph E. Stiglitz）的看法，華盛頓共識「往好裡說，它是不完整的；往壞裡說，它是誤導的。」[8]市場回歸自由競爭固然帶來經濟成長，但政治上的腐敗無能卻造成更嚴重的分配問題。以南美的玻利維亞為例，生活在貧窮狀況（一天只獲一美元為標準）的人數在1970年僅約一萬人，1980年為三十六萬人，至1998年陡升為一百八十九萬人。[9]因此拉美學者稱之為「無發展的成長」。

2009年哥斯大黎加前總統阿里亞斯（Oscar Arias）在「美洲國家組織」高峰會致詞時曾謂：「五十年前，墨西哥比葡萄牙富有。1950年，巴西的人均收入比韓國高。六十年前，宏都拉斯的人均收件人高於新加坡。我們拉美人肯定做錯了什麼。我們錯在什麼地方？」[10]以下先回顧與發展相關的文獻，再探討古巴、委內瑞拉和阿根廷三個案例。

---

5 Robert N. Gwynne and Cristobal Key, eds., *Latin American Transformed: Globalization and Modernity*, Oxford: Oxford University Press, 1999, p. 83.

6 韓琦，「簡論拉美新自由主義的演變」，《拉丁美洲研究》，2004年2期（4月），頁17。

7 林毅夫，「發展經濟學3.0」，《聯合早報》，2012年6月20日。Justin Yifu Lin, "Development 3.0," June 14, 2012.

8 徐世澄，「一分為二看待拉美的經濟改革」，《拉丁美洲研究》，2004年2期（4月），頁8。

9 Xavier Sala-Martin, "The World Distribution of Income," *NBER* Working Paper 8933, May 2002.

10 "Algo Hicimos Mal,"palabras del Presidente de la República de Cost Rica en la Cumbre de las Américas, Trinidad y Tobago, 18 de abril del 2009.

貳、文獻回顧

　　拉丁美洲經濟發展的過程和模式有以下兩種主要的分類。美國學者To-mas E. Skimore和Peter H. Smith在《現代拉丁美洲》（*Modern Latin Amer-ica*）一書中將其發展模式區分爲五個階段：進出口增長起始階段（1880～1900）、進出口擴張階段（1900～1930）、進口替代工業化階段（1930～1960s）、進口替代增長停滯階段（1960s～1980s）及危機／債務/民主階段（1980s～2000s）。[11]中國社會科學院拉丁美洲研究所蘇振興等學者則在《拉美國家現代化進程的研究》一書中將拉美現代化進程區分爲三個階段：初級產品出口模式階段（1870～1930）、進口替代工業化模式階段（1930～1982）及外向發展模式階段（1982年之後）。[12]這兩本書分別於2005年和2006年出版，故不包括2008年全球金融危機對拉美經濟發展的影響。

　　以下先從全球的角度看資本主義和社會主義演變，再看這兩種主義對拉丁美洲的影響。哈佛大學教授 Niall Ferguson 在比較英國和西班牙對北美和南美殖民政策的差異後指出，「南美洲的華盛頓應該是玻利瓦（Simón Bolívar），他也推翻了一個帝國：西班牙帝國，但他未能創立南美洲的美利堅合眾國。……獨立讓美國走上無可匹敵的繁榮強大之路。然而，從西班牙獨立卻只爲南美洲留下了恆久的衝突、貧窮與不平等的遺產。爲什麼資本主義與民主制度無法在拉丁美洲成長繁榮？」[13]他認爲主要原因有三：首先是南美人根本沒有民主決策的經驗；其次是財產分配不均；最後是南美種族

11　Tomas E. Skimore and Peter H. Smith, Modern *Latin America*, New York: Oxford University Press, 2005.pp.43-62.
12　蘇振興，「前言」，蘇振興主編，《拉美國家現代化進程的研究》，北京：社會科學文獻出版社，2006年，頁3。
13　Niall Ferguson, *Civilization: The West and the Rest*, Penguin Group, Nov., 2011. 尼爾.弗格森（著），黃煜文（譯），《文明：決定人類走向的六大殺手級Apps》，臺北：聯經出版公司，2012年，頁164-165。

的異質性與區分比北美來得大。**14**

　　曾提出「歷史終結論」的日裔學者福山（Francis Fukuyama）認為，全球化資本主義模式正在蠶食自由民主主義所依賴的中產階級社會基礎，儘管目前還沒有強勁的意識形態對手出現，但如果某些棘手的經濟和社會潮流繼續發展下去，現代自由民主主義國家的穩定將受到威脅，民主主義思想將被顛覆。

　　福山在討論當代資本主義命運時指出，「在整個二十世紀上半葉，人們對進步主義左翼勢力有一個強烈共識，那就是某種形式的社會主義在所有發達國家都是不可避免的。就連熊彼得（Joseph Schumpeter）這樣的保守主義經濟學家也在1942年發表的《資本主義、社會主義與民主》（*Capitalism, Socialism, and Democracy*）一書中寫道，社會主義將獲得勝利，因為資本主義社會在文化上自我削弱。社會主義被認為代表了現代社會大多數人的意志和利益。然而當大多數發達國家成功建立起以中產階級為主體的社會後，馬克思主義的呼聲就弱了下去。左翼激進主義只有在世界上那些極不平等的地區才依然具有強大的生命力，如拉丁美洲、尼泊爾和印度東部的貧窮地區。」**15**

　　國家是如何走上昌盛之路或墮落之途呢？哈佛大學政治學者James A. Robinson和麻省理工大學經濟學者Daron Acemoglu在其合著《國敗論：權力、繁榮與貧窮之源》（*Why Nations Fail: The Origins of Power, Prosperity, and Poverty*）一書的答案是：「制度，制度，制度。」**16**《國敗論》認為「能夠推動和激勵人民有效地利用其生產力，以及創造和累積財富的健全制度和組織，乃國家成功和致富的關鍵。這些所謂good institutions包括

14　同前註，頁171-174。

15　Francis Fukuyama,"The Future of History," *Foreign Affairs*, Vol. 91, No. 1, Jan./Feb. 2012, pp. 53-61.

16　Warren Bass," Book review: 'Why Nations Fail,' by Daron Acemoglu and James A. Robinson," *The Washington Post*, April 21, 2012.

法律給予私人產權的保障、履行合約作為一種生活方式、充分的投資自由和機會、低稅率、有效控制通貨膨脹，以及貨幣的自由兌換。《國敗論》的作者發現，天然資源豐富的國家未必會走上繁盛的康莊大道，反而容易跌入貧苦的陷阱；他們稱之為『天然資源的詛咒』（the curse of natural resources）」。[17]

《國敗論》指出，國家之興衰「關鍵在於制度，尤其是要有好的政治制度才會有好的經濟結果。一個國家的繁榮必須建立在政治與經濟體制都是開放性的和多元性的基礎之上，如此才能釋放並且保障公民去創新、投資和發展的能力。汲取性的國家雖然可以在一開始產生經濟增長，但很難有持續增長。正如經濟學家熊彼特所說，持續性的經濟增長需要『創造性的毀滅』（creative destruction），但汲取性的精英不會讓『創造性的毀滅』出現來消除他們的既得利益。」[18]

2008年席捲全球的金融海嘯不但重創歐美銀行體系，也動搖了長期主導西方經濟思維的自由市場觀念。英國《金融時報》首席經濟評論家沃爾夫（Martin Wolf）認為「又一個意識形態上帝失敗了。在過去三十年間主導著政策和政治的各種假定，突然間看上去就像革命社會主義一樣過時，」[19]資本主義何去何從也因此成為政學界爭辯的焦點。

以美國為例，由於金融危機爆發和2008年總統選戰幾乎重疊，共和黨師法尼克森（Richard Nixon），指控歐巴馬（Barack Obama）是社會黨的祕密黨員，把他「多課富人稅」、「財富重分配」等政見扭曲為社會主義文宣。共和黨當時的如意算盤是把選戰定位成資本主義與社會主義之爭，想藉此喚起選民的恐懼意識，但企圖終未得逞。選戰落幕後，共和黨變本加厲地抨擊歐巴馬所提的振興經濟方案，有人說他終於露出了社會主義者的真面

17　林沛理，「香港墮落根源」，《亞洲週刊》，26卷23期，2012年6月10日，頁11。
18　張鐵志，「國家為何衰落？」《華爾街日報》，2012年6月7日。
19　Martin Wolf, "Seeds of Its Own Destruction," *The Financial Times*, March 9, 2009.

目,也有人危言聳聽說美國將變成「美利堅社會主義共和國」。[20]2012年總統選戰共和黨對付歐巴馬的三大戰略之一仍是指責他是社會主義者。[21]總統選戰成為資本主義對抗社會主義之爭,羅姆尼(Mitt Romney)的富商形象更導致「『資本家』已經成為人們對他的一種指責,美國人似乎愈來愈傾向於接受一個令世界在幾千年中陷於貧困的觀念:如果你成了有錢人,那是因為你讓其他人變得窮了。」[22]

然而,國際政治經濟學大師Samir Amin卻「從拉丁美洲最近的變革看到新生世界的雛型。拉」夫洲近年左翼政黨屢有斬獲,在權力關係移轉的過程中,社會主義的思潮在這一片蒼茫大地瀰漫開來,與以資本主義邏輯下的全球化展開抗衡。」[23]

西方對當代資本主義、新帝國主義以及新自由主義的批判,當然包含社會主義的觀點,巴西盧拉倡議「區域性布雷爾主義」和查維茲提出的「二十一世紀社會主義」為兩個重要的代表。其中「最核心的問題是『拉美向左轉』現象以及查維茲與柯雷亞等提出的『二十一世紀社會主義』理論。2007年,拉美有關社會主義的重要爭論就在對古巴社會主義的爭論。迪特裡希(Heinz Dieterich)批判性地指出,古巴社會主義因拒斥『二十一世紀社會主義』因而屬於『歷史社會主義』。古巴學者反駁他們強調社會主義的豐富內涵及拉美特色,反對把古巴模式看成是『歷史社會主義』」。[24]

就拉丁美洲而言,「從二十世紀六〇年代開始,拉美學者在借鑒歐美國際關係理論的基礎上,努力減輕對歐美的『知識依附』(knowledge depen-

20 王健壯,「誰怕『S』開頭的這個『紅字』」,《聯合報》,2009年3月22日。
21 其他兩項分別是:歐巴馬不在美國出生和歐巴馬是伊斯蘭信徒。詳見嚴震生,「不只臺灣,美國媒體同樣非常政治」,《聯合報》,2012年8月10日,版A23。
22 Charles Murray, "Why Capitalism Has an Image Problem," *The Wall Street Journal*, July 28, 2012, p.C1.
23 林深靖,「反全球化大師阿敏啟發臺灣」,《亞洲週刊》,22卷35期,2008年9月7日,頁41。
24 鄒詩鵬,「國外馬克思主義研究狀況及前沿」,《社會科學報》,2008年10月9日。

dency），不懈地開展對外來理論的改造，使『舶來品』與拉美地區的客觀條件和現實需要相結合，從而提出了一系列具有拉美地域特色的原創性概念，形成了享譽世界的本土理論（依附論）和具有本土特色的合成理論。二十世紀六〇年代末七〇年代初，依附論學派在理論上達到高潮，湧現出不少享譽世界的重量級人物，一批反映依附論學派核心觀點的扛鼎之作亦相繼面世，從一種依附的視野詮釋戰後國際政治經濟關係的依附論學派在拉美形成。」[25]

但中國社會科學院學部委員蘇振興等學者的研究卻發現，「就西方現代化理論而言，不論是前期的經典現代化理論，還是近期的新自由主義，都不能為拉美國家提供正確的指導。」他們也發現，「無論是拉美結構主義理論還是依附理論，其理論體系都存在明顯的局限性與不成熟性，並對拉美國家現代化實踐產生了某種誤導。」[26]至於是威權主義或西方民主比較有利於經濟發展的辯論，曾昭耀認為：「如何跳出這個政治怪圈呢？出路只能在於制度創新。」[27]

也有學者從理論上提出比較利益原則與拉美國家發展悖論的問題。中國社科院趙麗紅認為「拉美國家的產業結構和貿易商品結構基本上是秉承著天然資源優勢而形成的，這種比較利益結構雖然在一段時期內使拉美國家獲得了一些貿易利益，但卻強化了拉美國家低水準的產業結構，進一步擴大了與發達國家及其他新興發展中國家的經濟差距，從而使其陷入了『初級產品比較利益陷阱』和『製成品比較優勢陷阱』。拉美國家要想在未來的國際貿易中獲得更多的貿易利益，縮小與發達國家的差距，就必須儘快從比較優勢

---

25 張建新，「從依附到自主拉美國際關係理論的成長」，《外交評論》，2009年2期，頁114-122。

26 蘇振興，「前言」，蘇振興主編，《拉美國家現代化進程的研究》，北京：社會科學文獻出版社，2006年，頁9。

27 曾昭耀，「政治體制的變革與發展」，蘇振興主編，《拉美國家現代化進程的研究》，北京：社會科學文獻出版社，2006年，頁408。

戰略向競爭優勢戰略轉變。」[28]此一看法相當程度回應了「天然資源詛咒」說。

　　更有學者「通過考察拉美地區六十年的經濟增長發現，由於在某些階段拉美國家錯失轉變經濟增長方式的良機，造成一系列結構性失衡，最終以債務危機的形式消化失衡後果，進而導致現代化進程一路曲折。二十一世紀以來拉美國家通過發展戰略、經濟政策和局部結構的調整，在促進經濟增長方面取得一定成效，使其平穩、順利地渡過了2009年國際金融危機的衝擊。不過，應對未來挑戰，拉美國家在轉變經濟增長方式上仍有很長的路要走，如促進出口多元化，提高出口產品的國際競爭力，加強與亞太國家的產業內貿易；通過產業政策促進產業結構有序升級；加強人力資本投資和技術研發，等等。」[29]

　　然以技術研發所需之「創新能力」為例，根據「聯合國世界智慧財產組織（U.N. World Intellectual Property Organization, WIPO）和法國 INSEAD 商學院公布的《2012全球創新指數》（Global Innovation Index 2012）研究結果，拉美國家在全球一百四十一個國中除智利排名第39較優外，其他如巴西58、哥倫比亞65、烏拉圭67、阿根廷70、祕魯75、墨西哥79、巴拉圭84、厄瓜多98、玻利維亞114、委內瑞拉118均屬「創新表現不足者」（innovation underperformers）。[30]

　　至於影響國家發展的諸多政治思想，本文僅討論民粹主義（populism），[31]因為「拉美地區的民粹主義是影響拉美發展困境的重要因素。民

28　趙麗紅，「比較利益原則與拉美國家的發展悖論」，《拉丁美洲研究》，33卷1期，2011年2月，頁47-56。

29　蘇振興、張勇，「拉美經濟增長方式轉變與現代化進程的曲折性」，《拉丁美洲研究》，33卷5期，2011年10月，頁3-12, 33。

30　Andrés Oppenheimer, "Latin America gets bad marks in innovation," *The Miami Herald*, Aug. 12, 2012.

31　英文populism在臺灣譯為民粹主義，在大陸譯為民眾主義。本文採用民粹主義，但引用大陸文獻時則維持其原文。

粹主義主張依靠民眾對社會進行激進改革，並積極動員民眾廣泛參與政治進程。二十世紀三〇年代以來，威權主義與民粹主義兩種政體在拉美國家交替出現，不少拉美國家的政治陷入了威權主義和民粹主義之間的迴圈。」[32]民粹主義不僅導致政治不穩定，而且往往會迫使政府追求福利主義經濟政策，從而使經濟喪失競爭力。「民眾主義既是一種政治思潮，也是一種政治運動，一種政權組織形式。這種思潮的出現同拉美國家的現代化運動有著密切的聯繫，堅持這個主義的政黨成稱民眾主義政黨，如墨西哥的革命制度黨、阿根廷的正義黨、委內瑞拉的民主行動黨、祕魯的阿普拉黨等。」[33]

32 楊萬明，「論拉美國家的發展模式轉型與發展困境」，《拉丁美洲研究》，28卷6期，2006年12月，頁7。
33 曾昭耀，「政治體制的變革與發展」，蘇振興主編，《拉美國家現代化進程的研究》，北京：社會科學文獻出版社，2006年，頁350。

參、案例研究

選擇古巴因為「古巴作為西半球唯一的社會主義國家，其現代化道路與其他拉美國家是不同的。」[34]選擇委內瑞拉因為查維茲曾謂「要麼社會主義，要麼死亡！」選擇阿根廷因為拉美政治思潮主要分成民粹主義和社會主義兩大類，而阿根廷的貝隆主義是拉美六個主要民粹主義之一。[35]

一、古巴

巴西前總統卡多索（Fernando H. Cardoso）在其回憶錄中曾謂「沒有任何拉丁美洲國家想再走古巴的老路」，[36]因此2008年2月卡斯楚（Fidel Castro）之突然辭職，「可能是二十世紀社會主義運動的最後絕響，一個『香蕉國家』可以引發世界如此巨大的震盪，這或許正是卡斯楚的成功。」[37]

自美國於1960年開始對古巴實行經濟封鎖之後，蘇聯提供的巨額補貼和軍援抵消了封鎖的影響。七〇年代卡斯楚放棄強制工業化進程，轉而完全依賴自殖民時代就是古巴經濟主體的蔗糖業，使這個島國瀕臨破產邊緣，結果還是靠蘇聯的援助才維持其經濟穩定。1991年蘇聯解體後停止了援助和貿易關係，古巴的經濟從1989到1993年間縮水了35%（見圖4-1）。

---

34 蘇振興，「前言」，蘇振興主編，《拉美國家現代化進程的研究》，北京：社會科學文獻出版社，2006年，頁10。
35 徐世澄，《拉丁美洲現代思潮》，北京：當代世界出版社，2010年，頁43。
36 Fernando H., Cardoso, *The Accidental President of Brazil: A Memoir*, Public Affairs, 2007, p. 226.
37 丁果，「卡斯特羅的絕響與震盪」，《亞洲週刊》，22卷9期，2008年3月9日，頁41。

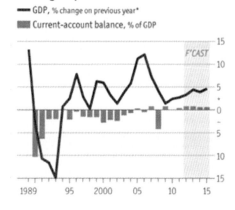

No longer special

— GDP, % change on previous year*
■ Current-account balance, % of GDP

F'CAST

2011†	古巴	智利	多明尼加	墨西哥
Gross fixed investment, % of GDP*	**10.5**	21.8	16.9	20.6
Life expectancy at birth, years	**79.3**	79.3	73.8	77.2
GDP per person*, $'000, current	**5.4**	13.7	5.8	10.0
Average years schooling, adults*	**9.9**	9.7	7.2	8.5
Infant mortality, per 1,000 live births	**5.0**	6.8	21.6	14.1

*Estimates　†Or latest available

圖4-1　蘇聯解體後古巴經濟變化

資料來源："Revolution in Retreat," *The Economist*, Special Report on Cuba, March 24, 2012.

　　蘇聯解體後，「古巴進入特殊時期，一年之內，進口量與出口量急遽下降八成，蘇聯的年石油供應從一千四百萬噸減至四百萬桶。短短兩年，古巴人體重平均減少將近十公斤。1996年，美國通過新法，升高對峙氣氛，加緊封鎖古巴，狀似要在棺材上，鑽緊最後一根釘子。美國沒有成功，又是十多年過去了，古巴還是好端端、屹立不搖，應驗了《紐約時報》所說，古巴的存在『讓人迷惘』。美國主流意識與價值的不知所措，正是另類理念的堅定向前。如同2008年12月，現代世界體系理論的創始人華勒斯坦（Immanuel Wallerstein）的觀察，古巴已經否極泰來，正在『重返舞臺』」。[38]

　　毛相麟在《古巴社會主義研究》一書中對古巴社會主義建設經驗作所做的總結是：必須要有一個好的黨和好的領袖、共產黨應該是民族解放鬥爭

38　馮建三，「跋：反攻大陸古巴國際主義50年」，閻紀宇（譯）：《紙醉金迷哈瓦那──卡斯楚的革命前夕》，臺北：時報文化，2009年4月27日。

傳統的繼承者和民族獨立地位的捍衛者、現代社會所應信奉的基本理念是公正、共用和發展、不斷提高政治文明的程度是社會主義的三大追求目標之一、如何從根本上提高國民素質是社會主義事業的領導者必須時刻關注的問題、確保社會主義建設的安全是一個社會主義國家存在和發展的根本條件。他認為古巴社會主義具有強大生命力的主要原因是古巴有「一個堅強、廉潔和聯繫群眾的黨」、「高舉了民族獨立的旗幟」、「堅持面向廣大工農群眾」和「建立了社會主義民主政治體系」。[39]

　　國際公認古巴在教育和醫療保健方面居全球領先地位，「在所有國家中，無論是大國還是小國，富國還是窮國，古巴在教育領域中名列第一。」因其「教育發展模式是一種由國家主辦、全社會參與、同勞動相結合、不斷改革和創新的模式，正是這種模式把古巴的教育推向世界第一的地位。」[40]由於在醫療資源方面的優勢，使古巴得以向他國提供醫療援助和開展醫療合作。「其醫療外交的戰略重點主要集中在拉美和加勒比地區，主要內容集中在傳染病防治、災後醫療援助和醫務人員培訓等方面。通過三方醫療合作、醫務人員費用的共同分擔制、醫療援助與醫療技術合作並舉等方式，古巴的醫療外交實現了諸多創新。」[41]

　　2008年2月勞爾・卡斯楚（Raúl Castro）正式接任古巴總統，同年12月7日古巴全國人大通過了新的《社會保障法》，並於2009年1月22日起實施。該法具備以下五個特性：制度的統一性、保障的全民性、保障的全面性、國家的主導性、保障的充分性。[42]改革的內容包括改善繳費方式、延長

39 毛相麟，《古巴社會主義研究》，北京：社會科學文獻出版社，2005年。馳騁，「古巴社會主義研究的新成果—《古巴社會主義研究》評介」，《拉丁美洲研究》，28卷1期，2006年2月，頁74。
40 毛相麟，「古巴教育是如何成為世界第一的：古巴教育發展模式的形成和特點」，社科院拉美所成果報告，2004年10月14日。
41 孫洪波，「古巴的醫療外交」，中國社會科學網，2011年6月20日。
42 袁東振，「古巴的社會保障制度：發展、挑戰與改革」，《拉丁美洲研究》，31卷2期，2009年4月，頁27。

退休年齡5年、改變和調整退休金計算方式、退休後可繼續工作、擴展社會保障特殊計畫範圍、完善社會救助體系等。[43]

　　為了重振島國經濟，勞爾把相當一部分國有企業私有化，他也放鬆了生活中無處不在的各種限制，2010年7月更釋放了五十二名政治犯。至於簽署聯合國人權公約則是其兄躊躇了三十年都沒有做的事情。2011年4月接任共產黨第一書記後，「古巴站在類似當年鄧小平在中國改革的轉振點上。」[44]後卡斯楚的古巴面臨諸多挑戰，如經濟重建、軍方勢力轉移，「最困難的也許是對法治的接納。」[45]不管古巴共產黨的意圖是什麼，他們已不可能阻止這個島國走向某種形式的資本主義。難以預測的只有兩個問題：是否能持續控制變化的進程及這種變化是否會帶來民主。[46]

　　2010年末，古巴政府開始允許私人經商。據估計，至2012年古巴一千一百萬人口中約有三十八萬七千人從事個體經營。而古巴人開始買賣房產和汽車，則是五十年來的第一次。「經濟學家、商人和外交官員認為，由於政府中層官員不願意放棄他們的特權，而保守官員又懼怕經濟自由帶來的社會和政治影響，面對兩方面的阻力，勞爾主席的改革舉措緩慢而謹慎。他說過不會採取曾經造成前蘇聯崩潰的『休克療法』（shock therapies）。」[47]

　　縱觀古巴革命以來的調整與改革，可以歸結為在兩種關係的調整中尋找出路：一是對外關係；二是生產關係，即計畫（國家）和市場的關係。2011年4月古巴共產黨「六大」通過的《經濟社會發展政策綱要》確立了古

43　袁東振，「古巴的社會保障制度：發展、挑戰與改革」，《拉丁美洲研究》，31卷2期，2009年4月，頁29-30。

44　"On the Road towards Capitalism," *The Economist*, March 24, 2012, p. 17.

45　Jaime Suchlicki, "Foreign Policy: Preparing for Life after Castro," *The Miami Herald*, May. 15, 2012.

46　"Revolution in Retreat," *The Economist*, Special Report on Cuba, March 24, 2012, p. 3.

47　Victoria Burnett, "Cuba Hits Wall in 2-Year Push to Expand the Private Sector, " *The New York Times*, July 19, 2012.

巴未來經濟改革的方向，計畫經濟雖仍佔主導地位，但勞動應按照數量和質量得到報酬。[48]楊建民認為「古巴當前『更新』社會主義模式的改革更注重生產關係，即計畫與市場關係的調整。如果古巴順利完成裁員一百三十萬的目標，那麼就意味著古巴將形成相當的市場規模，這個過程在當前的國際形勢下是不可逆的。」[49]

由於個人攜帶入境的「非正式進口品」一直是古巴私企的主要貨源，據估計所謂的「平行輸入貿易」已增至相當於每年逾十億美元。美國政府於2009年放寬赴古巴旅遊及匯款的限制後，從2012年9月起所有古巴人一年內若出境一次以上，則第二次入境所攜入物品將被課以每公斤最少十元古巴幣的進口稅，外國旅客攜入的商用物品則首次入境起就被課稅。[50]

二、中國模式難移植

2008年2月勞爾接任古巴總統後美國紐約大學教授Jorge Castañeda曾謂，「對古巴和拉美而言，勞爾追隨中國模式是無法接受的。」[51]如果想學越南模式則可能以最糟的結果收場：「既無市場經濟，又無民主制度。」

由於古巴是第一個與中國建交的拉美國家（1960年9月28日中古同時發表建交聯合公報），而中國則是目前古巴最大的貿易伙伴，北京關切古巴的未來乃人之常情。中國國家領導人江澤民於1993年11月及2001年4月親訪古巴，胡錦濤亦於2004年11月及2008年11月造訪哈瓦那，2006年7月11日社科

48 劉維廣，「古巴駐華大使白詩德談古巴經濟模式更新」，《拉丁美洲研究》，33卷6期，2011年12月，頁73。
49 楊建民，「古共『六大』與古巴改革的主要特點和前景分析，」，《拉丁美洲研究》，33卷6期，2011年12月，頁16-21。
50 李鐏龍，「古巴民營化碰壁」，《工商時報》，2012年8月12日。
51 Jorge Castañeda, "Ending The Cuban Exception," *Newsweek*, March 1, 2008, p. 37.

院拉美所甚至成立了「古巴研究中心」。但古巴能走「中國特色的社會主義」道路嗎？[52]

　　早在1995年卡斯楚訪華時就曾對江澤民表示：「中國改革開放取得了偉大成就，中國模式是發展中國家的眞正希望。但是，古巴的國情不同，不宜輕易效仿中國或越南改革開放的經驗。古巴將根據本國實際走古巴特色社會主義道路。」

　　根據「中國拉丁美洲研究網」2006年以來所做的「拉丁美洲十大事件」排名，繼2010年「古巴採取重大經濟變革措施，『更新』社會主義經濟發展模式」排名第三後，[53]「2011年更躍升第二，因爲「古共『六大』開啓經濟社會模式『更新』新時代：古共『六大』具有重大歷史意義，它標誌著古巴社會主義革命和建設進入了一個以經濟變革爲工作重點的、經濟社會模式將發生重大『更新』的新時期，這次大會不僅順利地完成了黨的最高領導班子的交接，而且爲古巴未來的經濟變革確定了方向，並將對其社會主義事業持續發展產生重大而深遠的影響」（詳見表4-1）。

表4-1　2006～2012年拉丁美洲十大事件古巴相關排名變化

年分	排名	事件	排序方式
2012	5	古巴共產黨第一次代表會議召開	票數多寡
2011	2	古共六大開啓經濟社會模式更新新時代	票數多寡

52 根據2007年中國共產黨第十七次全國代表大會對中國特色的社會主義內涵的詮釋，「中國特色社會主義道路就是在中國共產黨領導下，立足基本國情，以經濟建設為中心，堅持四項基本原則，堅持改革開放，鞏固和完善社會主義制度，建設社會主義市場經濟、社會主義民主政治、社會主義先進文化、社會主義和諧社會，建設富強民主文明和諧的社會主義現代化國家。

53 中國社會科學院拉丁美洲研究所「中國拉丁美洲研究網」自2006年起主辦「拉丁美洲十大事件」評選。自2008年起採取公眾投票和專家評選結合方式評選，按得票數排序。詳見「2010拉丁美洲十大事件」，《拉丁美洲研究》，33卷1期，2011年2月，頁10。

年分	排名	事件	排序方式
2010	3	古巴採取重大經濟變革措施，「更新」社會主義經濟發展模式	票數多寡
2009	8	古巴大規模改組政府，國際環境得到改善	票數多寡
2008	3	古巴最高領導層平穩完成權力交接	票數多寡
2006	5	卡斯楚生病，古巴進入權力交接過程	時間排序

資料來源：中國社會科學院「中國拉丁美洲研究網」

　　2011年6月習近平以國家副主席身分訪問古巴期間，勞爾雖和習近平一起拉著遊客高唱他在1953年就學會的《東方紅》，但大陸中央電視台並未納入報導。顯然勞爾並未精確掌握中國政經情勢的變化。

　　就古巴而言，1959～2008年卡斯楚執政期間共產黨固然扮演了相當關鍵的角色，但勞爾在改革中面對的最大阻力也正是共產黨。[54]「如果共產黨不理解或者否認事實存在的危機是範式性危機，如果不設法採取措施發展二十一世紀社會主義，不立即執行人民所期望的經濟和政治政策，讓人民認識到一個更民主更高發展水準的社會就在前面，革命將很難獲得拯救。它將重蹈蘇東社會主義復轍，那將是人類的悲劇。」[55]

　　1953年7月26日卡斯楚起義失敗被捕，受審期間他曾發表著名的辯詞「歷史將宣判我無罪」（la historia me absolverá），就起義本身歷史可能宣判他無罪，但對他近五十年的統治恐怕未必。

54　"Indecision time," *The Economist*, Sept. 15, 2012, p. 39.
55　許麗英，「古巴的未來：資本主義還是新社會主義」，《國外理論動態》 2007年第4期。

三、委內瑞拉

隨著二十世紀二〇年代石油經濟的興起，委內瑞拉政經發展就被美國牢牢地控制：先是進口委內瑞拉的石油，然後再出口高價的工業品。委內瑞拉的新富階層則開始接受美國消費社會的習性，把子女送到美國接受教育，邁阿密成爲他們最喜愛的運動場。這種消費主義產生的「涓滴效應」使委國窮人認爲，如果想有點成就，這就是他們應去追逐的夢想。[56]然因貧富懸殊的社會結構，「一直以來，查維茲以窮人的代言人身分向委內瑞拉買辦資本家和石油寡頭發起猛攻，通過強行擴大政府股份、徵收高額稅賦及沒收閒置土地和工業設施等手段，展開了能源國有化風暴，把從石油產業中政府所獲得的利益轉移支付給占委國人口70%以上的窮人，因此贏得了大批鐵杆支持者。」[57]

查維茲自1998年就任總統以後積極推動的「二十一世紀社會主義是歷史上一次獨特的實驗。在以前的社會主義實踐中，國家控制生產資料，革命政黨主宰政治體系，對社會實施自上而下的管理。這與委內瑞拉的社會主義實踐形成了鮮明對比。委內瑞拉社會主義的主要新穎之處在於它致力於參與式民主——即發揮社區的力量。」[58]

查維茲首次提出「二十一世紀社會主義」是在2005年1月26日在巴西快樂港（Porto Alegre）舉行的第五屆世界社會論壇上。主要內容包括：1.以「玻利瓦爾省和平民主革命」替代「新自由主義改革」；2.以「美洲玻利瓦爾省替代方案」（ALBA）替代「美洲自由貿易區計畫」；3.以「二十一世

56 Roger Burbach and Camila Piñeiro, "Venezuela's Participatory Socialism," *Socialism and Democracy*, Vol. 21, No. 3, 2007.
57 和靜鈞，「一個查韋斯，三個僞命題」，《南風窗》，2007年1月16日。
58 Roger Burbach and Camila Piñeiro, "Venezuela's Participatory Socialism," *Socialism and Democracy*, Vol. 21, No. 3, 2007, pp. 181-200. 羅傑・伯爾巴赫等著，楊妤譯，「委內瑞拉的參與式社會主義」，《國外理論動態》，2008年1期。

紀社會主義」替代「資本主義」；4.成立「委內瑞拉統一社會主義黨」來統一革命力量。**59**

　　曾任查維茲顧問的德國學者迪特裡希（Heinz Dieterich）認為「二十一世紀社會主義」有兩條基本原則——「參與制民主」（participatory democracy）和「價值經濟」（value economy）。他認為委內瑞拉可透過以下兩個步驟達到「二十一世紀社會主義」：一是逐漸用社會主義經濟的調節機制（即價值機制）代替市場經濟的調節機制（即價格機制），價值可以理解為生產產品所需要的社會必要勞動時間。二是以三個層次提高市民和工人的經濟參與程度：（一）宏觀經濟層次（國家財政層次）；（二）中觀經濟層次（市政層次）；（三）微觀經濟層次（企業層次）。

　　早於2002年6月起，委內瑞拉地方公共計畫委員會已開始嘗試把公民對地方公共管理的直接參與制度化，但實際上成立的委員會很少。為保證有效的參與，2006年通過的《社區委員會法》規定：每個社區委員會在城市地區由二百到四百個家庭組成，在農村至少由二十個家庭組成，在土著社區由十個家庭組成。為建立社區委員會，感興趣的人成立臨時的「促進者」委員會，組織召開第一次會議。2006年8月，全國有一萬四千六百五十五個社區委員會成立，含括全國將近四分之一的人口。同年12月，一萬二千個社區委員會從五百三十億玻幣的國家預算中獲得了十億玻幣。據委內瑞拉大眾參與和社會發展部統計，截至2007年5月底全國登記註冊的社區委員會達一萬八千三百二十個。**60**

　　「二十一世紀社會主義」的對外關係主要在對抗新殖民主義和新自由主義，因此查維茲不斷譴責美國對伊拉克、海地、古巴、和建立美洲自由貿易

59　徐世澄，「對查韋斯21世紀社會主義的初步看法」，《國外理論動態》，2007年10期，頁6-10。

60　Roger Burbach and Camila Piñeiro, "Venezuela's Participatory Socialism," *Socialism and Democracy*, Vol. 21, No. 3, 2007, pp. 181-200.

區（FTAA）等外交政策。由於布希政府暗中支持2002年4月的政變，企圖推翻查維茲政權，導致查維茲不但於2006年9月20日在聯合國大會發言中，公開把布希比作魔鬼、驢子及醉鬼，更於2008年9月驅逐美國大使。（演講全文見附錄1）金融危機後，布希不但對私人金融公司進行財務支援，更決定把世界最大銀行收歸國有。查維茲批評如果他自己採取類似措施一定會被稱為「暴君」，或被指控「破壞市場規律」，因此譏諷「布希同志已開始走向社會主義」。

　　為了對抗以美國為首的資本主義，委內瑞拉和古巴於2004年12月共同成立「美洲人民玻利瓦爾替代方案」（Alternativa Bolivariana para los Pueblos de Nuestra América, ALBA），次年3月4日，查維茲宣稱美國推動的美洲自貿區已經「死亡」，稍後玻利維亞、尼加拉瓜、宏都拉斯和多明尼加陸續加入該替代方案。由於委內瑞拉於2007年5月1日提前還清國際貨幣基金組織和世界銀行的三十億美元債務，查維茲宣布委國退出這兩個組織，並要求歸還原先已繳納的會員國會費。同年12月9日「南方銀行」在查維茲主導下成立，啟動資金七十億美元，會員包括阿根廷、玻利維亞、巴西、厄瓜多、巴拉圭和烏拉圭。該銀行提供會員國融資的規定不但寬鬆且不附帶政治條件，等於取代「國際貨幣基金」和「世界銀行」的角色。2009年2月2日查維茲在「替代方案」成員國領袖簇擁下驕傲地表示「新時代覺醒與獨立的浪潮正衝擊著委內瑞拉、南美洲、中美洲和加勒比海地區，今天我們可以說拉丁美洲已經不再是美國的後院，已經脫離了美帝的枷鎖。」[61]

---

61 郭篤為，「執政滿10年查維茲：還要再10年」，《中國時報》，2009年2月4日。

四、「二十一世紀社會主義」評析

拉丁美洲國家在全球化浪潮衝擊下，逐漸興起的區域自主意識及抵禦資本主義的決心，乃至效法歐盟向左看齊的政治立場，從而推動以社會主義為核心價值的區域整合，具由「玻利瓦美洲替代方案」集其大成。儘管如此，「該方案也因為偏頗的意識型態和政治立場，飽受各界的批判和攻擊。」[62]

祕魯籍諾貝爾獎文學獎得主尤薩（Mario Vargas Llosa）認為，查維茲主義是一種消極現象，他試圖實施的是一種「不合潮流」的社會主義：查維茲執政以來，腐敗削弱了民主，政府無力減少貧困和社會不平等。墨西哥前總統福克斯（Vicente Fox）認為，查維茲的「二十一世紀社會主義」是懷舊和過時的思想，缺少實用性。他甚至公開指責查維茲獨裁，想把自己變成二十一世紀的卡斯楚。[63]

蘇振興認為查維茲雖提出了轉向「二十一世紀社會主義」的主張，但對什麼是「二十一世紀社會主義」很少作出理論闡述。因此，在委內瑞拉，「二十一世紀社會主義」還只是一種關於未來發展的『方案』或『設想』，其可行性如何，還有待於實踐的檢驗。」[64]江時學則認為「如以馬克思主義的原理作為衡量標準，查維茲的『二十一世紀社會主義』與科學社會主義相差甚遠。此外，這些口號缺乏扎實的理論基礎，查維茲的『智囊團』和『思想庫』也未能給出詳盡而具體的詮釋。」[65]至於該如何看待「二十一世紀社會主義」呢？徐世澄的建議算是可取的：「既不過度吹捧，也不否

---

62 邱稔壤，「委內瑞拉在全球化浪潮下之『玻利瓦美洲替代方案』—拉美左派非傳統區域選項」，《臺灣民主季刊》，6卷1期，2009年3月，頁127-128。

63 劉維廣，「拉美『21世紀社會主義』的國際評價」，《中國社會科學院報》，2009年3月30日。

64 張勇，「如何看待拉美左派的崛起—中國社科院學部委員蘇振興學術報告綜述」，《拉丁美洲研究》，29卷3期，2007年6月，頁78。

65 江時學，「論查韋斯的21世紀社會主義」，《拉丁美洲研究》，30卷1期，2008年2月，頁35。

認和反對，應允許世界上任何政黨和組織對社會主義的理論進行大膽的探索和實踐。」[66]

五、民粹誤國顯例

由於自1998年當選總統後查維茲即以「民粹」手法強行重新分配社會財富，導致工商業極大反彈。至2002年4月11日委內瑞拉不僅發生拉丁美洲來最富戲劇性的政權輪替，之後的十個月期間共發生四次全國性的大罷工，由於最後連國營的石油公司工會也加入罷工，查維茲面對所謂「石油政變」不得不下令軍方接管石油產業，結果導致全球第五大產油國的委內瑞拉民眾竟然必須搶購汽油。大罷工最後雖在巴西、墨西哥、智利、西班牙、葡萄牙、美國等六個所謂「委內瑞拉之友」的斡旋下暫告落幕，但政治兩極化已導致委國社會癱瘓且瀕臨內戰邊緣。

2006年國際石油價格攀升一段時間後就一直下跌，查維茲的福利分配政策逐漸黔驢技窮。當年委內瑞拉的通貨膨脹率高達16.2%為拉美各國之最，貧富懸殊繼續惡化。尤有甚者，查維茲更將其民粹政策推展到美國：每年拿出相當數量的低價油送給美國的「窮人」。[67]2006至2010年間，委內瑞拉石油公司（PDVSA）的人員雖倍增，但日產量卻從三千二百萬桶降至二千九百萬桶。

查維茲於2012年12月11日在古巴接受十八個月內第四次手術後就未曾公開露面，2013年3月5日下午四時二十五分（當地時間）病逝於委內瑞拉，享年五十八歲。儘管查維茲以其個人魅力（charisma）創造的民粹政治

66　徐世澄，「對查韋斯21世紀社會主義的初步看法」，《國外理論動態》，2007年10期，頁10。
67　和靜鈞，「一個查韋斯，三個偽命題」，《南風窗》，2007年1月16日。

非任何繼任者所能複製，但他留給委內瑞拉的至少還有其他兩項遺產。其一是低效率的經濟發展。根據委內瑞拉國家統計局（INE）的統計，1999至2012年公務員人數增加一倍達二百萬人，另有逾三百萬人間接受聘於政府機關，其豐厚的福利成為查維茲在地方選舉中橫掃全國的主因。[68]但Moisés Naím認為委國的經濟是「寅吃卯糧」，主因在於政府過量支出、高額外債累積和石油管理不佳，導致其財政赤字高達20%，外債為2003年的十倍。更不可思議的是，身為OPEC創始國的委內瑞拉因國營石油公司管理不佳，每出口十桶原油的同時就要進口二桶汽油。[69]中國是委內瑞拉最大的債權人，將近四百億美元貸款中的大部分將以石油支付。[70]

其二是兩極化的社會。由於政治體制的缺陷，如缺乏對權力的監督與制衡，行政權尤其是總統的權力過度集中，司法機構缺乏獨立性等，查維茲幾可為所欲為，他既能像慈母般地擁抱支持他的群眾，又能像惡霸般地整肅反對他的政敵，導致社會嚴重兩極化。當許多富人逃離委內瑞拉的同時，查維茲也不乏鐵桿支持者，在他的外國粉絲中包括曾於2009年拍攝「國境之南」（South of the Border）的美國大導演奧利佛史東（Oliver Stone），2013年1月4日他接受有線電視新聞網（CNN）訪問時認為查維茲因提高人民生活水準故深受人民愛戴。[71]

查維茲曾謂《迷宮中的將軍》（*El general en su laberinto*）是他最喜歡的小說之一。該書是哥倫比亞諾貝爾文學獎得主賈西亞‧馬奎斯（Gabriel García Márquez）1989年的作品，內容描寫1830年玻利瓦在生命的最後十四天中，沿著馬格達萊納河（Magdalena）幻影般的旅行。玻利瓦經過二十一年的征戰卻未能實踐統一目標，悵然落寞抑鬱以終。查維茲過世前將近三

68　「查維斯主義阻礙民間企業發展」，中央社，2013年1月15日。
69　Moisés Naím, "An Economic Crisis of Historic Proportions," *The New York Times*, Jan. 3, 2013.
70　Patrick Duddy, "Chavismo Is Entrenched," *The New York Times*, Jan. 3, 2013.
71　王嘉源，「後查維茲時代 奪權鬥爭登場」，《中國時報》，2013年1月6日，版A10。

個月無法和他關切的國人見面，其精神上和肉體的折磨正如《迷宮中的將
軍》。

六、阿根廷

　　選擇阿根廷爲案例研究除因正義黨（Partido Justicialista）是拉美重要
的民粹主義政黨之一外，還有兩個理由：其一是可了解外資對國家發展的影
響。早於民國元年四月在與同盟會會員餞別的講演中，孫中山就曾指出：
「中國一言及外債，便畏之如酖毒；不知借外債以營不生產之事則有害，借
外債以營生產之事則有利。美國之發達，南美阿金灘（即阿根廷）、日本
等國之勃興，皆得外債之力。」[72]諷刺的是不到一個世紀後阿根廷卻以「賴
債」聞名！其二是可了解私有化對國家發展的影響。上個世紀八〇年代末九
〇年代初，拉美許多政黨爲追求自由主義改革「紛紛在意識形勢上進行調
整，其中最具代表性的大概要屬阿根廷正義黨……」[73]，事實上，「它的民
營化政策是拉丁美洲各國最激進的例子之一。」[74]
　　「拉美民眾主義的發展可以說是二十世紀國際政治舞臺上的一個亮
點，而阿根廷的民眾主義則是拉美民眾主義的縮影。民眾主義在阿根廷興起
的內因源於現代化進程中阿根廷經濟和政治的發展和變化。民眾主義的興起
在一定時期加快了阿根廷現代化進程的步伐。可以這麼說，阿根廷民眾主義

72　轉摘自魏挺生，《南美ABC三強利用外資興國事例》，臺北市：臺灣商務印書館，
　　1973年5月，2-3頁。
73　蘇振興、林晶，「經濟改革與現代化進程」，蘇振興主編，《拉美國家現代化進程
　　的研究》，北京：社會科學文獻出版社，2006年，頁235。
74　Juarez Brandao Lopes（陳景堯譯），「阿根廷民營化的多元角色」，見Arend Li-
　　jphart and Carlos H. Waisman, *Institutional Design in New* Democracies, 蔡熊山、陳駿
　　德、陳景堯（譯），《新興民主國家的憲政選擇》（臺北：韋伯文化出版社，1999
　　年），頁270。

的興起與其國內的現代化進程是一個互動的過程。」[75]例如，「爲了確保政治上的穩定，阿根廷的改革中也混合了一些民眾主義的政策，如在社會福利、就業保障方面增加一些投入，在私有化中把一部分股票分給退休者等等。」[76]

七、國際金融劣等生

「二十世紀九〇年代以來，拉美國家進行了新自由主義改革，經歷了重大的社會轉型，智利和阿根廷是其中兩個不同的典型。智利因改革獲得成功，由拉美的『無名小卒』躍升爲拉美發展最快和最穩定的國家；阿根廷則因一味地按『外來處方』進行『最徹底的』改革，反而一度陷入嚴重的危機，從拉美『最發達的國家』淪落爲『無足輕重』的角色。」[77]

長期以來阿根廷一直是國際金融的劣等生。阿國財政危機可追溯到上個世紀的軍政府，根據統計，1976年軍政府上臺時的外債僅七十億美元，到1983年軍政府垮臺時陡增至四百五十億美元。其因應措施和許多開發中國家一樣，國庫空虛時就靠發行公債因應。但當政府無力償還年復一年濫借累積的債務時，阿國最後竟無視信用破產的風險逕自宣布債券無效。以2001年的危機爲例，當時阿根廷不僅失業率高達20%，更因九百五十億美元違約外債面臨一系列訴訟，導致在國際信貸市場完全失去融資能力，只能向左派的委內瑞拉等國借款。此一「賴賬事件」至今仍爲國際投資者的夢魘。

---

75 潘芳，「阿根廷現代化進程中民眾主義興起的內因」，《拉丁美洲研究》，28卷1期，2006年2月，頁52。
76 陳平，《新自由主義的興起與衰落：拉丁美洲經濟結構改革（1973-2003）》，北京：世界知識出版社，2008年，頁256。
77 吳洪英，「智利和阿根廷新自由主義改革與社會轉型的成敗」，《拉丁美洲研究》，27卷5期，2005年10月，頁17。

八、民粹媲美查維茲

　　2003年柯什內爾（Néstor Carlos Kirchner）之所以能當選總統，相當程度得利於2001年的金融危機：高達一千三百二十億美元的貸款無法償還。老百姓對政府高度不信任爲柯什內爾崛起的主要原因。他在任內因積極追究前軍政府的罪行實踐轉型正義廣受好評，並使其妻子克麗斯蒂娜（Cristina Fernández Kirchner）當選下任總統。

　　克麗斯蒂娜自2007年12月從其夫婿手中接任總統以來諸多民粹政策及家族醜聞引發相當爭議，比起委內瑞拉總統查維茲毫不遜色。2008年10月她計畫將十個民間退休基金收歸國有，但國會議員堅決反對，表示退休基金應專款專用，不可挪做公共工程或償付國債之用，此其一。2009年6月她爲增加稅收調高農產品出口稅，結果引發農產品生產商與出口商之間的對立，導致襲捲全國的罷工風潮，此其二。由於她和「第一先生」涉嫌洗錢及非法致富，反對黨議員於2009年7月16日向聯邦法官要求調查。經查總統伉儷財產自2003至2008年間從一百九十萬美元增至一千二百一十萬美元，此其三。2010年阿根廷到期的國際債務和聯邦預算缺口合計超過二百億美元，克麗斯蒂娜總統要求央行總裁 Martín Redrado 從四百八十億美元外匯中撥出六十六億美元償還外債遭拒，憤而將 Redrado 撤職。未料央行總裁非但堅不下臺並於次日與總統對簿公堂，外債危機演變成憲政危機，此其四。

九、好了傷疤忘了痛

　　2011年克麗斯蒂娜總統成功連任，夫婦二人連續執政近十年間官方所公布的通膨率從來沒有高過12%，但與老百姓的感受卻有相當差距，民間經濟學家認爲實際的通膨率早就飆破20%。2012年2月25日發刊的《經濟學

人》曾以「別騙我，阿根廷」（Don't lie to me, Argentina）為題揭發造假之種種。調查發現國家統計局公布的數據資料均嚴重與現況不符，因此自當期週刊起不再引用阿根廷的官方數據。[78]（見圖4-2）國際貨幣基金組織（IMF）要求阿根廷於2012年11月15日前修正官方數據，否則將面臨停權處分。

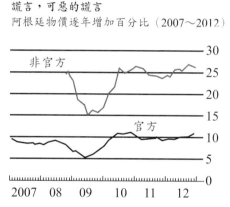

謊言，可惡的謊言
阿根廷物價逐年增加百分比（2007～2012）

圖4-2　官方與非官方物價變化比較

資料來源：*The Economist*, Feb. 9, 2013

2012年4月中克麗斯蒂娜總統提議將阿根廷籍YPF石油公司51%股份國有化。YPF為阿根廷最大的石油集團，於1999年被西班牙雷普索爾石油公司（Repsol）收購為子公司。克麗斯蒂娜收購的理由是Repsol公司「奉行的政策既不是生產，是勘探，而是掠奪。它們奉行的是商業政策，而不是資源政策，幾乎使這個國家無以為繼。」[79]5月3日阿根廷眾議院以207比32壓倒性票數通過《阿根廷石油主權》法案，無償徵收西班牙Repsol公司的51%股

78　"Don't lie to me, Argentina," *The Economist*, Feb. 25, 2012, p. 16.
79　Moises Nalm, "Siren call of populism seduces yet again," *The Financial Times*, May 2, 2012.
　　莫伊塞斯・納伊姆，「小心阿根廷石油政治」，《金融時報》，2012年5月2日。

分，並於次日生效，使得Repsoi股分只剩下6.4%。

立即的影響是標準普爾於4月23日將阿根廷主權信用評級展望從「穩定」下調為「負面」，摩根大通則把阿根廷列為世界第四大投資風險國。世界銀行前總裁佐立克（Robert Zoellick）認為此舉是個錯誤且「將使阿根廷在國際經濟落後並傷害阿國百姓。」墨西哥總統表示十分遺憾，並批評阿根廷政府的行為「缺乏責任心」、「缺乏理性」，墨西哥國家石油公司持有雷普索爾公司10%的股份。哥倫比亞總統表示「我們支持引進外資，不會進行國有化。」

石油國有化在拉美不是新鮮事。1917年墨西哥憲法規定地下資源為國家所有，1938年將外國石油公司國有化並成立Pemex國家石油公司；1919年哥倫比亞改革地下資源法；1922年阿根廷成立的YPF是世界第一個垂直一體化的國家石油公司；1937年玻利維亞將新澤西標準石油公司實施國有化；1953年巴西成立Petrobras國家石油公司；1975年委內瑞拉對石油產業實施國有化並成立國家石油公司PDVSA。

問題是2001年後，從自來水公司到國營的阿根廷航空公司（Aerolíneas Argentinas）乃至幾家電力公司都曾被私有化，但又以政治理由被收歸國有，那些理由和接管YPF的藉口類似。[80]《金融時報》社評相當持平的指出，這次國有化「阿根廷輸了，YPF輸了，Repsol也輸了──這足以讓人哭泣。如果阿根廷就如此對待其最大的外國投資者，那麼它就得獨自跳探戈。」[81]

80 Moises Nalm, "Siren call of populism seduces yet again," *The Financial Times*, May 2, 2012.
81 "YPF / Repsol: everyone's a loser," *The Financial Times* (LEX), April 20, 2012.

肆、結語

　　誠如卡多索總統在其回憶錄所指出的，近代拉丁美洲的「領導人每一個都與左派有歷史淵源，有些還繼續公開怒斥自由市場資本主義的不公不義。但在實務上，他們全都與這個體系攜手合作。這並非偶然，他們都夠聰明，知道當今世上不存在其他可行道路。即使是最極端的領導人也承認這一點。」[82]證之於上述案例，其觀察似乎不無道理。

　　二十一世紀的頭十年，「拉美國家在經濟全球化迅猛推進和國際格局深刻變化的背景下，通過不斷調整與改革，大力推進現代化進程的十年，預示著二十一世紀拉美現代化進程擁有了一個良好開局。未來十年是拉美國家在新的國際格局下進一步推進現代化進程的關鍵階段，部分國家能否完成現代化進程至關重要。」[83]然以本文三個案例觀之，「拉美十年」（Decade of Latin America）是否出現似乎更有賴於其區域經濟整合的成敗。此一議題將在下一章探討。

82　Fernando H. Cardoso, *the Accidental President of Brazil: A Memoir*, Public Affairs, 2007. 林志懋譯，（2010），《巴西，如斯壯麗：傳奇總統卡多索回憶錄》，臺北：早安財經出版社，3月，290頁。

83　吳洪英，「21世紀初拉丁美洲現代化進程初步評析」，《拉丁美洲研究》，33卷4期（2011年8月），頁29。

第五章　經貿整合：分裂中的南、北美

歷史上的貿易並非只是商人做生意，貿易的背後有著武力的「打」與生產力的「造」兩種力量支持。

劉瑞華，《聯合報》，2008年1月20日，版E5。

壹、前言

「美洲自由貿易區」（英文：Free Trade Area of the Americas, FTAA；西班牙文：Área de Libre Comercio de las Américas，ALCA）之談判始於1994年12月11日在邁阿密舉行的美洲國家組織（OAS）高峰會。稍後，學者即樂觀地認為，「雖然，由於各種因素的影響，『美洲自由貿易區』在短期內難以實現，但它終將是今後發展的趨勢。一旦這一設想成為現實，中國就可以通過發展與拉美國家的經貿關係，為其產品更多地打入美國市場提供有利機會。」[1]更有學者指出，「通過對已經運行的北美自由貿易區的考察，認為美洲自由貿易區將會大大促進拉美國家的國際貿易發展，大規模地實現貿易創造效應，」因此美洲自由貿易區「無疑是拉美國家經濟實現快速增長的關鍵一步。」[2]

然而，2001年底阿根廷爆發經濟危機後，美國前財政部長歐尼爾（Paul O'Neill）毫不掩飾地表達他對紓困計畫的嫌惡，國際貨幣基金第二號人物克魯格（Anne Krueger）甚至認為阿根廷應宣布破產。[3]美國對阿根廷的冷漠態度對拉美短期的影響是同屬「南方共同市場」（Mercosur）的成員國（巴西、巴拉圭、烏拉圭）貨幣競相貶值及投資環境惡化，長期的影響則是拉美國家開始懷疑將近二十年來他們在經濟上一直奉行以「華盛頓共識」（Washington Consensus）為基礎的新自由主義。更嚴重的是，貿易保護主義抬頭導致美洲自由貿易協定談判產生更大歧見，導致積極推動「美洲自由貿易協定」並期望於2005年開始運作的美國，不再寄予任何期望。

1　王萍，「南方共同市場的形成及其對中國的影響」，《拉丁美洲研究》，19卷1期，1995年2月，頁42。
2　王曉德，「試析美洲自由貿易區的貿易創造效應」，《拉丁美洲研究》，2000年6期，12月，頁18。
3　Joseph Kahn, "Plan to Let Nations Declare Bankruptcy Gains," *The New York Times*, Dec. 25, 2001.

　　此一變化充分顯示決定經貿整合的成敗有多重因素，包括個別國家的經濟體質、區域內國家間的差異性如不同的歷史情節及國際政治經濟環境的變化。本文區分為文獻回顧、拉美經貿整合現況、前景及結語四部分。

貳、文獻回顧

　　首先介紹經濟整合的形式。政治經濟學上的經濟整合，依其發展順序可區分為自由貿易區（Free Trade Area）、關稅同盟（Customs Union）、共同市場（Common Market）和經濟同盟（Economic Union）等不同形式，它與經濟學所討論的市場概念不完全相同。

　　自由貿易區：通常指兩個或兩個以上的國家以簽署自由貿易協定（FTA）的方式逐步消除關稅、貿易配額和優先順序等措施，屬國際經濟整合最低階的形式。自由貿易區也指在一國或經濟體之內，一個或多個消除關稅和貿易配額、並且對經濟行政干預較小的區域。本文僅討論前者。

　　自由貿易區對區域內經濟的影響大致可分為兩類。一類為靜態效果，係指區域內成員相互取消關稅和貿易數量限制措施後直接對各成員貿易發展產生的影響，最具有代表性的是「貿易創造效應」（Trade Creation Effect）和「貿易轉移效應」（Trade Diversion Effect）。所謂「貿易創造效應」係指區域內成員相互之間由於交易成本下降和貿易限制取消，導致本國內高成本產品被區域內其他成員低成本商品所替代，及過去受到對方數量和高關稅限制的本國低成本商品出口擴大，從而給區域內進出口雙方帶來更多貿易機會和經濟利益。所謂「貿易轉移效應」係指原有與區域外國家間的貿易往來，由於區域內交易成本降低可能被區域內成員之間的貿易所取代。

　　第二類動態效果，是指締結自由貿易協定後，由於區域內生產效率提高和資本累積增加，導致各成員經濟成長加快的間接效果。主要包括「市場擴張效應」（Market Expansion Effect）和「促進競爭效應」（Pro-competitive Effect）。前者指隨貿易規模的擴大而產生生產和流通的規模效益，並帶來產業聚集效果。後者指隨著區域統一市場的形成而促進區域內壟斷行業的競爭，進而提高生產效率。

　　「貿易創造效應」、「市場擴張效應」和「促進競爭效應」會帶來正面影響，但「貿易轉移效應」則可能帶來負面影響，因為區域內的低效率產品可能會取代非成員的高效率產品。一般來說，需要通過吸收高效率成員和擴

大區域覆蓋範圍才有可能防止這一負面影響。

　　特惠貿易協定（Preferential Trade Agreement, PTA）是其中受爭辯的議題之一。所謂特惠貿易協定是指成員國之間通過協定對全部或部分商品規定較爲優惠的關稅，但各成員國保持其獨立的、對非成員國的關稅和其它貿易壁壘。根據世貿組織的累計資料，近二十年來特惠貿易協定的數量幾乎呈直線增長，至2008年全球共有三百五十多項這類協議。[4]

　　巴格瓦第（Jagdish N. Bhagwati）在《貿易體系中的白蟻：優惠貿易協定如何破壞自由貿易》（*Termites in the Trading System: How Preferential Agreements Undermine Free Trade*）一書中探討優惠貿易協定對於自由貿易體系的戕害。他認爲，優惠貿易協定簽訂後形成的「貿易轉移」效果，與自由貿易理念的期待背道而馳。由於非成員國仍須付外部關稅，使廉價商品的價格變高，原來向非成員國進口的廉價商品，轉而向成員國購買，相較之下原本價格較高的商品，因免稅的關係反而多了比較利益優勢。但若外部關稅很低，則不會造成非成員國廉價商品太大的價格漲幅，也因此就能降低貿易轉移發生的可能性。[5]

　　關稅同盟：係指兩個或兩個以上國家締結協定建立統一的關境，在統一關境內締約國相互減讓或取消關稅，對從關境以外的國家或地區的商品進口則實行共同的關稅稅率和外貿政策。其主要特徵爲成員國相互之間不僅取消貿易壁壘，實行自由貿易，更建立共同對外關稅。也就是說，關稅同盟的成員除同意消除彼此的貿易障礙之外，還採取共同對外的關稅及貿易政策。關稅同盟如果不是立即成立，而是經過一段期間逐步完成，則應在合理期限內完成，此一期限通常不超過十年。

4　雨田，「專家：特惠貿易損害全球貿易體系」，《美國之音　財經週刊》，7卷7期，2008年7月，總第74期。
5　Jagdish N. Bhagwati於2009年8月20日在中華經濟研究院發表專題演講，內容由中華經濟研究院臺灣WTO中心孫珮儀整理。

　　共同市場具有下列特徵。一、共同市場是不同國家就其本身經貿利益進行談判並最終達成合意後的果實，它是一個有關經貿問題的政治協議，而非經濟學所討論的市場概念。第二、共同市場的成員間要完成人員、商品、資金與勞務的自由流動，亦即成員間不能限制彼此有關人員、商品、資金與勞務的相互交流。第三、共同市場成員間應採互惠原則。也就是商品、資金與勞務的流動，依據雙方協議，享有互惠待遇而非差別待遇。第四，建立共同市場不能忽視自由化承諾時程問題。WTO內的自由貿易協定合作進程，通常須在十至十二年內完成，共同市場則無明確時程要求。**6**

　　經濟同盟：為經濟整合最高層次的型態。這種同盟的象徵是使用共同的貨幣，並由一個超然的中央銀行管理並執行該同盟的貨幣政策。由共同市場進展到經濟同盟最重要的關鍵在於貨幣與財政的統一。這也表示各會員國的各種經濟關係都將受到此中央機構的約束。

　　以2012年歐盟成員國陸續爆發經濟危機為例，經濟同盟的成敗無法擺脫各國國情甚至文化上的差異。「歐元的創始人：包括德國前總理柯爾（Helmut Kohl）和歐盟前主席戴洛（Jacques Delors）以及季斯卡有相同的歷史觀，但他們組成以單一貨幣為核心的歐洲聯盟夢想時，卻忽略外界對單一貨幣能否適用於這些多元化經濟體的質疑。」**7**

　　2012年9月12日德國聯邦憲法法院（Federal Constitutional Court）雖裁決德國可以向「歐洲穩定機制」（European Stability Mechanism, ESM）提供資金，但德國商業銀行（Commerzbank）首席經濟學家克雷默（Jörg Krämer）認為，「這樣能穩定貨幣聯盟，但會改變其性質」，亦即「共

6　陳欣之，「什麼是共同市場」，《中國時報》，2008年3月5日。
7　Gideon Rachman, "Blame the great men for Europe's crisis," *The Financial Times*, Oct. 1, 2012.
　　吉迪恩‧拉赫曼，「傲慢歐洲人 經濟危機禍首」，《經濟日報》，2012年10月3日，版A6。

同債務聯盟的開端。」[8]難怪《金融時報》首席經濟評論員沃爾夫（Matin Wolf）會認為，「歐元區的成立好比是一樁悲慘的『婚姻』。那麼，離開，不管後果多嚴重，對德國而言是一種更理想的選擇嗎？」[9]

表5-1　經濟整合形式比較表

特點形式	減少／取消	共同對外貿易壁壘	生產要素自由流動	宏觀經濟政策協調	共同貨幣財政政策
自由貿易區	有	無	無	無	無
關稅同盟	有	有	無	無	無
共同市場	有	有	有	無	無
經濟聯盟	有	有	有	有	無
完全經濟一體化	有	有	有	有	有

參考資料：作者整理

一、自由貿易的政治經濟學

英國劍橋大學韓裔經濟學者張夏準（Ha-Joon Chang）在《壞撒瑪利亞人》（*Bad Samaritans: The Myth of Free Trade and the Secret History of Capitalism*）一書中盱衡資本主義及全球化歷史，拆解了自由貿易神話。他指出「透過國際經濟的治理體制，侷限開發中國家可以選擇的方案：這正是我所謂的『邪惡三位一體』的多邊組織——即國際貨幣基金、世界銀行和世界貿易組織。雖然它們不是富國的傀儡，但是很大程度上受到富國掌控，設

8　Nicholas Kulish and Melissa Eddy "German Court Ruling Favors European Bailout Fund," *The New York Times*, Sept. 14, 2012.
9　馬丁・沃爾夫，「德國，走比留好」，《金融時報》，2012年9月28日。

計和建立富國想要的『壞撒瑪利亞人』政策。」[10]他用「壞撒瑪利亞人」道破他們唯利是圖的貪婪，許多發展中國家在被迫開放貿易前都有較高的經濟成長，降低貿易障礙後卻失業問題嚴重、成長趨緩。[11]

瞿宛文在該書「推薦序」更強烈抨擊資本主義的偽善。「英、美等國過去依賴高門檻保護措施創造經濟霸權，在成功前從未實施自由貿易，卻枉顧自身經濟成長歷史，施壓發展中國家走未經驗證的路。富國為何要向貧國洗腦：自由貿易必定致富？先進國現在要求後進國不能進行保護，說是保護會帶來怠惰，這實在是一種先行者『踢開梯子』的不良作為。」[12]

美國加州大學爾灣分校中國史教授彭慕蘭（Kenneth Pomeranz）和拉丁美洲史教授托皮克（Steven Topik）在《貿易打造的世界：社會、文化、世界經濟，從1400年到現在》（*The World That Trade Created: Society, Culture, and the World Economy, 1400 to the Present*）一書中指出，「政治，一如經濟，一直是左右國際貿易的主要力量。構成今日世界基礎的市場結構，並非自然形成或勢所必然的結果，並非自始就隱藏於某處而等待人去『打開』；相反的，市場，不管結果是好是壞，都是社會力量所建構，社會力量所牢牢植入。」[13]

更有學者認為，「如果沒有貿易，就不可能促使歐洲人產生不斷向世界擴張的動力，沒有了貿易，也不可能為歐洲人積累足夠的財富，維持其長達三、四百年的世界霸業。」[14]經濟史學者劉瑞華更指出，「歷史上的貿易並

10 張夏準（著），胡瑋珊（譯），《富國的糖衣：揭穿自由貿易的真相》，臺北：博雅書屋有限公司，2010年，頁49。
11 李維國，「劍橋大學韓裔經濟學者張夏準點名批判自由貿易神話」，《聯合報》，2008年3月16日，版E3。
12 瞿宛文，「推薦序：如何讓更多後進國家成功發展經濟」，見張夏準，《富國的糖衣：揭穿自由貿易的真相》，頁9。
13 彭慕蘭（Kenneth Pomeranz）、史蒂夫·托皮克（Steven Topik）著，黃中憲譯，「序」，《貿易打造的世界：社會、文化、世界經濟，從1400年到現在》，臺北：如果出版社，2007年，頁9。
14 湯錦台，「推薦序」，見彭慕蘭（Kenneth Pomeranz）、史蒂夫·托皮克（Steven

非只是商人做生意，貿易的背後有著武力的『打』與生產力的『造』兩種力量支持。即使至今，當前世界的市場準則依舊還沒達到不須擔心『打』、全力專注『造』的境界。」[15]

根據Glen Biglaiser和Karl DeRouen, Jr.的研究，二戰後全球貿易隨美軍布署擴張絕非偶然。其研究結果顯示：「貿易與美軍布署互相強化，貿易追隨國旗、軍隊追隨貿易」（trade follows the flag and troops follow trade）。[16]

二、善霸vs.惡霸

上述文獻顯示貿易與國際強權興衰有相當關聯。從國際關係學之「霸權穩定理論」（Hegemonic Stability Theory）看杜哈回合（Doha Round）談判失敗，其影響不只是全球貿易板塊的重新組合，更代表美國霸權逐漸式微。[17]杜哈談判自2001年11月正式展開，歷經2003年的坎昆（Cancún）、2004年的日內瓦、2005年的香港，到2008年7月29日在日內瓦的部長會議以失敗收場。此一談判主要希望能以歐美先進國家削減對本國農業的補貼與農產品關稅，換取發展中國家降低對工業產品關稅。談判一再失敗除顯示中國、印度等國在全球經濟與談判實力日益茁壯，更凸顯美國向全球貫徹其意志的力量逐漸減弱。[18]

Topik）著，黃中憲譯，《貿易打造的世界：社會、文化、世界經濟，從1400年到現在》，臺北：如果出版社，2007年，頁12。

15 劉瑞華，「新經濟史革命的里程碑：評《貿易打造的世界》」，《聯合報》，2008年1月20日，版E5。

16 Glen Biglaiser and Karl DeRouen, Jr., "The Independence of U.S. Troop Deployments and Trade in the Developing World," *Foreign Policy Analysis*, Vol. 5, No. 3, (July 2009), p.261.

17 向駿，「美國從『善霸』走向『惡霸』」，《人民日報》，2008年9月5日。

18 李鏷龍，「杜哈自由貿易談判再槓龜」，《工商時報》，2008年7月31日。

　　「霸權穩定」的概念源自經濟學家金德柏格（Charles P. Kindleberger）1973年的《蕭條中的世界，1929～1939》一書，他的研究發現1929至1939年全球經濟蕭條之所以發生，乃因各國都理性但自私地追求本身的財富，沒有國家願在經濟惡化時站出來領導國際社會共渡難關。[19]「霸權穩定理論」正式的名稱則由國際政治學家柯漢（Robert Keohane）於1980年「霸權穩定理論及國際經濟建制之變革，1967～1977」一文中提出，他將此一理論定義爲「被單一霸權國家所掌控的權力結構最有利於國際建制（international regime）的發展，而此一建制的規範相對較精準地且較廣泛地在國際間被遵循，霸權掌控權力結構的式微可被視爲國際經濟建制力量衰微的徵兆。」[20]柯漢認爲七〇年代的全球能源危機係因美國霸權衰微不願在世界石油市場上發揮穩安者的角色。

　　該理論認爲國際體系之穩定有賴於霸權國家以提供「公共財」（public goods）的方式維繫之。公共財原爲經濟學名詞，具有以下兩個特性：其一爲消費上的「非衝突性」（non-rivalry），如燈塔之設立；另一爲「非排他性」（non-exclusion），如國防設施。而國際關係上的公共財則包括國際基本秩序、低關稅的國際貿易體系、及穩定的國際貨幣體系之維持等。

　　霸權國家除需具備足以維護國際政經穩定的軍事力量外，[21]在提供公共財上更需心胸開闊、眼光遠大才能成爲「善霸」（benign hegemon）。如不以追求本身的絕對利得（absolute gains）爲滿足，而堅持在相對利得（relative gains）上與主要對手國家斤斤計較，則可能成爲具掠奪性的「惡霸」

19　Charles P. Kindleberger, *The World in Depression*, 1929-1939. Berkeley, CA: University of California Press, 1973.

20　Robert Keohane, "The theory of Hegemonic Stability and Changes in International Economic Regimes, 1967-1977," in *Change in the International System*, eds., Ole R. Holsti, Randolph M. Siverson, and Alexander L. George. Boulder: Westview Press, 1980, p. 132.

21　Robert O. Keohane, *After Hegemony: Cooperation and Discord in the World Political Economy.* Princeton: Princeton University Press, 1984, p. 39.

（predatory hegemon）。日本外交家小和田（Hisashi Owada）認為，二次大戰後美國以提供安全、開放全球經濟、援助經濟發展和強化國際建制等公共財的方式追求「單邊全球主義」（unilateral globalism），但是後來卻演變成只追求其本國利益的「全球單邊主義」（global unilateralism）。[22] 換言之，七〇年代世界能源危機發生的主因之一在於美國從追求絕對利益的「善霸」演變成追求相對利益的「惡霸」。

　　杜哈談判失敗顯示美國不願再提供國際社會「公共財」而從「善霸」走向「惡霸」。造成杜哈協商破裂的主因是美國與印度為了有關保護本國農業的「特別防衛機制」議題僵持不下。所謂「特別防衛機制」（special safeguard mechanisms），係指讓開發中國家防範外國農產品傾銷以保衛本國農業的措施，一旦外國農產品進口在短期內增加一定幅度，就可以啓動提高關稅等防衛措施。拉米套案（Larmy Package）定的啓動門檻是進口增加40%，但印度等國主張降低門檻才能提供更周延的保護。[23]談判中，美國提議將補貼限制提高到一百四十五億美元以內，遠遠超出當時約九十億美元的水準，但美國只有二百萬農民。相對而言，印度的農場規模要小得多，但全國有近三分之二人口從事農業，談判結果當然是不歡而散。

　　《紐約時報》在題為「世界貿易下一步」的社論中含蓄地指出談判失敗因為「沒有給主要貿易大國提供促使其讓步的激勵機制。」[24]但美國哥倫比亞大學經濟學和法學教授、外交關係委員會（Council on Foreign Relations）國際經濟高級研究員巴格瓦第則露骨地直指「杜哈談判破裂，美國是禍首；在整個談判過程中，美國貿易代表辦公室和美國國會對別國指手畫

22　Samuel P. Huntington, "The Lonely Superpower," *Foreign Affairs*, March/April, 1999, P. 42.

23　尹德瀚，「WTO杜哈回合談判 破局」，《中國時報》，2008年7月31日。拉米套案指由世貿組織總裁Pascal Lamy所提出的方案。

24　"The Next Step for World Trade," *The New York Times* (editorial), Aug. 2, 2008.

腳：先是巴西，接著是印度，再接著是中國，卻從未想想自身的責任。」[25]

　　難怪，巴西前外交部長亞摩林（Celso Amorim）認為談判破局使各國部長看到一種「新秩序」掌控全球貿易，他表示「我們可以慶祝的一件事是，這裡不再只是由富裕國家來訂協議。」[26]談判失敗立即而明顯的結果有二：其一是美國的保護主義抬頭，其二是區域整合加速。

三、自由貿易vs.公平貿易

　　巴格瓦第指出，美國的區域主義行為顯示它「喜歡的模式就是將北美自由貿易協定（加拿大，墨西哥和美國）擴展到南美國家，並夾帶大量與貿易無關而且必須強逼這些國家接受的事務。這對於巴西這個美洲自由貿易協定的幕後領導勢力來說無法接受，因為該國只願著眼於貿易事務。巴西前總統盧拉……拒絕在貿易協定和體制中涵蓋勞工標準。而美國在南美的行為所產生的結果，就是將該區域分裂成了兩個不同的集團，這種狀況也可能在亞洲出現。」[27]

　　巴格瓦第認為，「為了理解這一悖論，我們仔細考慮一下工會遊說團體與他們的政治盟友所得出的結論，即抵禦窮國競爭的理想手段是，通過迫使窮國提升標準來提高它們的生產成本。這些人聲稱，與標準較低的國家競爭是『不公平』的。『自由但公平的貿易』成為一種陰險的保護主義立場，極少有人意識到這一點。」[28]許多經濟學家「傾向於把對全球化的煩惱歸因

25　Jagdish Bhagwati, "America's Selfish Hegemony is Defensive and Hypocritical," *The Financial Times*, August 27, 2008.

26　「WTO談判破局 新興國家改變全球貿易遊戲規則」，中央社，2008年7月31日。

27　賈格迪什‧巴格沃蒂，「如同幫派的貿易協定」，《商業週刊》，2012年1月4日。

28　Jagdish Bhagwati, "Obama and trade: an alarm sounds," *The Financial Times*, Jan. 13, 2009.

於那些愚蠢自私的貿易保護主義動機，而不知道其中最要緊的其實是道德問題。由於無法意識到國際貿易有時會導致一些我們在國內無法接受的再分配後果，這些經濟學家也無法恰當地介入公眾討論。而既然在道德方面都站不住腳，他們又如何能為貿易大力辯護呢？」[29]

四、拉美經貿整合現況

關於國家在經濟發展所扮演的角色，Rosemary Throp曾謂「拉美經濟決策的傾向一直都是搖擺於兩個極端之間，它像一個鐘擺，來回在市場和國家干涉之間搖擺。」[30]二十世紀五○至七○年代，「拉美地區經濟一體化是著眼於把內向發展模式由國別市場向地區市場延伸，因此，儘管在幾個次地區集團內部推進貿易自由化，但對外繼續實施高保護政策，可以說是一種『封閉的地區主義』。」[31]1991年2月5日美、加、墨同時聲明同意就「北美自由貿易區」展開談判後，學者曾樂觀的表示，「如果西半球能真正的達成團結與合作，即有可能在它們的歷史上邁向新的紀元。」[32]

29 Dani Rodrik, "Free-Trade Blinders," March 9, 2012. 丹尼‧羅迪克，「自由貿易的迷信者」，《南風窗》，2012年4月6日。

30 Rosemary Throp, *Progreso, pobreza y exclusion, Una historia economica de American Latina en el Siglo XX*, Banco Interamericano de Desarrollo, Union Europa 1998, pp.279-281. 轉引自曾昭耀，「政治體制的變革與發展」，蘇振興主編，《拉美國家現代化進程的研究》，北京：社會科學文獻出版社，2006年，頁373。

31 徐世澄，「現代化與國際環境」，蘇振興主編，《拉美國家現代化進程的研究》，北京：社會科學文獻出版社，2006年，頁324。

32 王建勛，「拉丁美洲經濟區域整合之演變與發展」，《問題與研究》，30卷12期，1991年12月，頁1。

表5-2　拉丁美洲主要經濟整合組織

組織名稱	成立／生效日期	會員國家
北美自由貿易區 （NAFTA）	1994年1月1日	美國、加拿大、墨西哥
中美自由貿易區 （DR-CAFTA）	2009年1月1日	美國、多明尼加、宏都拉斯、尼加拉瓜、薩爾瓦多、瓜地馬拉、哥斯大黎加
南方共同市場 （MERCOƧUR）	1991年11月29日	會員國：阿根廷、巴西、烏拉圭、巴拉圭、委內瑞拉聯繫國：智利、玻利維亞、祕魯、厄瓜多、哥倫比亞
玻利瓦美洲替代方案 玻利瓦美洲聯盟 （ALBA）	2004年12月 2009年6月	古巴、委內瑞拉、玻利維亞、尼加拉瓜、多明尼克、厄瓜多、聖文森和格林納丁斯、安提瓜和巴布達
南美國家聯盟 （UNASUR）	2008年5月23日	南美十二國 觀察員：墨西哥、巴拿馬
拉美及加勒比 國家共同體（CELAC）	2010年2月23日	三十三國，五種語言（西語18，英語12，葡語1，法語1，荷蘭語1）
拉美太平洋聯盟	2012年6月6日	智利、墨西哥、祕魯、哥倫比亞

資料來源：作者整理

1.北美／中美自由貿易區（NAFTA/DR-CAFTA）

　　由於墨西哥是非法移民和毒品等影響美國民眾日常生活的主要來源，因此歐巴馬當選後以電話徵詢意見的唯一拉美國家領導人就是墨西哥總統。儘管早在2001年9月5日布希就曾指出墨西哥是美國「最重要的盟邦」，但到2009年初布希卸任前美國卻擔心墨西哥將淪為「北美地區的伊拉克」，甚至成為「世界上新出現的最大安全威脅之一」。

　　就經濟層面看，重新展開「北美自由貿易協定」談判成為歐巴馬的嚴肅考驗。該協定自1994年生效以來，除造成美國巨大貿易逆差外，不少工廠也移往墨西哥，導致美國大量失業或工資被壓低。歐巴馬上任以來金融危機導致美國保護主義高漲，因此拿「北美自貿協定」開刀。美國國會於2009年3

月中決定，停止自2007年起准許部分墨西哥貨運卡車進入美國的「試行計畫」，結果墨西哥於3月19日展開報復，對美國水果、蔬菜乃至衛生紙等課徵10～20%的進口關稅。難怪歐歌蘭蒂認為「華府展開另一場貿易戰」。[33]

巴格瓦第教授早於2007年就曾在英國《金融時報》撰文表示：「曾經是多邊自由貿易堅定支持者的美國，如今已經站到了它最大的敵人一邊：多邊主義和自由貿易如今都處於風險之中。」他直指美國打著貿易「公平」的幌子，奉行保護主義的虛偽態度「令人作嘔，令人驚訝。」[34]歐巴馬政府和墨西哥重新談判「北美自貿協定」可能陷入兩難，因為如果著重「自由貿易」（free trade）則美國選民勢將反彈，如果著重「公平貿易」（fair trade）與墨西哥的關係可能雪上加霜。

「儘管對於墨西哥加入NAFTA之後十年來成敗得失存在種種評價，但是，其中完全忽視問題存在的正面評價，或者完全忽視成效的負面評價顯然有失偏頗，而且數量模型的回歸分析結果也顯示NAFTA對於墨西哥的積極影響大於消極影響。因此，對於墨西哥來講應該如何最大化其有利影響，最小化其不利影響，從而採取正確的宏觀經濟政策來規避問題才是其今後著重努力的方向。」[35]

美國總統布希雖於2005年8月2日簽署與中美洲五國和多明尼加共和國自由貿易協定（DR-CAFTA），但該協定直到2009年1月1日才正式生效。因需國會通過才能生效，各國簽署日期如下：薩爾瓦多2006年3月，宏都拉斯和尼加拉瓜於同年4月1日，瓜地馬拉7月1日，多明尼加2007年3月1日，

33　Mary Anastasia O'Grady, "Washington Starts Another Trade War," *The Wall Street Journal*, March 16, 2009.

34　Jagdish Bhagwati, "America's bipartisan battle against free trade," *The Financial Times*, April 8, 2007.「美以貿易『公平』為幌子奉行保護主義態度虛偽」，《人民日報》，2007年4月11日。

35　楊志敏，「墨西哥加入北美自由貿易協定10年歷程評價」，《拉丁美洲研究》，26卷4期，2004年4月，頁26-32。

哥斯大黎加2009年1月1日。

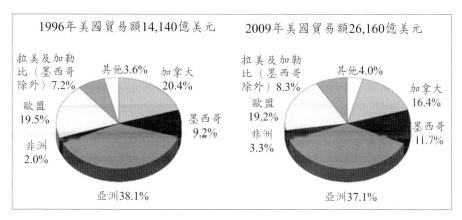

Total Trade = exports plus Imports

圖5-1 美國對外貿易統計圖（1996及2009年）

資料來源：U.S. Department of Commerce data as presented in World Trade Atlas.

2.南方共同市場

　　南方共同市場（簡稱南共市）成立於1991年11月29日，是南美地區最大的經濟一體化組織，正式會員國有巴西、阿根廷、烏拉圭和巴拉圭，智利和玻利維亞為該組織聯繫國，墨西哥和紐西蘭為觀察員國。南共市成員國之間的貿易額從1991年的四十一億美元增長到2011年的一千零四十九億美元，但成員國之間也齟齬不斷，如阿根廷與烏拉圭之間的造紙廠風波引人注目。更嚴重的是巴西和阿根廷之間，不同規模的貿易摩擦幾乎每年都會發生。近年來更因高築貿易壁壘開始分化，例如針對阿根廷採行「非自動進口許可辦法」保護措施，巴西於2012年5月16日起對至少十項阿根廷食品，包括蘋果、葡萄乾、馬鈴薯、麵粉和葡萄酒等進口設限以為報復。**36**

---

36 「巴西對阿根廷展開貿易報復」，中央社，2012年5月16日。

2006年委內瑞拉決定加入南共市，當時四國政府都表示同意，阿根廷、烏拉圭、巴西三國議會先後批准了接受委內瑞拉，但巴拉圭因部分右派議員杯葛未能通過。2012年6月巴拉圭因國會「快速彈劾」並罷黜民選總統魯戈（Fernando Lugo）南共市其他三國認議會破壞民主機制，決定中止巴拉圭南共市成員國資格，委內瑞拉因此得於7月31日正式成爲南共市第五個會員國。[37]

委內瑞拉正式加入後，南共市人口增加到二億七千萬，在南美地區的經濟總量上升至77%，成爲全球第四大經濟體，（前三名爲歐盟，北美自貿區和東協）。委內瑞拉每年進口約三百五十億美元，從南共市進口爲五十億美元。由於委內瑞拉是全球重要的石油生產國，探明儲量高達二千九百七十六億桶，因此對南共市國家能源安全提供更多保障。爲了表示誠意，委內瑞拉在加入南共市的當天就與巴西簽訂採購支線飛機合約，總額爲二億七千萬美元。2006年4月，因祕魯和哥倫比亞與美國簽訂自由貿易協定，委內瑞拉宣布退出安第斯共同體，加入南共市應可視爲擺脫美國霸權的延續。

「南方共同市場是南美洲重要的一體化組織，到2010年1月已經正式運行十五周年了。作爲世界上第一個完全由發展中國家組成的一體化組織，除了在經濟方面的影響和作用之外，其一體化進程的產生和發展也具有無可否認的政治性質。」[38]這或許正是決定南共市前景的重要因素。

3.美洲玻利瓦爾國家聯盟

美洲玻利瓦爾聯盟（Bolivarian Alliance for the People of Our America/ Alianza Bolivariana para los Pueblos de Nuestra América, ALBA）是一個以

---

37 張衛中，「南共市強化地區經貿合作推動一體化進程」，《人民日報》，2012年8月1日。

38 李紫瑩，「從阿根廷視角看南方共同市場中的政治因素」，《拉丁美洲研究》，32卷1期，2010年2月，頁39-42。

拉丁美洲及加勒比地區政治、經濟、社會一體化爲宗旨的地區性合作組織，前身爲美洲玻利瓦爾替代計畫。該計畫由委內瑞拉總統查維茲於2001年提出，2004年在古巴首都哈瓦那成立，旨在加強拉美和加勒比地區國家間的經貿合作和一體化進程，抵制美國倡導的美洲自由貿易區。2009年6月，根據委內瑞拉的倡議，該組織更名爲美洲玻利瓦爾聯盟。

美洲玻利瓦爾聯盟成員國包括古巴、委內瑞拉、玻利維亞、尼加拉瓜、多明尼克、厄瓜多爾、聖文森和格林納丁斯、安提瓜和巴布達。格瑞納達、海地、巴拉圭和烏拉圭是該組織的觀察員國家。該組織成員國人口共計近七千萬，領土總面積二百五十萬餘平方公裡，國內生產總值合計超過六千三百億美元。[39]爲推動經濟一體化，聯盟設立了地區融資機構，並於2010年1月27日在成員國範圍內使用虛擬貨幣-蘇克雷（sucre）。[40]

2009年6月28日宏都拉斯發生政變，總統賽拉亞（José M. Zelaya）遭軍方押解被迫流亡哥斯大黎加，並由國會議長代理總統。7月2日委內瑞拉中止透過「加勒比石油」計畫（Petrocaribe）對該國之石油補貼，宏都拉斯國會於2010年1月12日投票通過退出該聯盟。

4.南美國家聯盟

南美洲國家聯盟（Unión de Naciones Suramericanas, UNASUR）係根據《庫斯科宣言》於2004年12月8日成立的主權國家聯盟，共有成員國十二個，觀察員國二個。聯盟原名「南美洲國家共同體」（Comunidad Sudamericana de Naciones），其目的在將原有南方共同市場和安第斯山國家共同體合併成一個涵蓋南美洲的自由貿易區，2007年4月16日改爲現名。2008年5月下旬南美十二國元首在巴西首都簽署《南美國家聯盟憲章》後該

---

39 美洲玻利瓦爾聯盟人民貿易協定報告會，「李慎明致辭」，中國社會科學網，2012年4月25日。

40 蘇克雷是厄瓜多爾一直使用到2000年初的貨幣名稱，源於19世紀拉美獨立英雄蘇克雷（Antonio Jose De Sucre, 1795-1830年）。

組織正式成立。2009年3月十二個會員國更在智利成立了南美洲第一個地區
軍事聯盟——南美防務委員會（The South American Defense Council）。這
兩個組織的成立等於是認可巴西在南美洲的龍頭地位。

5.拉美及加勒比國家共同體

　　2011年12月2～3日拉美及加勒比海地區三十三個國家領導人及代表
在委內瑞拉舉行的第三次高峰會中宣告成立「拉美及加勒比國家共同體」
（Community of Latin American and Caribbean States/Comunidad de Estados
Latinoamericanos y Caribeños, CELAC）。此一將美國和加拿大排除在外的
區域性組織，充分顯示拉美及加勒比海地區整合獲得形式上的保障。[41]2013
年1月28日起由古巴領導人勞爾・卡斯楚（Raúl Castro）接任主席。[42]

五、拉美經貿整合前景

（一）拉美太平洋聯盟

　　南美經貿整合的問題在於濱太平洋和大西洋兩岸的國家差異太大。根
據「世界經濟論壇」（World Economic Forum）出版的《2012全球貿易促
進報告》（*The Global Enabling Trade Report 2012: Reducing Supply Chain
Barriers*），在接受評比的一百三十二個經濟體中，烏拉圭雖排名40但經濟
規模太小影響不大，巴西、阿根廷和巴拉圭的排名分別為84、96、101，至
於委內瑞拉則名列130。[43]反觀2012年6月6日簽署拉美太平洋聯盟（Pacific

---

41 張衛中，「拉美及加勒比國家共同體誕生」，《人民日報》2011年12月3日。

42 Andres Oppenheimer, "Latin America's new leader: Raúl Castro," *The Miami Herald*, Jan.
16, 2013.

43 Robert Z. Lawrence, Margareta Drzeziek Hanouz, And Sean Doherty, eds., *The Global
Enabling Trade Report 2012: Reducing Supply Chain Barriers*, World Economic Forum,
2012, p.xvii.

Alliance/ Alianza del Pacífico）框架協定的4個濱臨太平洋的拉美國家，墨西哥、智利、祕魯和哥倫比亞之排名分別爲65、14、53、89，顯見濱兩岸國家差異不小，故整合不易。

以墨西哥爲例，近年來「大力發展貿易、加強對外開放。墨西哥與四十四個國家簽署了自由貿易協定，數量是中國的兩倍還多，相當於巴西的四倍。自由貿易協定使得位於墨西哥的公司能夠從多個國家採購零部件和各種資源，而且常常是免關稅的。這在一定程度上使得墨西哥進出口總額相對國內生產總值（GDP）的比例（可有效反映一國開放程度）在2010年達到58.6%。中國的這一比例爲47.9%，巴西僅爲18.5%。」[44]

再看智利，「2006年年初，智利與歐盟簽訂自貿協定已滿三年，智利與美國簽署的自貿協定和與韓國簽署的自貿協定分別生效二年。智利政府有關部門和商界，普遍認爲自貿協定對拉動智利出口特別是拉動經濟發展起著至關重要的正面作用。」[45]

拉美太平洋聯盟特別值得關注至少有三個理由。首先不是請客吃飯。本世紀以來，委內瑞拉前總統查維茲挾其巨額石油收益成立了南方電視臺、南方銀行、玻利瓦爾計畫（ALBA）等，但總給人「請客吃飯」的印象！查維茲過世後，飯局能否持續有待觀察。其次，聯盟最大優勢在成員國內部聚合力較高。儘管拉美地區推動一體化組織方興未艾，但內部矛盾和不對稱性發展問題日益凸顯。如南共市因阿根廷高築貿易壁壘開始分化；又如安第斯共同體受制於各成員國利益訴求差異過大而無法在與歐盟簽署自貿協定上達成共識。最後是成員國旗鼓相當。太平洋聯盟四個成員國彼此之間均已簽署自貿協定、經濟加總後之規模爲全球第九大、出口占拉美之55%已超過南方共

44 Adam Thomson, "Mexico: China's unlikely challenger," *The Financial Times*, Sept. 19, 2012.
45 郭德琳，「從中國與智利簽署自貿協定中吸取智利建立開放的對外貿易體系的經驗」，《拉丁美洲研究》，28卷6期，2006年12月，頁59-60。

同市場，因此具備聯手和亞洲協商自貿協定的能力。

表5-3　拉美濱太平洋及大西洋主要國家比較表

地區項目		經濟自由（2013）	貿易促進（2012）
太平洋	墨西哥	50	65
	哥倫比亞	37	89
	祕魯	44	53
	智利	7	14
大西洋	巴西	100	84
	阿根廷	160	96
	巴拉圭	80	101
	烏拉圭	36	40

資料來源：1. 2013 Index of Economic Freedom, http://www.heritage.org/index/
　　　　　2. Robert Z. Lawrence, Margareta Drzeziek Hanouz, And Sean Doherty, eds.,
　　　　　　The Global Enabling Trade Report 2012: Reducing Supply Chain Barriers,
　　　　　　World Economic Forum, 2012, p.xvii.

（二）跨太平洋伙伴協議

　　近來美國不僅高唱「重返亞洲」，更積極推動「跨太平洋伙伴關係」（Trans-Pacific Partnership, TPP）。TPP包括前述太平洋聯盟的智利、墨西哥和祕魯，哥倫比亞則早於2010年表達參加的意願。從「大戰略」層次看，這是後冷戰以來美國改善和拉美關係最重要的政策。美國如能有效整合拉美國家，不僅可領軍突破在全球地緣經濟的地位，更可達到「聯拉抗中」的「大戰略」效果，重返「美國後院」亦將水到渠成！[46]

---

46 向駿，「奧巴馬能重返拉美嗎？」，《南風窗》，2013年2月13-26日，第4期，84-85頁。

　　當美國積極推動TPP之際，如何拉攏太平洋聯盟四成員國與美國抗衡成為中國大戰略的重要環節，這說明了為何墨西哥總統裴尼亞（Enrique Peña Nieto）和祕魯總統烏馬拉（Ollanta Moisés Humala）均應習近平之邀成為2013年博鰲論壇的貴賓。

參、結語

「美國『重返亞洲』的經濟戰略以TPP為中心的。TPP本身並非為美國創始，但一旦美國捲入，開始主導TPP，其性質就發生了很大的變化。TPP本身是一個新的嘗試，一旦實現，參與國家的『經濟主權』勢必遭到削弱。對一些國家來說，參與TPP的談判，其政治戰略理性要大於經濟理性，甚至是為了政治和戰略上的考量，也就是應付中國的考量。儘管人們不知道TPP最終如何實現，但在中國看來，其發展趨勢類似於冷戰期間西方所實施的『戰略性貿易』（strategic trade）。」[47]

「歐巴馬在上任的頭一年，曾敦促中國做『負責任的利益相關者』，也曾用『兩國集團』（G2）的概念向中國短暫示好。如今，歐巴馬政府的新貿易舉動也許可以稱為ABC——『中國除外』（Anyone But China）。美國新思路的風險在於，這種方式可能促使中國進一步背離全球貿易體系，削弱而不是強化其遵循這一體系的動機。如果這最終成為現實，那麼美歐貿易談判將不是引領全球進入經濟一體化的新時代，而是在全球化的棺材上又釘下一顆釘子。」[48]

難怪會有媒體認為「加入TPP協商是國家百年大計。」[49]

---

47 鄭永年，「地緣政治大轉移和中國外交」，《聯合早報》，2012年2月14日。
48 傑夫・代爾，「美國自貿協定撇開中國」，《金融時報》，2013年4月3日。
49 「加入TPP協商是國家百年大計」，《經濟日報》（社論），2013年3月27日。

第六章　中國崛起：拉美水漲船高？[*]

[*] 本章根據作者之「21世紀初中國與拉美經貿關係之研究」增修而成，該文原載於
《遠景基金會季刊》，14卷1期，2013年1月，1-40頁。

西南科技大學拉丁美洲研究所所長吳國平提出警告,「中國得到了它想要的東西,但拉美並不認為得到了自己想要的東西,中國與拉美的貿易和投資並不是『互補』的,這可能會帶來風險,中國需要尋找新的拉美戰略。」

壹、前言

　　哈佛大學多明格斯教授（Jorge I. Domínguez）認為二十一世紀初拉丁美洲的國際關係有兩個最重要的外部的衝擊，其一是美國小布希總統（George W. Bush）在諸多議題上和拉美日益疏離，其二是中國成為此一地區的政治伙伴。[1]

　　小布希總統任內與拉美關係疏離主因之一在於九一一事件導致美國以反恐為主的外交政策聚焦於阿富汗、伊拉克、伊朗等，拉丁美洲相對被忽略，主因之一為拉美「向左轉」。本世紀初拉丁美洲政治最大的特色是左派政權如雨後春筍般出現，從查維茲（Hugo Chávez）於1999年2月就任委內瑞拉總統到2013年2月柯雷亞（Rafael Correa）再次贏得厄瓜多爾總統選舉，期間巴西、阿根廷、烏拉圭智利、祕魯、尼加拉瓜等國均曾「向左轉」。

　　「向左轉」的重要原因之一是美國自九○年代在此地區所推動的「新自由主義」（neo-liberalism）經濟政策失敗，而所謂「華盛頓共識」（Washington Consensus）則被視為罪魁禍首。根據諾貝爾經濟學獎得主、前世界銀行副總裁史迪格利次（Joseph E. Stiglitz）的看法，華盛頓共識「往好裡說，它是不完整的；往壞裡說，它是誤導的。」[2]市場回歸自由競爭固然帶來經濟成長，但政治上的腐敗無能卻造成更嚴重的分配問題，因此拉美學者將之稱為「無發展的成長」。

　　2003年9月世界貿易組織（World Trade Organization, WTO）第五屆坎昆（Cancún）部長級會議破局其原因在於自由貿易利益未能在國際間公平分配。根據聯合國所屬「拉丁美洲暨加勒比海經濟委員會」（Economic Commission for Latin American and Caribbean, CEPAL）的統計，此一地區

1　Jorge I. Domínguez, "China's Relations with Latin America: Shared Gains, Asymmetric Hopes," *Inter-American Dialogue* (Working Paper), June 1, 2006, pp. 1-59.
2　徐世澄，「一分為二看待拉美的經濟改革」，《拉丁美洲研究》，2004年第2期，2004年4月，頁8。

在1990～2000年間的出口較1945～1980年期間成長了四倍，但同期經濟成長卻從3.1%降至1.6%，生活在貧窮線下家庭的比例則由35%增至38%。另根據世界銀行的統計，2003年拉丁美洲暨加勒比海區域內最富10%人口占總收入的48%，最貧10%人口則僅占總收入的1.6%。[3]

　　拉美左派政權對美國最直接的影響就是華府推動「美洲自由貿易區」（Free Trade Area of the Americas, FTAA）力不從心。以巴西爲例，目前工會領袖盧拉（Luis Inácio Lula）於2003年元旦就任總統後，即不斷挑戰美國的大國外交，其中又以杯葛美洲自由貿易區最爲明顯。坎昆會議期間以巴西、印度、中國等開發中國家組成的21國集團共同對抗已開發國家除顯示「結盟」成爲貿易談判的互動模式外，[4]更反映「國家間力量對比的變化及政策的調整。從一味讓步到聯合起來對抗發達國家，發展中國家的姿態已經從『被動』變爲『主動』。」[5]其中最主動的國家之一就是中國。

　　早在1988年鄧小平就曾說：「太平洋時代肯定要到來，但不是現在。眞正的太平洋時代的到來至少還要五十年。那時也會同時出現一個拉美時代。我希望太平洋時代、大西洋時代和拉美時代同時出現。」[6]證之於二十一世紀初期的國際局勢，太平洋時代和拉美時代似乎都已提前到來。

　　中國在拉丁美洲的利益主要有四。其一拉美自然資源豐富利於中國經濟發展所需；其二拉美提供中國商品巨大出口市場；其三拉美在建構所謂「和諧世界」過程中可發揮重要作用；其四拉美爲臺灣「外交重地」。[7]由於「拉美有著長期的反殖民主義、反霸權主義的光榮傳統」，故中國共產黨

3　Marcela Sánchez, "The Awkward Truth About Fighting Poverty," *The Washington Post*, Dec. 31, 2003.
4　蔡宏明，「坎昆會議的啟示：結盟」，《中國時報》，2003年9月16日，版A15。
5　張勇，「坎昆會議對拉美國家的影響」，《拉丁美洲研究》，2004年1期，2004年2月，頁25。
6　江時學，《拉美發展前景預測》，北京：中國社會科學出版社，2011年，頁170-171。
7　江時學，《拉美發展前景預測》，頁170。

和拉美政黨交往具有相當優勢。截至2004年止，中共至少已和二十九個拉美國家的九十五個政黨建立不同形式的關係，其中包括十三個和北京無邦交國家的二十多個政黨。[8]更重要的是由於經濟快速發展，身爲「世界工廠」的中國對原物料之大量需求導致與拉美貿易量快速成長，截至2010年止中國占拉美與亞洲貿易量之48.5%，超越日本（18.1%）成爲亞洲之冠（見圖6-1）。

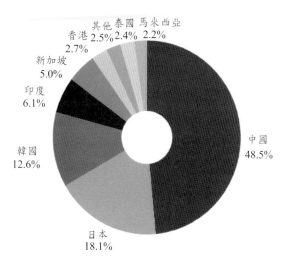

圖6-1　2010年拉美與亞洲主要國家貿易量比例圖

資料來源：Asian Development Bank, Inter-American Development Bank, and Asian Development Bank Institute, Mandaluyong, Washington, DC, Tokyo：Shaping the Future of the Asia and the Pacific-Latin America and Caribbean Relations, 2012, p. 5。

　　由於此一結構性的變化，2006年4月美國國務院主管拉美事務的助理國務卿夏儂（Thomas Shannon）訪問中國並與外交部拉美司司長曾鋼會晤，

8　中國現代國際關係研究院拉美課題組，「中國對拉丁美洲政策研究報告」，《現代國際關係》，2004年4期，4月，頁4-5。

不僅是有史以來中美雙方拉美政策負責人首次見面，更「隱含雙方承認中國、美國和拉美的『三角』關係。」[9]

　　2008年11月5日中國發表的《中國對拉丁美洲和加勒比政策文件》指出，「拉丁美洲和加勒比是發展中國家的重要組成部分，是當今國際舞臺上的一支重要力量。新形勢下，中拉關係面臨新的發展機遇。」[10]該文件之發表正式揭開中國進軍拉美的序幕！以下先說明本世紀以來中國與拉美經貿關係之現況並探討相關文獻，再以中國與巴西關係爲案例研究，最後探討中拉關係面臨的挑戰。

9　R. Evan Ellis, "The United States, Latin America and China: A 'Triangular Relationship'? " *Inter-American Dialogue*, May 1, 2012, p. 1.

10　《中國對拉丁美洲和加勒比政策文件》，中華人民共和國外交部，2008年11月5日。

貳、文獻探討

《中國對拉丁美洲和加勒比政策文件》第四部分「加強中國同拉丁美洲和加勒比的全方位合作」第五點「國際事務合作」中提到「中國政府願繼續加強同拉美國家在國際事務中的協調和配合，就重大國際和地區問題保持經常性溝通，在涉及各自國家主權、領土完整等重大問題上相互支持。中方願同拉美國家共同致力於加強聯合國的作用，推動國際政治經濟秩序向更加公正合理的方向發展，推進國際關係民主化，維護發展中國家合法權益。中國支持拉美國家在國際事務中發揮更大作用。」（全文見附錄2）

但普林斯頓大學艾肯博瑞教授（John Ikenberry）認為「中國崛起並不必然會引發劇烈的霸權轉移。美中權力轉移非常不同於以往因為中國和過去崛起中國家所面對的國際秩序大不相同，簡言之，當前西方主導的秩序難以推翻但易於加入。」[11]儘管「九一一事件後美國混亂的拉美政策，使中共得藉機深化其與拉美地區國家的政治與經濟關係」，但「中共目前尚未具備挑戰美國西半球霸權地位的能力。」[12]哈佛大學多明格斯教授也認為「中國與拉美國家有限的軍事關係是中拉經濟關係發展遲來的結果。」[13]。因此從國際關係的層面看，「中國對拉美提供的機會多於挑戰。」[14]

當然也有認為挑戰大於機會的。2004年美國《華爾街日報》專欄作家歐格蘭蒂（Mary Anastasia O'Grady）以「中國在拉丁美洲」為題的專文指出在華府與拉美關係疏離之際，北京趁虛進入美國後院，而不少拉美國家也

---

11 G. John Ikenberry, "The Rise of China and the Future of the West," *Foreign Affairs*, Vol. 87, No. 1, Jan./Feb. 2008, pp. 23-24.

12 柯玉枝，「論新世紀中共拉丁美洲政策及其影響」，《中國大陸研究》，50卷3期，2007年9月，頁85。

13 Jorge I. Domínguez, "China's Relations with Latin America: Shared Gains, Asymmetric Hopes," *Inter-American Dialogue* (Working Paper), June 1, 2006, pp. 1-59.

14 Antonio C. Hsiang, "China Rising in Latin America: More Opportunities than Challenges," *Journal of Emerging Knowledge on Emerging Markets*, Vol. 1, Issue 1, Nov. 2009, pp. 32-47.

趁勢把中國當作邁上國際舞台的階梯，因此「中國正成爲在美國後院的政治對手」。[15]2005年美國南方指揮部指揮官克拉達克將軍（Bantz Cradock）警告，「中國在拉美的影響力快速竄升不容輕忽。」[16]2006年「美洲對話」（Inter-American Dialogue）總裁哈金（Peter Hakim）在《外交事務》指出「許多拉美人士視中國爲美國霸權的替代品。」[17]

隨著中國綜合國力的增強和能源戰略的調整，中拉經貿和能源合作日漸頻繁。以2008年爲例，中拉貿易額超過一千四百億美元，且拉美對華貿易略有盈餘，一改其與美歐貿易逆差又大量舉債的窘境。對拉美國家而言，中國已成爲僅次於美國的第二大貿易伙伴。2009年1月，中國正式成爲美洲開發銀行（Inter-American Development Bank, IADB）的第四十八個成員國。據《金融時報》旗下的中國研究服務《FT中國投資參考》（*China Confi-dential*）的統計，從2009～2011年底，中國與拉美的貿易額增長113%，達到二千四百一十五億美元。拉美國家從中國大量進口消費品的同時向中國出口鐵礦石、銅及大豆。《FT中國投資參考》預測，如果中國出口商保持目前的增長趨勢，到2017年拉丁美洲可能取代歐盟成爲中國最大的貿易伙伴，此一趨勢正在重新譜寫中國的貿易地圖。（中國對歐盟／非洲／拉美出口變化統計見圖6-2）。

15　Mary Anastasia O'Grady, "The Middle Kingdom in Latin America," *The Wall Street Journal*, Sept. 6, 2004, p. A7.

16　Pablo Bachelet, "China's Latin Influence Is Growing, General Says," *YALEGLOBAL ONLINE*, March 10, 2005.

17　Peter Hakim, "Is Washington Losing Latin America?" *Foreign Affairs*, Vol. 85, No. 1, Jan./Feb. 2006, p. 46.

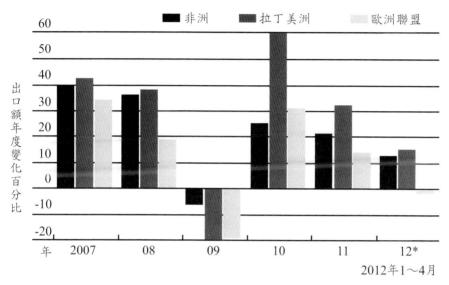

圖6-2　中國對歐盟／非洲／拉美出口變化統計圖

資料來源：Rahul Jacob, "Flagging western demand drives China's exporters to new mar-
kets," *The Financial Times*, June 15, 2012.

　　單從貿易層面看，中國對墨西哥和中美洲的低／中階技術產業如紡
織、電子、汽車零件等形成相當大的競爭壓力，但對南美洲阿根廷、巴西和
智利則因經濟發展需要大量出口原物料而較具互補性（complementary），
但也因此減少了製造業的出口。[18]例如巴西製造業占國內生產毛額的比率從
2004年的16.5%降至2010年的13.5%。[19]

　　至於投資，中國進出口銀行（Export-Import Bank of China）與美洲開
發銀行（Inter-American Development Bank）於2012年3月共同發起成立一
個十億美元的基金，在拉美地區進行股權投資。美洲開發銀行表示，雙方將

18 Carol Wise & Cintia Quiliconi, "China's Surge in Latin American Markets: Policy Chal-
lenges and Responses," *Politics & Policy*, Vol. 35, No. 3, August 2007, pp. 410-438.
19 Ruchir Sharma, "Bearish on Brazil," *Foreign Affairs*, Vol. 91, No. 3, May/June 2012, p. 82.

各向該基金投入一億五千萬美元，目前都在選擇資產管理公司，負責管理投資和從市場籌集資金。（中國對南美洲投資分類統計見圖6-3）

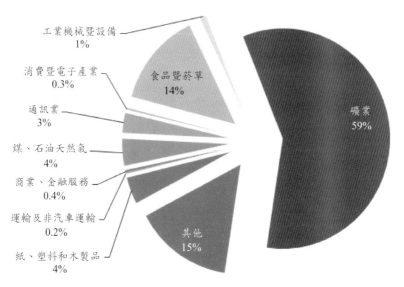

工業機械暨設備
1%

消費暨電子產業
0.3%

通訊業
3%

煤、石油天然氣
4%

商業、金融服務
0.4%

運輸及非汽車運輸
0.2%

紙、塑料和木製品
4%

食品暨菸草
14%

礦業
59%

其他
15%

圖6-3　中國對南美洲投資分類統計（2003～2011年）

資料來源：Barbara Kotschwar, Theodore Moran, & Julia Muir, *Chinese Investment in Latin American Resources: The Good, the Bad and the Ugly* (Working Paper 12～3)(Washington, D.C.: Peterson Institute for International Economics, 2012), p. 23.

自金融危機以來，美國保護主義抬頭，中國與拉美的經貿關係更加強化。例如，中國人民銀行和阿根廷中央銀行於2009年3月29日簽署七百億元等值人民幣的《貨幣互換框架協議》，成為中國和拉美國家最大規模的金融交易。根據該協議阿根廷從中國進口商品可使用人民幣，不必再以美元作為交易的中介貨幣，此舉對穩定地區貨幣制度、防範金融風險、減少金融危機擴散均可發揮積極作用。**20**

---

20 2009年之前中國已與韓國、馬來西亞、印尼、白俄羅斯等國家簽署了《貨幣互換協

　　就融資而言，根據「美洲對話」2012年2月題為《城裡的新銀行：拉丁美洲的中國融資》的研究報告，中國國有銀行自2005年以來已向拉丁美洲放貸逾七百五十億美元，其中2010年放貸金額超過世界銀行、美洲開發銀行和美國進出口銀行（US Ex-Im Bank）三家的總和。[21]另根據摩根大通（JPMorgan）銀行的估算，「中國經濟增長對南美經濟起到的作用，甚至超過了世界其他國家和地區的總和。」[22]（見圖6-4）

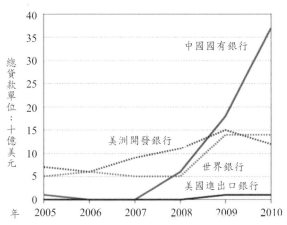

圖6-4　2005～2010年中國與西方銀行貸款拉美比較

資料來源：Kevin P. Gallagher, Amos Irwin, & Katherine Koleski, *The New Banks in Town: Chinese Finance in Latin America* (Inter-American Dialogue, 2012) , p. 3。

議》。見中央社，「中國與阿根廷簽署貨幣互換框架協議」，《海峽資訊網》，2009年3月31日，<http://www.haixiainfo.com.tw/44513.html>。

21　Kevin P. Gallagher, Amos Irwin, & Katherine Koleski, *New Banks in Town: Chinese Finance in Latin America* (Washington, D.C.: Inter-American Dialogue, 2012), pp. 2-4; John Paul Rathbone, "Chinese Bank Loans to Latin America Top $75bn," *The Financial Times*, February 16, 2012, p. 6.

22　John Paul Rathbone, "Latin America Fears a Chinese Slowdown not a European Crash," *The Financial Times*, Nov. 25, 2011, p. 9.

　　中國與拉美經貿關係快速提升所導致結構性變化引發政界學相當的探
討，其中又以美、中外交作爲的差異最受關注。簡言之，即小布希總統爲
因應911事件疏於維繫與拉美的關係，故其八年任內拉美左派國家逐漸揚棄
「華盛頓共識」，而中國積極經營和拉美經貿關係則導致「北京共識」開始
受拉美國家關注，以下先討論「華盛頓共識 vs. 北京共識」。

一、華盛頓共識 vs. 北京共識

　　1960～70年代由拉丁美洲學者普雷維什（Raúl Prebisch）等人提出的
「依賴理論」（Dependency Theory）認爲，包括拉丁美洲在內的第三世界
之所以發展遲緩，主因是國際體系中「邊陲」的低度開發國家長期受制於
「中心」的已開發國家，然此一理論始終只在拉美地區獲較廣泛討論而未被
歐美政學界接受。1989年經濟學家威廉森（John Williamson）綜合拉丁美
洲國家債務危機問題後提出「華盛頓共識」成爲要求拉美國家進行新自由主
義改革的教條。華盛頓共識針對拉丁美洲的經濟發展困境提出十項主張，這
些主張迫使拉丁美洲國家進行嚴苛的結構改革。**23**

　　美國透過世界銀行和國際貨幣基金強迫拉美實施的「新自由主義」經濟
政策非但成效不彰，「華盛頓共識」更被視爲區域內多次經濟危機的罪魁禍
首，導致近年來拉美民主政治「向左轉」的風潮。2008年起席捲全球的金

23　十項主張分別爲：(1)強化財政紀律，控制預算赤字，實施緊縮貨幣政策，降低通貨
　　膨脹，穩定總體經濟；(2)重新調整公共支出優先順序，轉向衛生保健、教育、基礎
　　建設；(3)實施改革稅收，降低邊際稅率和擴大稅基；(4)利率應爲市場導向，鼓勵儲
　　蓄，避免資金外流；(5)匯率由市場依總體經濟表現來決定；(6)實施貿易自由化，開
　　放市場；(7)鬆綁外國直接投資的障礙；(8)實施國營企業私（民）營化；(9)解除對
　　企業的管制和競爭限制；(10)保護智慧產權。請見"Washington Consensus," *Center for
　　International Development at Harvard University*, April 2003.

融海嘯不但重創歐美銀行體系，也動搖了長期主導西方經濟思維的自由市場觀念。《金融時報》首席經濟評論家沃爾夫（Martin Wolf）認爲「又一個意識形態上帝失敗了。在過去三十年間主導著政策和政治的各種假定，突然間看上去就像革命社會主義一樣過時。」[24]

對拉美而言，此一意識形態的具體呈現就是「華盛頓共識」。[25]難怪博德沙爾（Nancy Birdsall）和福山（Francis Fukuyama）會認爲，近年來「西方，特別是美國，已不再被視爲社會政策的創新中心……人們必須求諸於新興國家尋求成功的模式。」[26]此一趨勢不僅提供了中國聯合「邊陲」對抗「中心」的大好機會，更有「平衡對美關係」的效果。[27]

另布魯金斯研究所（Brookings Institution）學者李侃如（Kenneth Lieberthal）與北京大學國際關係學院院長王緝思於2012年3月下旬共同發表的《中美戰略互疑報告》（*Addressing U.S.-China Strategic Distrust*）也指出，「中國的發展模式——即建立強有力的政治領導，對社會和經濟事務進行有效管理爲發展中國家提供了除西方民主及其市場經濟模式之外的另一種可供借鑑的選擇。」[28]此一論述相當程度反應了近年來中國與拉美關係的發展，其中最具體的就是以「北京共識」取代「華盛頓共識」。

根據雷默（Joshua Cooper Ramo）2005年5月11日發表於英國外交政策研究中心題爲《北京共識》的研究報告：

「中國目前正在發生的情況已經開始在經濟、社會及政治方面改變整個國際發展格局。一方面，美國正在推行旨在保護美國利益的單邊主義政

24　Martin Wolf, "Seeds of Its Own Destruction," *The Financial Times*, March 9, 2009, p. 7.

25　向駿，「華盛頓共識vs.北京共識」，《聯合早報》，2010年4月22日，版8。

26　Nancy Birdsall & Francis Fukuyama, "The Post-Washington Consensus: Development after the Crisis," *Foreign Affairs*, Vol. 90, No. 2, March/April 2011, p. 53.

27　向駿，「中國在拉丁美洲的三戰」，《蘋果日報》，2005年2月22日，版A14。

28　廖漢原，「美中學者：兩強競爭 零和遊戲」，《中央社》，2012年4月3日。

策，另一方面，中國正在國際事務的許多領域調動削弱美國影響的資源，營造將使美國更難採取霸權行徑的環境。但更重要的是，中國的新思想在國外產生了重大影響。中國正在指引世界其他一些國家在有一個強大重心的世界上保護自己的生活方式和政治選擇。這些國家不僅在設法弄清如何發展自己的國家，而且還想知道如何與國際秩序接軌，同時使它們能夠真正實現獨立。我把這種新的動力和發展物理學稱為『北京共識』。它取代了廣受懷疑的華盛頓共識。」[29]

　　雷默把「北京共識」歸結為三個方面，「即創新和不斷試驗：把可持續性和均衡性（指縮小貧富差距）放到比國內生產毛額（Gross Domestic Product, GDP）增長優先的地位；自主權。」[30]雷默認為「北京共識」既涉及經濟變化，也涉及社會變化，它利用經濟學和統治權改善社會，這是「華盛頓共識」未能達到的發展經濟學目標。他認為在「華盛頓共識」消失後，在世界貿易組織談判破裂後，在阿根廷經濟一落千丈後，世界上大多數國家都不敢確定新的發展範例應該是什麼樣子，而「北京共識」給世界帶來了希望。[31]

　　北京大學國際關係學院教授潘維認為「中國這一條獨特的道路，成功挑戰了經濟學的『市場與計畫兩分』，社會學的『國家與社會兩分』，政治學的『民主與專制兩分』」。[32]北京清華大學崔之元教授則認為自2008年經濟

29 雷默（Joshua Cooper Ramo），「北京共識：中國是否能夠成為另一種典範？」（The Beijing Consensus），新華社《參考資料》編輯部翻譯，清華大學教授崔之元校對，2004年5月11日。

30 「世界眼看中國實踐：美國學者擔憂中國模式」，《人民日報》，2009年1月13日，版14。

31 雷默（Joshua Cooper Ramo），「北京共識：中國是否能夠成為另一種典範？」（The Beijing Consensus），新華社《參考資料》編輯部翻譯，清華大學教授崔之元校對，2004年5月11日。

32 潘維，「中國模式 將引領大陸高速復興」，《中國時報》，2010年1月26日，版A13。

危機以來，全球對美國經濟模式的信心不比以前，因此「『北京共識』非常可能取代『華盛頓共識』。」**33**

　　但「北京共識」是否為「中國模式」建構了理論的正當性也引發各種辯論。《當中國統治世界》（*When China Rules the World: The Rise of the Middle Kingdom and the End of the Western World*）一書作者雅克（Martin Jacques）認為「中國開始脫穎而出，而且其發展模式完全不同於美國，也不同於冷戰時期雙方全面競爭的發展模式。而最重要的一點在於，中國能夠向發展中國家提供自身的發展經驗和模式，供其參考和借鑑。」**34**

　　儘管「中國模式」有一定的優越性，但也有人主張宜採「韜光養晦」態度，中共中央黨校前副校長李君如就指出中國的體制還沒有定型，國際社會上提出的「中國模式」應以「中國特色」代之，中國只是要解決自己的難題，而「不是要向國外推銷或輸出我們的模式」。**35**北大中國經濟研究中心主任姚洋認為「中國共產黨如果想要鼓勵經濟成長和維持社會穩定，更大的民主化是不二法門。」**36**因此，儘管「華盛頓共識」不受歡迎，但在可預見的未來「北京共識」未必就能取而代之。

二、自由資本主義vs.國家資本主義

　　中國經濟長期快速增長全球有目共睹，但改革開放三十年是否走出一條不同於西方資本主義的「中國模式」？胡溫體制十年期間，左派認為中國太

33　Ariana Eunjung Cha, "China Uses Global Crisis to Assert Its Influence," *The Washington Post*, April 23, 2009, p. A1.

34　Martin Jacques, *When China Rules the World: The Rise of the Middle Kingdom and the End of the Western World*, New York: Penguin Books, 2009, pp. 353-354.

35　楊偉中，「沒有共識的中國模式」，《旺報》，2009年12月1日，版C12。

36　Yang Yao, "The End of the Beijing Consensus," *Foreign Affairs*, February. 2, 2010.

「資本主義化」了，社會主義少了些，右派認爲，中國過於「特色主義」，普世主義不足。故以下探討「國家資本主義vs.自由資本主義」。

從美國引發金融海嘯到歐洲爆發經濟危機以來，學術界開始廣泛探討資本主義的成敗。新加坡國立大學李光耀公共政策學院院長馬凱碩（Kishore Mahbubani）認爲，「資本主義本身並沒有陷入危機，陷入危機的是西方資本主義。這是因爲西方犯了三點錯誤。第一是把資本主義視作一種意識形態概念，而不是用來改善人類福祉的實用工具。第二點錯誤是把歐洲資本家從二十世紀馬克思主義者造成的威脅中學到的教訓拋到了腦後。第三點錯誤是，他們在向第三世界宣揚資本主義優點的同時，沒有教本國人民認識『創造性毀滅』。」[37]

更有人認爲陷入危機的是自由資本主義，而國家資本主義則是解藥。國家資本主義係指與國家政權相結合，由國家掌握和控制的一種資本主義經濟。它是一種典型由國家力量主導的資本主義制度，是資本主義國家的一種晚期形態。國家資本主義的主要形式由國家所有並直接經營，以國有企業爲主要形式的國家資本主義經濟。

但《歷史的終結》（The End of History）作者福山在2012年發表的「歷史的未來」（The Future of History）一文中指出，「對目前自由民主單一且嚴肅的挑戰來自中國威權政府與部分市場經濟的結合」，[38]他所指的就是國家資本主義。如果福山所著的《歷史的終結》定義了上世紀九〇年代初的學術時代精神，那麼主導「自由資本主義vs.國家資本主義」這場論戰的應屬布雷默（Ian Bremmer）的《國家資本主義之崛起》（The Rise of State Capitalism）一書。全球最大政治風險諮詢公司「歐亞集團」（Eurasia Group）

37　Kishore Mahbubani, "Time to Visit Asian Factories for Capitalist Lessons," *The Financial Times*, February 10, 2012, p. 9.

38　Francis Fukuyama, "The Future of History," *Foreign Affairs*, Vol. 91, No.1, January/February 2012, pp. 56-57.

創建者布雷默在該書中表示「如今，西方國家要爲自由市場體系辯護變得愈加困難，而中國與俄羅斯則更容易主張只有政府才能拯救經濟於懸崖邊緣。畢竟，政府支出在美、中兩國的經濟復甦中都扮演了關鍵角色。」[39]

但他在《自由市場的終結：誰將在政府與企業的戰爭中勝出》（*The End of the Free Market: Who Wins the War between States and Corporations?*）一書中也指出「中國式國家資本主義是全球最大威脅。」[40]爲何是全球最大威脅呢？「按照資本異化的分析思路，國家資本主義成功並不具備必然性。因爲國家力量比資本異化經濟體中的利益集團的力量更強大，如果國家資本主義的經濟體重蹈資本異化經濟體的覆轍，不但私人資本被異化，巨大規模的國家資本也會被異化，由此引發的金融危機，對經濟的傷害更大。」[41]這也就是何以胡錦濤會在十八大工作報告中提到要「保證各種所有制經濟依法平等使用生產要素、公平參與市場競爭、同等受到法律保護。」

二十一世紀初拉丁美洲過了美好的十年，「它相對而言安然無恙地渡過了金融危機，最近的一系列經濟決策也使它有資格對美國和歐洲說『不』。」[42]其中包括向「華盛頓共識」說不，巴西甚至捨西方的「自由資本主義」而追隨中國的「國家資本主義」。[43]

然而在探討中國近來增長放緩的原因中，最常被提到的理由之一就是中央集權式裙帶資本主義的「惡性腫瘤」已經四下擴散，正在扼殺中國的經濟。因此，儘管西方的自由資本主義已呈現疲態，但以中國爲首的國家資本主義恐未必能在短期內取而代之。

---

39 Geoff Dyer, "China's 'Market-Leninism' Has Yet to Face Biggest Test," *The Financial Times*, September 14, 2010, p. 2.

40 Ian Bremmer, *The End of the Free Market: Who Wins the War between States and Corporations?* New York: Portfolio Trade, 2011, pp. 1-2.

41 左小蕾，「國家資本主義不足以避免危機」，《FT中文網》，2012年2月22日。

42 "Mercantilism in Latin America," *The Financial Times*, March 20, 2012, p. 8.

43 The Economist Intelligence Unit, "The Rise of State Capitalism," *The Economist*, Vol. 402, No. 8768, Jan. 21, 2012, p. 11.

參、中國與巴西關係之發展

　　中國與拉美的關係概可分爲五個階段：其一爲民間交往期（1949～1969年），其二爲建交高潮期（1970～1977年），其三爲平等互利、共同發展期（1978～1992年），其四爲建立長期穩定關係期（1993～2000年）。「進入二十一世紀後，中拉關係進入第五階段，即『跨越式』階段。在經歷五十多年『累積式』發展之後，大約從2001年開始，中拉關係邁上一個新臺階，由『累積式』發展向『跨越式』發展邁進，『累積－跨越式』特點開始完全顯現，終於抱個『金娃娃』（周恩來語）。」[44]其中最大的「金娃娃」就是巴西。（中國與拉美關係階段示意請見圖6-5）

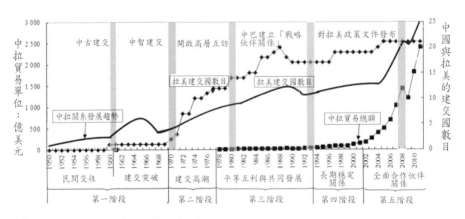

圖6-5　中國與拉美關係階段示意圖

資料來源：鄭秉文、孫洪波、岳雲霞，「中國與拉美關係60年：總結與思考」，《拉丁美洲研究》（北京），第31卷增刊2，2009年10月，頁14。2009～2011年由原作者增繪。中拉貿易額資料來源：聯合國貿發會議（UNCTAD），在線統計手冊（Handbook of Statistics on-line）

　　基於以下四點理由本節選擇中巴關係爲案例研究，其一「從長期來

看，由中國發啓和支持同時包括其他新崛起國家，如印度和巴西的新體系走
上歷史的舞臺，」[45]其二因雙方關係為典型的南南合作，其三是兩國為戰略
伙伴關係，其四是兩國均屬金磚國家。

一、南南合作之演進

冷戰結束後巴西「大國外交」戰略內容有二，其一為強調發展與南美國
家的「睦鄰友好關係」，其二為發展與世界其他發展中大國的「新興大國關
係」。因此，巴西對美國的經濟依存度自上世紀末已開始下降，「巴西外貿
格局發生了重大的變化，其主要貿易伙伴基本形成了美國、歐盟、拉美和亞
洲『四足鼎立』的格局。」[46]前總統卡多索（Fernando H. Cardoso）不但促
成南錐共同市場（Mercosur）的建立、開始尋求聯合國安理會席次，更在自
由貿易旗幟下與發展中國家結盟。

繼任的盧拉總統（Luiz Inácio Lula da Silva）自2003年上臺後積極推行
「南南合作」策略，至2009年已在全球三十五個國家新設大使館，遍及非
洲和加勒比海地區。[47]2008年5月下旬南美十二國元首在巴西首都簽署《南
美國家聯盟憲章》後該組織正式成立，2009年3月十二個會員國更在智利
成立了南美洲第一個地區軍事聯盟-南美防務委員會（The South American
Defense Council）。這兩個組織的成立等於是認可巴西在南美洲的龍頭地
位。[48]

45　Martin Jacques, *When China Rules the World: The Rise of the Middle Kingdom and the End of the Western World*, p. 362.
46　吳志華，「巴西的大國外交戰略」，《拉丁美洲研究》，2005年4期，8月，頁11。
47　Mac Margolis, "The Crafty Superpower," *Newsweek*, April 18, 2009, pp. 20-22.
48　向駿，「盧拉重組拉美地緣政治版圖」，《聯合早報》，2010年10月12日，版17。

　　以2004年爲例，北京的「採購外交」使中國成爲巴西鐵礦砂、鋁礬土、鋅、錳與大豆、木材的最大買主。僅前九個月兩國的貿易額，就比前一年同期激增58.4%，幾近九十三億美元。同年11月胡錦濤的亞洲太平洋經濟合作會議（Asia-Pacific Economic Cooperation, APEC）之行更促成中國寶山鋼鐵廠與巴西最大的鐵礦砂公司簽署共同投資十五億美元的合約，預期每年增產毛鐵八百萬噸供應中國所需。此外中國更與巴西航太工業公司合作建造從太原發射進入軌道的地球資源探測衛星。

　　儘管中國視跨國投資爲「南南合作」重要的一環，但中國投資並不完全符合巴西或拉美其他國家的利益。[49]「中國對拉美的總體直接投資從2004年的十七億六千萬美元，猛增至2006年的八十四億七千萬美元，這相當於中國對外直接投資總額的近一半。然而，90%以上的投資流向開曼群島及英屬維京群島，許多經濟學家質疑這是不是眞正的直接投資。」[50]

二、戰略伙伴之形成

　　中國與巴西於1993 年與建立「戰略伙伴關係」。「魯拉自2003年就任以後，更視中國爲開發中國家伙伴，並期望中國能協助巴西成爲聯合國安理會成員國。安理會改組雖因諸多因素尙無具體結果，但雙方從多哈回合談判（2008年破局）、到多次的金磚四國峰會，乃至2009年哥本哈根的氣候高峰會均站在同一戰線和已開發國家對抗。中國於2009年取代美國成爲巴西

49 Rodrigo Maciel, "The Economic Relationship between China and Brazil," in Cynthia Arnson, Mark Mohr, & Riordan Roett, eds., *Enter the Dragon? China's Presence in Latin America*, Washington, DC: Woodrow Wilson International Center for Scholars, 2008, p. 29.
50 鳳凰網，「中國在美國後院徘徊 留下1000億美元承諾」，《新浪網》，2008年2月12日。

最大的貿易伙伴，2010年上半年中國對巴西投資高達二百億美元，超過中國歷年全部投資的十倍，名列全球投資巴西之冠。[51]

　　21世紀頭十年，中巴貿易往來快速發展。2009年巴西出口雖因國際金融危機衝擊下滑20%，但對中國出口卻繼續保持增長趨勢。據中國海關統計，2010年中巴貿易額達六百二十五億五千萬美元。同時中國企業也愈來愈重視在巴西的投資，未來十年中巴兩國將進入一個互相投資熱潮。[52]儘管巴西日益增長的消費市場及充沛的天然資源大幅提升其在國際商業中的地位，「然而，該國動力十足的形象卻掩蓋了一個令人不快的事實：即如果不是因為中國的崛起，巴西過去十年左右的經濟轉型是不可能實現的。」[53]因此在巴西引發公開辯論：中國政府領導下的資本主義是否成為「新殖民主義」威脅？[54]

　　隨著貿易量的增長中、巴兩國的磨擦也日益顯著，至2010年底巴西提出的一百四十四項反傾銷調查中有五十項是針對中國的。[55]為了避免巴西進一步的反彈，中國同意向巴西航空工業公司（Embraer）購買更多支線客機，中國的臺資公司富士康（Foxconn）則投資一百二十億美元在巴西設立iPod生產製造中心。中國中興通訊（ZTE Corporation）也投資約二億五千萬美元在聖保羅州荷托蘭迪亞市（Hortolandia）設廠，並與當地廠商合作，自2011年8月起在巴西生產平板電腦，11月起生產3G手機。至2014年該公司將聘請二千五百名員工。[56]

51　向駿，「魯拉：巴西躍上世界舞台的推手」，《中華戰略學刊》，2011年夏季刊，6月，頁239-263。
52　「拉美處歷史變革關鍵期拉美十年或正走來」，《人民日報》，2011年4月7日，版23。
53　Richard Lapper, "Material Demand Shaped Economy of Regional Giant," *The Financial Times*, May 23, 2011, p. 4.
54　Iacob Koch-Weser, "Back to the Future for Brazil in Chinese Investment Boom," *The Financial Times*, Nov. 12, 2011, p. 1.
55　「巴西與中國能否雙贏」，《FT中文網》，2011年6月28日。
56　唐雅陵，「看好巴西陸業者投資資通產品」，《中央社》，2011年6月28日。

　　儘管如此，2011年8月3日巴西仍頒布主要針對中國的「壯大巴西計畫」（Bigger Brazil Plan）。該計畫除加強邊境控制、對侵犯智慧財產權採取更嚴厲的措施外，更推出總額二百五十億巴西雷亞爾（約爲一百六十億美元）的減稅措施協助紡織、鞋類、傢具與軟體行業。[57]此一計畫上勢將迫使中國對巴西經貿政策作出更大的調整。[58]

三、金磚國家之互動

　　2007年，「巴西、俄羅斯、印度和中國這幾個『金磚國家』（BRICs）達成的交易總額只有六億美元左右。2011年，這一數字突破了一百一十億美元。這意味著，尋求獲得新興市場的投資者不僅應該把錢交給投資中國和巴西的西方資產管理機構，也應該交給投資發展中國家的本土基金去管理。」[59]2011年，奧尼爾（Jim O'Neill）在其新書《增長藍圖——金磚國家及其他新興經濟體的經濟機遇》（*The Growth Map: Economic Opportunity in the BRICs and Beyond*）中再度預言，金磚的光芒將繼續閃耀。[60]

　　巴西利亞大學國際關係學院教授塞爾沃（Amado Luiz Cervo）認爲：「現有的傳統國際秩序具有不平衡和排他性。金磚國家的出現，推動了國際秩序向相對平衡和廣泛接納的方向發展。同時，當今世界正面臨安全領域的新挑戰。美國和北約不惜用武力施壓來干涉他國內政。金磚國家不贊成這種

57　Samantha Pearson, "Brazil Acts to Fend off Asian Imports," *The Financial Times*, August 4, 2011.

58　Ricardo Geromel, "'Bigger Brazil Plan': $16 Billion in Taxes Breaks to Fight Surging Real and Cheap Imports from China," *Forbes*, August 3, 2011.

59　「發展中國家資本向新興市場遷徙」，《華爾街日報中文版》，2012年5月9日。

60　Stefan Wagstyl, "Ten Years on, Where Are the Brics?" *The Financial Times*, Dec. 2, 2011, p.10.

傳統安全觀，認為解決國際衝突不應通過戰爭和使用武力威脅。在經濟領域，國際社會早就提出改革多邊金融機構的主張。」[61]

2011年4月，巴西總統羅塞芙（Dilma Rousseff）在出席金磚國家領導人第三次會議及對中國進行國事訪問前夕接受新華社專訪時指出，在國際格局變化和經濟秩序調整的今天，新興經濟大國在國際事務中發揮著非常重要的作用。金磚國家已成為推動世界多極化的主要力量。關於巴西與中國的雙邊關係，羅塞芙表示，「兩國關係基於互惠互利的準則，這種理念讓雙方在戰略領域受益匪淺，從而使得中國成為巴西的『全方位』戰略伙伴。」[62]

綜觀上述，未來的中巴雙方「即使充分理解『合作共容』的『絕對利益』，但是因為『相對利益』的內部效應，及以制度協商方式解決爭議的有效性問題，經濟關係仍將持續因為『絕對利益』與『相對利益』交互影響，呈現合作與對抗並存的現象。」[63]

61 丁小希，「金磚國家仍然潛力巨大」，《人民日報》，2012年3月28日，版14。
62 吳志華，「巴西總統：金磚國家成為推動世界多極化的主要力量」，《人民日報》，2011年4月10日，版14。
63 柯玉枝，「當前巴西與中國大陸經貿關係分析：建立合作架構或持續利益競合」，《拉丁美洲經貿季刊》，5期，2011年6月，頁1-13。

肆、中國與拉美經貿關係之挑戰

中國與拉美之經貿關係至少仍面臨以下四重挑戰。

一、如何避免拉美成為美國再度挑起「中國威脅論」的藉口？

美國哥倫比亞大學教授黎安友（Andrew J. Nathan）與蘭德公司研究員史考柏（Andrew Scobell）共同發表於《外交事務》題為「中國如何看美國」（How China Sees America）的專文中指出，中國認為威脅來自四個「環狀區域」（concentric rings），其中之一為「爭取資源和外交支持的遙遠國家。」[64]拉丁美洲即屬此類。

不同於冷戰時期自給自足的蘇聯，中國的經濟屬外向型，對海外市場和原物料的依賴成為「北京插手國際事務、建設藍水海軍的強大誘因」。[65] 1999年底美國歸還巴拿馬運河之前夕，由於香港企業家李嘉誠的和記黃埔集團通過國際競標獲得對巴拿馬運河太平洋一端的巴爾博亞（Balboa）和大西洋一端的哥隆（Colon）兩個港口長達二十五年的管理權，因此被美國視為挑戰其「門羅主義」而深表關切。近來中國支持阿根廷對福克蘭群島的主權則被視為美國門羅主義的結束。[66]

---

64 其他三個分別是，第一，為中國控制的領土範圍，長久被外國勢力威脅，包括對中國和平演變；第二，中國周邊十四個國家與地區，在過去70年戰禍連連，周邊國家沒有一個視其國家利益與北京一致；第三，引起領土爭議的東北亞、太平洋、東南亞、南海、南亞與中亞等六個區域。詳見Andrew J. Nathan & Andrew Scobell, "How China Sees America," *Foreign Affairs*, Vol. 91, No. 5, Sept./Oct., 2012, pp. 33-34.

65 Stephen M. Walt, "Dealing with a Chinese Monroe Doctrine," *The New York Times*, May 2, 2012.

66 W. Alex Sanchez & Lauren Paverman, "China and the End of the Monroe Doctrine," *Foreign Policy in Focus*, Dec. 1, 2011.

　　儘管近年來中國與拉美經貿關係的強化並不足以構成對美國的威脅，但如何淡化國際間對「中國崛起」進而入侵「美國後院」的指控仍需嚴謹面對。例如，美國在高唱「重返亞洲」之後，已於2011年11月提出了《跨太平洋戰略經濟伙伴關係協議》（Trans-Pacific Strategic Economic Partnership Agreement, TPPA）綱要，華府重申該組織將匯集整個太平洋地區的各經濟體，包括已開發國家和發展中國家。該組織不僅包括拉美的墨西哥、智利、祕魯，更與東南亞國協（Association of Southeast Asian Nations, ASEAN）高度重疊，對中國叫板意味濃厚，可視為美國拉攏拉美及亞太經貿實體對抗中國的序曲。[67]

二、如何兼顧國內經濟發展與貢獻「拉美十年」？

　　二十世紀八〇年代，全球政學界風迷於哈佛大學傅高義教授（Ezra Vogel）所著《日本第一》（*Japan as Number One: Lessons for America*）期間，拉丁美洲因外債、違約獨自飲泣於「失落十年」（The lost decade）的陰影下。1990年代，美國獨享「單極世界」期間，拉丁美洲則面對軍事獨裁者如皮諾契（Augusto Pinochet）的「威權遺緒」及「民選獨裁」者如藤森謙也（Alberto Fujimori）。本世紀的頭十年，在日本邁向第二個「失落十年」、美國瀕臨「失落十年」邊緣之際，拉丁美洲不僅悄然掙脫了「華盛頓共識」的桎梏，更挾其充沛的天然資源搭上了中國經濟快速成長的列車。繼2010年《經濟學人》（*The Economist*）提出「拉美十年」（Latin American Decade）一詞後，愈來愈多人看好拉丁美洲。[68]但「拉美十年」的出現

67　向駿，「拉美太平洋聯盟具地緣經濟價值」，《聯合早報》，2012年6月14日，版21。
68　向駿，「風水輪流轉 拉美大翻身」，《聯合早報》，2012年1月31日，版23。

相當程度取決於中國的經濟發展。中國在追求國內政治穩定的同時，兼顧其經濟發展步調並對「拉美十年」作出貢獻恐非易事。

三、如何淡化「去工業化」疑慮？

　　墨西哥國立自治大學經濟學教授杜塞爾（Enrique Dussel）認為中國與拉美地區之間的貿易結構處於不穩定的狀態：一方面是拉美國家向中國的出口產品中以原材料為主；另一方面是拉美地區從中國進口的科技產品及其他產品卻增長迅速，主要集中在工業製成品和電子產品。導致中國與拉美地區的商貿關係極不平衡。[69]

　　中國對拉美直接投資集中於原物料領域屬「尋求資源型」，以2010年為例，中國對委內瑞拉、祕魯及巴西等三國直接投資即占拉美投資之59.03%，其主要投資項目為石油、鐵、銅及大豆等原物料。若以巴西為例，過去十年來巴西總出口中大宗商品的比重增加了一倍多達到46%，而製成品的比重則大幅下降。[70]難怪西南科技大學拉丁美洲研究所所長吳國平會提出警告，「中國得到了它想要的東西，但拉美並不認為得到了自己想要的東西，中國與拉美的貿易和投資並不是『互補』的，這可能會帶來風險，中國需要尋找新的拉美戰略。」[71]因此，中國未來應分散對拉美的投資以淡化「去工業化」疑慮。

69　「墨西哥專家：中國與拉美地區之間的貿易結構不穩定」，《人民網》，2012年3月16日。
70　「巴西與中國能否雙贏」，《FT中文網》，2011年6月28日。
71　Colum Murphy,「中國企業加緊步伐進入拉美市場」（China Steps Up Push Into Latin America），《華爾街日報中文版》，2012年9月14日。

四、如何有效輻射「軟實力」？

　　「中國實行改革開放之後，綜合國力增強，世界掀起了學習漢語的熱潮。到2011年7月，海外已有孔子學院三百四十九家、孔子學堂四百家，註冊學生五十萬。」[72]2006年2月15日拉丁美洲第一家孔子學院在墨西哥城成立，截至2011年止，孔子學院已在拉美擴展到二十多所，成爲發展最迅速的地區（見表6-1）。

　　然而，2010年7月中國「國家漢語國際推廣領導小組辦公室」（簡稱國家漢辦）主任許琳在第二屆亞洲地區孔子學院聯席會議期間透露，阿根廷布宜諾斯艾利斯大學（Universidad de Buenos Aires）於2009年設立孔子學院之初，因有二千多人報名，故要求漢辦緊急支援教師。然因懂西班牙語的教師不足，漢辦倉促派了七十至八十名年輕學者到西班牙、智利、阿根廷、祕魯、哥倫比亞等國學習一年西班牙語後就到當地孔子學院任教，如此倉促成軍其教學效果實難樂觀。[73]再者，由於孔子學院快速擴張已引發美國警覺，故其未來在拉美推動軟實力的具體成果尚待檢驗！[74]

72　張家唐，「孔子學院在拉美─兩岸攜手傳播中華文化」，發表於「兩岸合作開發拉丁美洲」研討會（臺北：致理技術學院，2012年3月14日），頁120。

73　向駿，「兩岸可在拉丁美洲創造雙贏〉，《旺報》，2011年6月9日。

74　2012年3月美國國會外交事務委員會就「中國公共外交代價」舉行聽證會，部分眾議員指責中國通過私營媒體和公共教育「進行宣傳」。同年5月中，美國國務院通告，指各大學附設的孔子學院中文教師因違反美國簽證規定只能在美國待到6月學期結束。稍後雖在美國高等教育機構壓力下收回成命，但「察哈爾學會」主席韓方明認為，「孔子學院在發展的目標、方式、速度等方面的表現，已經暴露了其管理上的種種弊端，引起了外界對它有非『國家行為』或『戰略行為』乃『部門行為』的質疑。目前最重要的是，國家應加強國際漢語文化傳播的戰略管理，少搞形式，多做實事。……要想化解此類困境，讓世界了解到中國的善意，必須提升公共外交理念，讓孔子學院『接地氣』，適應當地的文化、法律，讓當地政府和人民都能夠從心底樂見孔子學院和各類文化教育機構的交流發展。」詳見韓方明，「提升公共外交能力消除中外隔閡」，《聯合早報》，2012年5月29日，版14。

表6-1　拉丁美洲孔子學院一覽表

中方大學	外方大學	創建時間
北京語言大學	墨西哥國立自治大學	2006年2月15日
北京對外經貿大學	墨西哥新萊昂州自治大學	2006年12月15日
北京潞河中學	墨西哥華夏中國文化學院	2006年11月22日
中山大學	墨西哥尤卡坦自治大學	2007年9月
天津南開大學	哥倫比亞安第斯大學	2007年11月2
安徽大學	智利聖托馬斯大學	2008年4月
河北傳媒學院	巴西利亞大學	2008年9月26日
湖北大學	巴西聖保羅大學	2008年11月26日
上海外國語大學	祕魯天主教大學	2008年11月27日
南京大學	智利天主教大學	2009年5月5日
吉林大學	阿根廷布宜諾賽勒斯大學	2009年5月27日
中國人民大學	哥斯大黎加大學	2009年8月
北京第二外國語學院	墨西哥奇瓦瓦自治大學	2009年8月
太原理工大學	牙買加西印度大學	2009年2月13日
北京首都師範大學	祕魯皮烏拉大學	2009年9月25日
西安外國語大學	阿根廷拉普拉塔國立大學	2009年11月17日
中國社會科學院拉丁美洲研究所	古巴哈瓦那大學	2009年11月30日
廣東外國語學院	祕魯聖母瑪利亞天主教大學	2009年12月12日
大連外語學院	哥倫比亞麥德林	2010年4月30日
河北師範大學	祕魯裡卡多帕爾馬大學	2010年11月12日
河北大學	巴西里約熱內盧天主教大學	2011年9月1日

資料來源：張家唐，〈孔子學院在拉美—兩岸攜手傳播中華文化〉，發表於「兩岸合作開發拉丁美洲」研討會（臺北：致理技術學院，2012年3月14日），頁123。

伍、結論

二十一世紀初拉丁美洲的國際關係面對雙重外部變遷，一是美國和拉美日益疏離，二是中國成為此一地區的政經伙伴。儘管「華盛頓共識」在拉美受到嚴厲批判，但「北京共識」在短期內未必能取而代之。至於大部分歐美國家奉行的「自由資本主義」雖在拉美面臨嚴肅挑戰，但中國的「國家資本主義」則未必適用於所有拉美國家。

中國在拉美的經濟利益主要有二，其一拉美豐富之自然資源利於中國經濟發展所需；其二拉美可提供中國商品巨大的出口市場。近年來中國與拉美經濟關係最密切者為巴西，雙方無論在南南合作之深化、戰略伙伴關係之強化及金磚國家之互動均有顯著成果。然而儘管雙方均充分理解「合作共容」可能產生的「絕對利益」，但在因應國內政經發展的壓力下恐無法忽視「相對利益」的算計，故雙方將因「絕對利益」與「相對利益」交互影響呈現合作與對抗並存的現象。

檢視二十一世紀以來中國與拉美經貿關係的發展，北京至少仍面臨以下四個挑戰，其一是如何避免拉美成為美國再度挑起「中國威脅論」的藉口；其二是如何在國內經濟發展速度放緩的同時仍能對「拉美十年」做出貢獻；其三是如何有效分散投資淡化部分拉美國家「去工業化」的疑慮；其四是如何透過在拉美的孔子學院有效幅射「軟實力」。中國在面對拉美逐步邁向「脫美」之際，如何誘導拉美「親中」有待新一代接班人更細膩的設計與操作。

第七章　拉丁族裔：棕色力量崛起

* 本章部分摘自作者之「從美國大選看『棕色力量』崛起」，《歷史月刊》，249期，
2008年10月，42-53頁。

在未來幾十年內，美國經濟將更依賴以拉丁族裔爲主的勞動力，他們將爲數百萬以白人爲主的退休人士提供服務。[1]

1 Ray Suarez, "Latin Lessons," *Foreign Affairs*, Vol. 91, No.5, Sept./Oct., 2012, p.141.

壹、前言

　　1968年墨西哥裔美國人因抵制加州教育種族主義而罷課，媒體將其稱之爲「棕色力量誕生」（The Birth of Brown Power）。[2]2012年歐巴馬（Barack Obama）總統因獲得大部分拉丁裔選票而贏得連任，媒體認爲美國人應「儘可能輕鬆而優雅地邁入這個新的淡褐色年代（Ecru Era）。」[3]儘管「美國是個移民國家。但是，近年來，美國政治出現了強烈的反移民傾向，這議題在2012年共和黨總統提名宣戰中扮演了重要角色。不過，歐巴馬的連任顯示了拉丁裔選民的強大力量，他們以3比1的絕對多數，投票反對共和黨候選人羅姆尼（Mitt Romney）。」[4]

　　根據2012年底公布的人口普查結果，到2043年，白人將不再是美國的多數族裔，比先前的預測晚了一年。[5]「黃蜂（WASP）是美國社會學家描述長期在美國居支配地位的盎格魯薩克遜白人新教徒（White Anglo-Saxon Protestant）之縮寫，他們是最早一批由西北歐移入美國的新教徒，在美國歷史發展過程中，他們當中的一部分是精英中的精英，教育水準高，家境富裕，掌控美國政治權力和經濟資源，也享有崇高的社會地位。但是，美國逐漸走向非黃蜂社會。少數族裔的拉丁裔和新移民的快速成長，將促成美國在未來的三十年中，轉型爲多數—少數（majority- minority）社會，也就是少

2　Ralph Guzman, "The Gentle Revolutionaries: Brown Power," *Los Angeles Times West Magazine*, January 26, 1969. Dial Torgerson, " 'Brown Power' Unity Seen behind School Disorder: Start of a Revolution?" *Los Angeles Times*, March 17, 1968. Carlos Muñoz, *Youth, Identity, Power: the Chicano Movement*, Verso, 1989, p. 64.

3　Charles M. Blow, "The Meaning of Minority," *The New York Times*, Dec. 15, 2012. 查爾斯・布洛，「白人將變成少數族裔對美國意味著什麼」，《紐約時報》，2012年12月15日。

4　Joseph S. Nye, "Immigration and American Power," Project Syndicate, Dec. 10, 2012. 約瑟夫・奈，「移民與美國實力」，《聯合早報》，2012年12月20日，版17。

5　Charles M. Blow, "The Meaning of Minority," *The New York Times*, Dec. 15, 2012. 查爾斯・布洛，「白人將變成少數族裔對美國意味著什麼」，《紐約時報》，2012年12月15日。

數族群將會超過非拉丁裔的白人，成為人口中的多數。」[6]根據加州財政局的報告，拉丁美洲裔人口將在2014年成為加州最大族裔，也將成為嬰兒潮世代退休之後，加州主要的勞動力來源。[7]

　　但根據專家對美、墨官方資料的分析，從墨西哥向美國移民的淨流入已經停止。由於離開美國的移民數量在增加中，因此可能出現負成長。以2005年到2010年為例，移入美國與返回墨西哥的人數均為140萬人。（詳如下圖7-1）

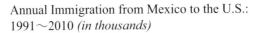

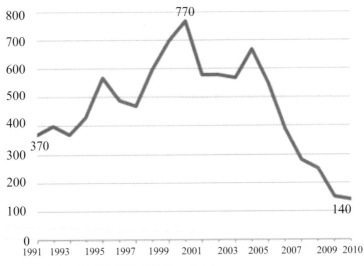

圖7-1　墨西哥移入美國統計圖（單位：千人）

資料來源：Jeffrey Passel, D'Vera Cohn, and Ana Gonzalez-Barrera, "Net Migration from Mexico Falls to Zero-and Perhaps Less", Pew Hispanic Center, April 23, 2012, p.8

6　嚴震生，「黃蜂不再支配美總統大選」，《旺報》，2012年10月1日。
7　「拉美裔 將成加州最大族群」，中央社，2013年1月31日。

貳、文獻回顧

　　美國聯邦人口普查局（U.S. Census Bureau）根據2010年普查的結果預測，到2060年約三分之一的美國人是西語裔，遠多於目前的六分之一。該局代局長梅森堡（Thomas Mesenbourg）表示「美國將成爲一個眞正的多元國家，『非西語裔白人』（non-Hispanic white）仍將是最大的族群，但沒有任何一個族裔會是多數。」

　　所謂「西語裔」（hispanic）係指「居住在美國，但在西班牙出生，或在講西班牙語的或其文化淵源於西班牙的拉美國家出生的人。」[8]早期生活在新墨西哥州北部的墨西哥人稱自己爲「西裔美國人」（Hispanic American），生活在德州的稱爲「德哈諾」（Tejano），在洛杉磯地區的則稱自己爲墨西哥人。[9]但從1960年代中期開始，Chicano一詞則被多數墨西哥移民認同、使用，稱自己爲「奇卡諾」。

　　正式的官方用詞是1980年美國人口普查問卷中使用「西語裔」（Hispanic）來定義那些來自說西班牙語國家的人，並將所有來自不同國家、種族、階級背景與文化的人歸類爲同一族裔（ethnic）。1990年代後，稱母語爲西班牙語者爲西語裔（Hispanic）或拉丁裔（Latino），Latino一詞愈來愈被接受。[10]

　　人口普查問卷在種族區分上有「非西語裔白種人」（non-Hispanic white）之欄位，似乎暗示了有「西語裔白種人」（Hispanic white）種族的存在。這種分類雖對歐洲裔白種人造成某種程度的混淆，但西班牙人卻可藉

8　涂光楠，「Hispanic譯談」，《世界民族》，1999年3期。轉引自錢皓，《美國西裔移民研究：古巴、墨西哥移民歷程及雙重認同》，北京：中國社會科學出版社，2002年，頁15。

9　錢皓，《美國西裔移民研究：古巴、墨西哥移民歷程及雙重認同》，北京：中國社會科學出版社，2002年，頁173。

10　徐勃毓，《美國墨西哥裔移民發展之研究》，淡江大學拉丁美洲研究所碩士論文，2004年，頁130。

此和那些來自拉丁美洲說西班牙語,甚至說葡萄牙語的移民有所區隔。[11]

　　有鑒於此,「全國拉丁裔調查」(Latino National Survey, LNS)有關種族的問卷題目設計如下:「你是白人、黑人、美洲印地安人、亞洲人、夏威夷原住民/太平洋島嶼人、或其他種族?」結果拉丁裔受訪者中有68%答其他種族,僅22%答白人,可見大部分的拉丁裔移民自認有別於僅是膚色上的白種人。

一、杭亭頓觀點

　　「1990年,冷戰結束之際,為了振興經濟,增強統馭全球的能力,打造出一個美國治下的『世界新秩序』,美國頒布了新《移民法》,對於移民的類別做出了更為詳實的畫分,如增加了技術移民的比重,新添了投資移民與多樣化移民這兩項類別,一方面吸引外國資本的流入,另一方面保持美國移民成分的多樣性,展現美國海納百川的胸懷與氣度。」[12](1945～1960年墨西哥移民統計見表7-1)。資中筠認為:「全世界的優秀人才都自然地流向美國,只要這個趨勢不變,美國不可能衰落。」[13]

表7-1　1945～1960年墨西哥短工與移民人數統計(單位:千人)

年分	短工(Braceros)	墨西哥移民	非法移民
1946	32	6	100
1947	20	7	194

11　Luis R. Fraga, John A. Garcia, Rodney E. Hero, Michael Jones-Correa, Valerie Martinez-Ebers, Gary M. Segura, *Latinos in the New Millennium: An Almanac of Opinion, Behavior, and Policy Preferences*. Cambridge: Cambridge University Press, 2011, p. 136.
12　陳積敏,「從移民看美國霸權之興衰」,《聯合早報》,2013年2月4日,版14。
13　資中筠,「美國向何處去?」《中國發展簡報》,2012年11月6日。

年分	短工（Braceros）	墨西哥移民	非法移民
1948	35	8	193
1949	107	8	288
1950	68	6	468
1951	192	6	509
1952	234	9	529
1953	179	9	886
1954	214	18	1089
1955	338	50	254
1956	417	65	88
1957	450	49	60
1958	419	26	53
1959	448	23	45
1960	427	41	71

資料來源：Alejandro Portes and Robert L. Bach, *Latin Journey: Cuban and Mexican Immigrants in the United States*, Los Angeles, CA: University of California Press, 1985, p.63.; Stanley Ross, ed. *Views Across the Border: The United States and Mexico.* Albuquerque: University of New Mexico Press, 1978, p.166.

　　但已故美國知名政治學者杭亭頓（Samuel P. Huntington）對外來移民，特別是拉美裔移民有不同的看法。他在《誰是美國人？族群融合的問題與國家認同的危機》（*Who Are We?-The Challenges to America's National Identity*）一書中認為美國正陷入一場族群衝突。[14]但書摘於《外交政策》（*Foreign Policy*）刊出後，立即遭《紐約時報》專欄作家布魯克斯（David

---

14 Samuel P. Huntington, *Who Are We?—The Challenges to America's National Identity*. Simon & Schuster, 2005. 高德源、劉純佑、石吉雄（譯），《誰是美國人？：族群融合的問題與國家認同的危機》，臺北市：左岸文化，2008年。

Brooks）撰文反駁。[15]

　　杭亭頓指出，當前美國傳統面對最迫切且最嚴重的挑戰來自拉丁美洲裔的移民，尤其是墨西哥人。理由是墨裔移民對融入美國社會缺乏興趣，他們不求成功，多半不願學英文因此教育水準落後其他族裔。更糟的是他們也不接受由盎格魯裔新教徒所創、代表美國國家認同及政治文化基石的那套基本價值（Anglo- Protestant values）。

　　杭亭頓用以支持其論點的證據包括拉丁裔或墨西哥裔移民的大規模、非法性及群聚性。就規模而言，1970年代合法移入美國的墨西哥人約六十四萬，1980年代一百六十五萬，1990年代二百五十萬，分別占當時合法移民總數的14%、23%和25%。以2000年為例，墨西哥移民占全美外國出生總人口的27.6%，次多的中國和菲律賓則僅占4.9%和4.3%。就非法性而言，1990年代墨西哥人占非法移民的58.76%，2000年美國的非法墨西哥移民估計有四百八十萬之多。至於群聚性，墨西哥裔以南加州為主，古巴裔以邁阿密為中心，多明尼加和波多黎各裔則集中於紐約。人口愈集中，移民愈沒有融合的動機。

　　杭亭頓最不能忍受的有兩點。其一是墨西哥裔移民宣稱他們對美國國土的所有權。由於直到1835～36年德州獨立戰爭及1846～48年的美墨戰爭之前，大部分的德州及新墨西哥州、亞歷桑納州、加州、內華達州、猶他州均屬於墨西哥，因此墨西哥裔移民成為所有移民中唯一宣稱他們對美國國土所有權的族群。

　　其二是美國人必須為解決拉丁裔族群問題而學習西班牙語。一般人學外國語言是為了了解外國文化或和外國人溝通，但美國人學西班牙語卻是為了和本國人溝通。他憤慨地指出，1917年美國羅斯福總統說「我們必須只有

15　Samuel P. Huntington, "The Hispanic Challenge," *Foreign Policy*, March/April, 2004. David Brooks, "The Americano Dream," *The New York Times*, Feb. 24, 2004.

一面國旗，只有一種語言，」但到2000年6月，柯林頓總統卻說「希望我是最後一位不會說西班牙語的總統。」2001年小布希總統在白宮舉辦墨西哥5月5日的慶祝會上宣布以後每週的總統廣播演說以英、西雙語播出。2003年9月民主黨總統候選人第一場辯論會也是以英、西雙語播出。他在文末情緒化地認為沒有西班牙語式的美國夢（Americano dream），只有盎格魯裔新教徒社會所創造的美國夢（American dream），墨裔美人只有用英語才能分享那個美國夢。

布魯克斯認為其實墨裔美國人的同化是個複雜的議題，因為墨裔美國人本來就是極多元的族群，其中受過相當教育的人同化速度快，來自鄉村的農民則需較長的時間，但無論如何他們都正在同化的過程中。他引用分別任教紐約州立大學、康乃爾大學的艾爾巴（Richard Alba）和倪志偉（Victor Nee）合著的《重塑美國主流》（*Remaking the American Mainstream*）一書的研究，指出美墨邊境部分移民社區的居民的確不願學英文，但整體來說墨裔美國人都知道，必須學英文才能出人頭地，且約有60%第三代墨裔在家中只說英文。至於說墨裔移民被壓在經濟階層底端也不正確，因為2000年人口普查資料顯示，移民美國三十年的墨裔中68%擁有自己的房子。

布魯克斯批評杭亭頓在使用「盎格魯裔新教徒」描述美國文化時忽略了某些東西。他指出美國人無疑深受十八世紀美國神學家愛德華（Jonathan Edwards）及開國元勳富蘭克林（Benjamin Franklin）影響，但維繫美國民眾的最終思維絕非「盎格魯裔」或「新教徒」這些簡單的字眼所能表達的。真正維繫全體美國的是只要努力人人都可飛黃騰達的共同信念，而任何訪客都能感受到這種思維瀰漫在拉丁裔社區。最後布魯克斯指出，墨裔美人之所以落後同儕一部分是因為美國未能協助他們，美國的融合機制不靈。如果美國關閉邊界，不讓新移民進入，將錯失新的熱情、新的經驗及大批為未來而努力奮鬥的人，那才是對美國信念的真正威脅。

二、拉丁裔現況

　　儘管杭亭頓有一肚子的不滿，但在大選年（2004）他的論述難免成為
「政治不正確」。美國的拉丁裔人口從1990年的二千二百三十萬到2002年
的三千八百八十萬，其中三分之二來自墨西哥，15%來自中美洲國家，10%
來自波多黎各，4%來自古巴。此期間重要的法案包括1986年頒布的《移民
改革與控制法案》（The Immigration Reform and Controal Act, IRCA），規
定禁止雇佣非法移民。該法案使約二百七十萬名非法移民成為合法永久居
民，但有二十五萬人遭到拒絕，原因是他們在規定的寬限期內曾短暫離美，
未能連續在美居住。（拉丁裔移民最多十州及都會區見表7-2及7-3）。

表7-2　全美拉丁裔人口最多前十名之州

排名	州別	總人口數	拉丁裔	總人口數%	2000～2010人口變化	2000～2010人口變化%
1	加州	37,253,956	14,013,719	37.6%	3,047,163	27.8%
2	德州	25,145,561	9,460,921	37.6%	2,791,255	41.8%
3	佛羅里達州	18,801,310	4,223,806	22.5%	1,541,091	57.4%
4	紐約州	19,378,102	3,416,922	17.6%	549,339	19.2%
5	伊利諾州	12,830,632	2,027,578	15.8%	497,316	32.5%
6	亞利桑那州	6,392,017	1,895,149	29.6%	599,532	46.3%
7	紐澤西州	8,791,894	1,555,144	17.7%	437,953	39.2%
8	科羅拉多州	5,029,196	1,038,687	20.7%	303,086	41.2%
9	新墨西哥州	2,059,179	953,403	46.3%	188,017	24.6%
10	喬治亞州	9,687,653	853,689	8.8%	418,462	96.1%
	美國	308,745,538	50,477,594	16.3%	27,323,632	9.7%

資料來源：U.S. Census Bureau, Current Population Survey, The Hispanic Population in the United States: 2011 (https：//www.census.gov/population/hispanic/data/2011.html)

表7-3　全美拉丁裔人口最多前十名都會區

排名	都會區	州名	拉丁裔人口數 單位：百萬
1	Los Angeles-Long Beach	加州	5.7
2	New York--Northeastern	紐澤西州	4.2
3	Houston-Brazoria	德州	2.0
4	Riverside-San Bernardino	加州	2.0
5	Chicago	伊利諾州	1.9
6	Dallas-Fort Worth	德州	1.7
7	Miami-Hialeah	佛羅里達州	1.6
8	Phoenix	亞利桑那州	1.1
9	San Antonio	德州	1.1
10	San Francisco-Oakland-Vallejo	加州	1.1

資料來源：The Pew Hispanic Center, Sept. 20, 2012

　　1990年通過的《美國新移民法案》，增加合法移民配額數，增設移民類　　，將技術類移民的優先權明確划分為五類，基本涵蓋了美國所需人才的方方面面，眞正地爲外國優秀人才敞開了大門。1996年通過的《非法移民改革和移民責任法》，加大對非法移民的處罰，該法案被認爲是具有綜合性嚴厲條款的移民法，帶有濃厚的反移民色彩。2001年原本要通過的移民改革法案因九一一事件而延遲。

　　拉丁族裔在國會的代表是相對不足的。以前述《誰是美國人？》一書出版的2004年爲例，拉丁族裔在參議院中無代表，在四百三十五位衆議員中亦僅二十位屬此一族群。[16]如此不成比例的族群性民意代表結構只有在全國性的總統大選中會被重視。在國會遭擱置多時的兩項重要的移民法案——農

16　"U.S. Latinos biggest minority group with 39 million people," *The China Post*, Jan. 1, 2004, p. 11.

業工作法（Agriculture Jobs Act）和「2003年邊界安全和移民改革法案」之所以在2003年底獲得新的動力，主因是選舉考量。連國土安全部前部長芮吉（Tom Ridge）都表示：「我覺得國內正日益形成共識，顯示我們必須面對這些男女（非法移民）和家庭已經來到美國，而且有許多人對美國做出貢獻的現實，我們應該讓他們的地位合法化。」[17]

2005年美國眾議院通過《邊境保護、反恐與控制非法移民法案》，法案主張加強邊境執法，通過嚴懲雇用非法移民的雇主，阻止非法移民的湧入；在美墨邊境修築隔離帶，強制遣返非法移民等，進一步將反移民浪潮推向新高。2006年參議院通過《2006年綜合移民改革法案》，該法案首次將無證移民與非法移民分開。「非法」很難轉為「合法」，但「無證」卻可以在具備一定條件的情況下成為「有證」的。

從皮優西裔中心（Pew Hispanic Center）的調查可了解拉丁族裔在2008年大選投票行為的幾個指標。拉丁族裔關切的五個問題依序為教育、健康保險、經濟、治安和移民，此其一；拉丁裔選民在家只說西班牙語的僅占11%，在美國出生的則高達74%，此其二；僅管小布希在2004年贏得約40%的拉丁裔選票，但大部分的拉丁裔選民支持民主黨，此其三；拉丁裔選民對歐巴馬和麥凱恩（John McCain）的支持率為2比1，此其四。2008年6月拉丁裔名人珍妮佛・洛佩茲（Jennifer López）表態力挺歐巴馬後在網站上掀起不小風波，甚至遭網友警告，可見兩黨爭取拉丁族裔選票之激烈。[18]

根據皮優研究中心2013年2月初公布題為《第二代美國人：移民成年子女概觀》（*Second-Generation Americans: A Portrait of the Adult Children of Immigrants*）的報告，如按照社會經濟成就標準衡量，美國移民的第二代比出生於海外的人士更成功，在教育方面甚至超過了美國的整體水準。第二代

17　「國會將立法 協助客工合法居留 兩項重要改革法案翻身」，《世界日報》，2003年12月14日。

18　向駿，「從美國大選看『棕色力量』崛起」，《人民日報》，2008年9月5日。

移民的父母中有許多是二十世紀六○年代開始大量湧入美國的移民，西語裔和亞裔美國人約占此一群體的半數，他們比美國人整體更重視勤奮工作和職業成功，甚至更可能把自己看成一個「典型的美國人。」（typical Americans）**19**

　　2013年1月3日就任的第113屆國會總計有三十八位拉丁裔成員，包括三位參議員和三十五位眾議員。三位參議員都是古巴裔，分別是佛羅里達州的盧畢歐（Marco Rubio，共和黨）、德州的克魯斯（Ted Cruz，共和黨）和紐澤西州的梅內德斯（Robert Menendez，民主黨），三十五位眾議員中僅八位為共和黨（詳見表7-4）。

表7-4　美國113屆國會西語裔眾議員一覽表

姓名（按年資排序）	黨／州別 （R：共和黨 D：民主黨）	上任日期 （月／日／年）
1　Ileana Ros-Lehtinen	(R), FL	08～29～1989
2　Jose Serrano	(D), NY	03～20～1990
3　Ed Pastor	(D), AZ	09～24～1991
4　Xavier Becerra	(D), CA	01～03～1993
5　Luis Guiterrez	(D), IL	01～03～1993
6　Lucille Roybal-Allard	(D), CA	01～03～1993
7　Nydia Velazquez	(D), NY	01～03～1993
8　Ruben Hinojosa	(D), TX	01～03～1997
9　Loretta Sanchez	(D), CA	01～03～1997
10　Grace Napolitano	(D), CA	01～03～1999
11　Mario Diaz-Balart	(R), FL	01～03～2003

19 Second-Generation Americans: A Portrait of the Adult Children of Immigrants, Pew Research Center, Feb. 7, 2013. Susan Saulny, "Success of Immigrants' Children Measured," The New York Times, Feb. 9, 2013.

姓名（按年資排序）		黨／州別 （R：共和黨 D：民主黨）	上任日期 （月／日／年）
12	Trent Franks	(R), AZ	01～03～2003
13	Raul Grijalva	(D), AZ	01～03～2003
14	Devin Nunes	(R), CA	01～03～2003
15	Linda Sanchez	(D), CA	01～03～2003
16	Jim Costa	(D), CA	01～03～2005
17	Henry Cuellar	(D), TX	01～03～2005
18	Albio Sires	(D), NJ	11～13～2006
19	Ben Lujan	(D), NM	01～06～2009
20	Pedro Pierluisi(delegate)	(D), PR	01～06～2009
21	Gregorio Sablan(delegate)	(D), MP	01～06～2009
22	John Garamendi	(D), CA	11～05～2009
23	Bill Flores	(R), TX	01～05～2011
24	Jaime Herrera-Beutler	(R), WA	01～05～2011
25	Raul Labrador	(R), ID	01～05～2011
26	Tony Cardenas	(D), CA	01～03～2013
27	Joaquin Castro	(D), TX	01～03～2013
28	Pete Gallego	(D), TX	01～03～2013
29	Joe Garcia	(D), FL	01～03～2013
30	Michelle Lujan Grisham	(D), NM	01～03～2013
31	Gloria McCloud	(D), CA	01～03～2013
32	Raul Ruiz	(D), CA	01～03～2013
33	David Valadao	(R), CA	01～03～2013
34	Juan Vargas	(D), CA	01～03～2013
35	Filemon Vela	(D), TX	01～03～2013

資料來源：www.house.gov, www.senate.gov

參、政治影響

　　2012年美國總統選舉共和黨再次敗北，民主黨則囊括71%的拉丁裔選票，比2008年增加了4%，過度強硬的移民政策是共和黨流失拉丁裔選票的主因。（拉丁裔選民對兩黨支持率變化見圖7-2）。

1980～2012總統選舉拉丁裔選票

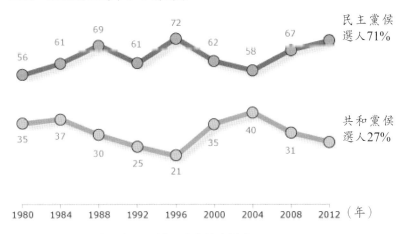

圖7-2　1980～2012年拉丁裔選民對兩黨支持率變化

資料來源：Mark Hugo Lopez and Paul Taylor, *Latino Voters in the 2012 Election,* Pew His-
　　　　panic Center, Nov. 7, 2012 (http：//www.pewhispanic.org/2012/11/07/latino-
　　　　voters-in-the-2012-election/)

　　拉丁族裔對美國政治、經濟、乃致文化的影響日益增強原因如下。「首先，就數量來看。拉丁裔人口占美國人口總數的17%，目前約有五千萬人之譜，其中超過二千萬人為合格選民，占美國選民總數的10%。其次，以人口結構來看。拉丁裔生育率高於其他族裔，人口結構相對年輕，平均年齡只有二十七歲，比起美國總人口平均年齡低了近十歲。就美國選民投票傾向來看，年輕選民對於民主黨支持度較高。再者，論及選票分布狀況。觀察近幾次美國總統大選可以得知，大選結果最後繫於幾個關鍵搖擺州意向，如內

華達州、科羅拉多州、佛羅里達州等，其拉丁裔選民人數皆超過15%。共和黨若不盡快改弦易轍，爭取拉丁裔選票，其傳統大票倉如德州，可能因為拉丁裔選民的增長，而在2020年轉變爲搖擺州。」[20]

儘管杭廷頓認爲沒有西班牙語式的美國夢（Americano dream），只有盎格魯裔新教徒社會所創造的美國夢（American dream），墨裔美人只有用英語才能分享那個美國夢，但2013年2月12日歐巴馬在國情咨文中卻強調，「希望通過立法，改革美國問題叢生的移民制度，在幾個月之內讓非法移民有機會成爲公民。」更值得一提的是共和黨推出年僅四十二歲的聯邦參議員盧畢歐（Marco Rubio，佛羅里達州）代表「反對黨回應」（Opposition response）。他能在這個1966年起開始的傳統活動中脫穎而出顯示其在共和黨內具代表性，爲了吸引西語裔選民，盧畢歐更以英、西雙語發言。看來美國夢不僅可以用西班牙語，甚至需要用西班牙語才能逐夢、圓夢。[21]（拉丁族裔十大來源國見圖7-3）

龔薩雷斯（Juan González）將1950～2000年間西語裔團體組織在美國政治上的發展區分爲已下五個時期：1. 1950～1964：整合時期（The Integration Period）；2. 1965～1974：激進的奇卡諾時期（The Radical Nationalist Period）；3. 1975～1984：選舉權時期（The Voting Right Period）；4. 1985～1994：彩虹聯盟時期（The Rainbow Period）；5. 1995～2000：第三勢力時期（The Third Force Period）。[22]

20 邱稔壤、高晨峰，「布希家族的拉丁新希望」，《中國時報》，2012年12月13日，版A23。
21 向駿，「古巴移民之子 成共和黨救星？」，《中國時報》，2013年2月16日，版A17。
22 Juan González, A History of Latinos in America: Harvest of Empire, *New York: Penguin Books*, 2000, pp. 169-170.

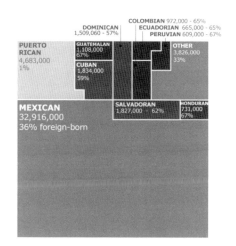

圖7-3　美國拉丁族裔十大來源示意圖

資料來源：Seth Motel and Eileen Patten, *The 10 Largest Hispanic Origin Groups: Characteristics, Rankings, Top Counties*, Pew Research Hispanic Center, Aug. 27, 2012.

　　在美國一向飽受歧視的墨西哥裔到1960年1月甘迺迪（John F. Kennedy）宣布參加總統大選後才開始受到重視。身爲首位天主教候選人，甘迺迪透過教會尋求墨裔團體支持，墨裔美人因此在美國西南部成立「甘迺迪萬歲社團」（Viva Kennedy Club）。[23]1968年3月3日，墨裔美人占多數的東洛杉磯威爾遜高中（Wilson High School）以「走出」（Walkout）教室抵制教育種族主義後，「奇卡諾運動」（Chicano Movement）開始快速擴展。《洛杉磯時報》（*Los Angeles Times*）認爲罷課行動是「棕色力量誕生」（The Birth of Brown Power）。[24]

　　爲了遏止非法移民，美國政府於1986年頒布《移民改革與控制法案》

23　Carlos Muñoz, *Youth, Identity, Power: the Chicano Movement*, Verso, 1989, p. 50.

24　Dial Torgerson, " 'Brown Power' Unity Seen behind School Disorder: Start of a Revolution?" *Los Angeles Times*, March 17, 1968. Carlos Muñoz, Youth, Identity, Power: the Chicano Movement, Verso, 1989, p. 64.

（IRCA），試圖透過法律對墨西哥非法農業勞工實行控制。該法案於1987年1月1日生效，開啓美墨移民關係新的時代。該法授與1986年5月1日前進入美國的35萬非法移民以臨時居留的身分，但必須證明他們在入境後從事農作物耕作和採收工作達九十天以上。[25]獲得臨時居留身分二年後，可以獲得永久居住權；五年後，可以申請歸化爲美國籍。該法頒布後，數百萬非法移民選擇待在美國申請居留簽證。[26]

　　拉丁裔移民關切的問題有哪些呢？根據2006年的調查拉丁裔移民關心的三大問題分別是非法移民（29.8%）、失業（12.1%）和教育（9.1%）。但因在民意機關的代表不足（under-represented）故問題始終無法有效解決。[27]美國前總統雷根（Ronald Reagan）曾謂「拉丁裔是共和黨員，他們只是還不知道！」但美國公共電視資深評論員史瓦雷斯（Ray Suarez）認爲雷根錯了，應該是「拉丁裔不是共和黨員，而且他們確實知道！」[28]

　　美國拉丁裔人口迅速增加，拉丁裔選民的比例也快速上升。上世紀九十年代初，選民中只有2%是拉美裔，2008年達到9%。根據統計，自1960至1992年的總統選舉中大部分墨裔選民都支持民主黨。1994年德州州長選舉，小布希獲得29%的拉丁裔選票，比例雖不高，但比起1988年總統大選老布希的23%算是增加了不少。[29]

　　2011年6月28日參議院司法委員會首次就「夢想法案」（DREAM Act）

25　E. Willard Miller and Ruby M. Miller, *op.cit.*, p.34. *United States Immigration: A Reference Handbook*, 1996.

26　徐勃毓，《美國墨西哥裔移民發展之研究》，淡江大學拉丁美洲研究所碩士論文，2003年，頁20。

27　Luis R. Fraga, John A. Garcia, Rodney E. Hero, Michael Jones-Correa, Valerie Martinez-Ebers, Gary M. Segura, *Latinos in the New Millennium: An Almanac of Opinion, Behavior, and Policy Preferences*. Cambridge: Cambridge University Press, 2011, p.136.

28　Ray Suarez, "Latin Lessons: Who Are Hispanic Americans, and How Will They Votes?" *Foreign Affairs*, Vol.91, No.5, Sept./Oct. 2012, p. 139.

29　Slate集團董事長雅各‧韋斯伯格，「拉美裔選民成爲美國選戰關鍵」，《金融時報》，2012年9月12日。

舉行聽證會，該法案主張十五歲以前來到美國、法案實施時年齡在三十五歲以下、在美國連續居住五年以上的非法移民，都可以透過上大學或參軍，在通過安全背景和犯罪紀錄審查之後申請六年有條件綠卡，再轉爲無條件綠卡並申請成爲公民。2013年2月5日眾院多數黨領袖康特（Eric Cantor）改變在移民問題上的立場，表態支持幼時來美的非法移民轉爲合法、最終可取得美國公民身分。康特是眾院共和黨保守派代表人物，他在「美國企業研究所」（AEI）演講表示：「國會眾院多數黨未來兩年的目標，仍是繼續創造條件，以使更多美國人及其家庭實現健康、幸福與繁榮，並限制政府的干預。」[30]其立場之鬆動有利於軟化共和黨在移民問題上的強硬形象。

外交政策影響選情

美國的外交政策中受拉丁族裔影響最大的有二，其一是與古巴的關係。由於佛羅里達州的代表人票高達二十七張，僅次於加州、德州和紐約州，因此美國對古巴的政策在總統選戰中成爲民粹外交的經典。儘管大部分的拉丁裔選民傾向支持民主黨，但佛州的古巴裔選民傳統上比較支持共和黨。自1962年古巴飛彈危機以來，美國歷任總統和卡斯楚的鬥爭從未停止過，而小布希可算是相當不友善的一位。早在2007年9月，古巴裔的商務部長古提雷斯（Carlos M. Gutiérrez）在傳統基金會爲「十字路口的古巴」（Cuba at the Crossroads）系列活動揭開序幕，他在演說中雖指小布希堅持經濟制裁是相當成功的，但也坦誠「反美主義是延續卡斯楚政權的主因。」

爲了終結美、古兩國近五十年的敵對狀態，卡斯楚的接班人勞爾（Raúl Castro）2007年7月26日在演說中提出與美國展開對話的構想，但立即遭拒

30　「康特改變立場 支持『夢想法案』」，《世界日報》，2013年2月6日。

絕。美國國務院表示：「他只需要與古巴人民展開對話。」布希政府的強硬態度，顯示美國的古巴政策仍未脫離冷戰思維。其實為了爭取佛羅里達州古巴裔的選票，美國總統少有對制裁古巴公開表示反對者。**31**然自小布希在2004年緊縮古裔美人返鄉探親規定及對古巴匯款額度後已引發古巴裔的反彈，特別是年輕一代的選民。**32**難怪歐巴馬表示「是該讓古裔美人（在古巴）的家屬減少對卡斯楚政權依賴的時候了。」由於對卡斯楚兄弟傳承後有不同的期待，古巴裔選票仍將成為決定該州鹿死誰手的關鍵。**33**

　　其二是對墨西哥的關係。為了防止更多非法移民的湧入，2005年5月10日美國參議院通過撥款案以利加州與墨西哥邊境構築圍牆，墨西哥外長以「極不恰當」批評該法案，未料12月17日眾議院以239對182票通過更嚴格的移民法案，其中包括在兩國邊界建立長達七百英哩的圍牆。該法案除規定「國土安全部」須在十八個月內在美國邊界建立「全面的作業管制」外，更主張對非法入境者處以「重罪」。**34**墨西哥前總統福克斯（Vicente Fox）表示這是二十一世紀的「柏林圍牆」，其外長則以「愚蠢、徒勞和浪費」嚴厲抨擊美國少數「目光短視、仇視和排外」的不負責任行為，眾議院議長更將其稱為「恥辱之牆」。**35**為了抗議該法案，2006年美國境內的遊行示威活動如火如荼展開，而墨西哥在同年5月1日發起的「全面抵制美貨」活動則將反美聲浪推向最高潮。難怪史丹佛大學教授巴斯特（Robert A. Pastor）會呼籲下任總統要「取代小布希的惡鄰政策。」**36**

　　至於歐巴馬選擇拜登（Joseph B. Biden）為其競選伙伴固然有利用其外

31　向駿，「美國大選中的民粹操作」，《聯合早報》，2008年1月15日。
32　Tim Padgett, "Big Trouble in Little Havana," *Time*, Aug. 14, 2008.
33　David Rieff, "Will Little Havana Go Blue?" *The New York Times*, July 13, 2008.
34　「美眾院通過比較嚴格移民法案」，中央社，2005年12月17日。
35　郭篤為，「強化管制移民法案通過 美墨邊界築起『柏林圍牆』」，《中國時報》，2005年12月22日。
36　Robert A. Pastor, "The Future of North America," *Foreign Affairs*, Vol. 87, No. 4 （July/Aug. 2008）, pp. 84-98.

交專長的考量，但拜登出身天主教工人家庭的背景則可爲他贏得更多以藍領階級爲主的拉丁裔選民。[37]而歐巴馬於2011年6月訪問波多黎各其目的當然是爲吸引拉丁裔選票，上一位訪問波多黎各的美國總統是1961年的甘迺迪（John F. Kennedy）。[38]

37　Stuart Silverstein and Johanna Neuman, "Joe Biden is Obama's running mate," *Los Angeles Times*, August 23, 2008. 向駿，「從美國大選看『棕色力量』崛起」，《人民日報》，2008年9月5日。

38　Mark Loyka, "Latinos Prove to be Influential in US Politics," COHA, June 23, 2011.

肆、經濟影響

　　美國政府通過緊縮（如加強邊境控制與移民執法）或放鬆（如「夢想法案」中非法移民合法化政策）移民管制措施來控制非法移民的數量與走勢，從而服務於美國國內的經濟、政治需要。一定意義上來說，在美國人看來，非法移民的數量也體現了美國國家競爭力與吸引力的增減消長。例如，美國學者在對金融危機之後非法移民數量減少原因的分析中，有一項就是美國經濟陷入衰退，從而削弱了美國對外來移民的「拉力」作用。從這個角度來說，美國政府可能並不願意看到非法移民完全消失。如是，美國人真的要擔心他們的優勢地位（實力與價值觀）將要不復存在了。[39]

　　拉丁裔移民對美國經濟的影響至少有三個層面。其一是社會結構問題。「傳統的權力結構和新生權力結構之間極有可能產生日益嚴重的摩擦，大部分摩擦都圍繞著可見的種族界限，但也涉及性別和性認同界限。這種摩擦中，很大一部分可歸結到簡單的經濟學上。」[40]根據2011年7月皮優研究中心的報告：「白人家庭財富的中位數是黑人家庭的二十倍，是西語裔家庭的十八倍。」

　　其二是人口結構問題。「目前，美國是世界人口第三大國；五十年後，美國大概仍將排名第三（僅次於中國和印度）。這與經濟實力息息相關：當幾乎所有其他發達國家都將面臨照顧老一代的日益沉重負擔時，移民將有助於減輕美國的政策問題。」[41]

　　長期而言，移民的效益成倍放大。隨著嬰兒潮那代人逐漸退休，後嬰兒潮一代的納稅負擔因為無證移民的存在而大大減輕了。社會安全總署（Social Security Administration）首席精算師斯蒂芬·戈斯（Stephen Goss）表

---

39 陳積敏，「從移民看美國霸權之興衰」，《聯合早報》，2013年2月4日，版14。
40 Charles M. Blow, "The Meaning of Minority," *The New York Times*, Dec. 15, 2012.
41 Joseph S. Nye, "Immigration and American Power," Project Syndicate, Dec. 10, 2012. 約瑟夫·奈，「移民與美國實力」，《聯合早報》，2012年12月20日，版17。

示，「通過繳納薪資稅，沒有合法身分的勞動者每年為社會安全福利貢獻大約一百五十億美元。而這一人群拿到的福利金只有十億美元（沒有合法身分的勞動者很少有資格領取福利）。多年來，沒有合法身分的勞動者已經向社會安全信託基金（Social Security Trust Fund）貢獻了高達三千億美元，接近該基金2.7萬億美元總額的10%。」[42]

其三是僑匯對母國經濟的影響。2012年大選歐巴馬總統獲得71%拉丁族裔的選票成為他連任後改革移民政策最有大的民意來源，因為一千一百萬非法移民中的大部分將因此受惠。墨西哥一萬一千二百萬人口中約半數在美國都有親戚，墨國移民自美國寄回之匯款從1995年的三十七億美元增至2007年的二百五十億美元。[43]（詳見圖7-4）。根據《全球經濟中的僑匯與發展》（Migrant Remittances and Development in the Global Economy）一書作者歐羅斯哥（Manuel Orozco）的估算，目前拉美非法移民如果取得合法身分，每年從美國寄回母國總計約七百三十億美元之僑匯將可增加18%，即在2014年可再增加一百三十億美元。[44]這將有助於改善墨西哥和中美洲國家的經濟。

研究勞工問題的經濟學家認為，沒有合法身分的工人壓低了二千五百萬無高中文憑的美國成年人的工資，降幅從0.4%到7.4%不等。然而對於其他所有人來說，沒有合法身分的工人卻帶來出人意料的正面影響。加州大學大衛斯分校（UC, Davis）經濟學家喬瓦尼‧佩里（Giovanni Peri）的研究結論認為，沒有合法身分的工人並不會和技術工人爭飯碗，相反，前者對

42　Adam Davidson, "Do Illegal Immigrants Actually Hurt the U.S. Economy?" *The New York Times*, Feb. 20, 2013.

43　William Booth and Nick Miroff, "Returning migrants boost Mexico's middle class," *The Washington Post*, July 24, 2012.

44　Manuel Orozco, *Migrant Remittances and Development in the Global Economy* Lynne Rienner Publishers, March, 2013.Andres Oppenheimer, "Obama may help Latin America – without trying," *The Miami Herald*, Jan. 19, 2013.

後者構成有益的補充。佩里指出，在沒有合法身分的移民較多的州，技術工人掙錢更多，工作時間也更長；整體經濟的生產率隨之提高。從1990到2007年，沒有合法身分的工人通過互補工作，把合法工人的薪金提高至多10%。[45]

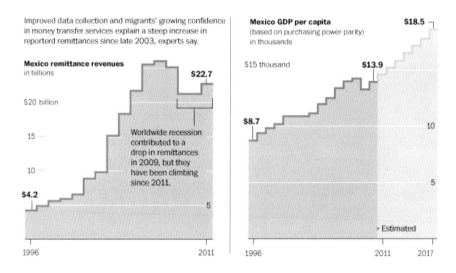

圖7-4　美國墨西哥移民僑匯變化

資料來源：Banco de Mexico; International Monetary Fund. July 23, 2012.

然自金融海嘯之後，愈來愈多人意識到「如今的美國已無法再讓多數人都享受到經濟增長帶來的實惠。在上一輪完整的商業週期中（2002年至2007年），近三分之二增加的收入中落入了收入排在前1%之列的美國人手中，前0.1%的美國人則囊括了三分之一以上。這種零和經濟爲不滿和絕望提供了溫床。眼下的危機更是令人們的憤怒有增無減。」[46]這應該是美國拉丁裔移民停止增加的主要原因。

45 Adam Davidson, "Do Illegal Immigrants Actually Hurt the U.S. Economy?" *The New York Times*, Feb. 20, 2013.

46 Martin Wolf, "Era of a diminished superpower," *The Financial Times*, June 5, 2012.

伍、文化影響

　　社會學對不同族群彼此相互交流的過程區分為以下三種模式：一、同化（assimilation）：即把社會中不同族群同化在一多數族群的文化或生活方式內，可以下列公式表示：A＋B＋C＝A。其中A、B、C各表示一種族群，且A位居社會的主導地位，在同化過程中，B與C放棄其自身文化而成為A。二、多元論（pluralism）：即容許各族群的文化同時並存且不互相干擾。若以公式表示則為：A＋B＋C＝A＋B＋C。三、整合（integration）：即各族群消失其原有特質而產生一種新的文化或生活方式，可以公式表示則為：A＋B＋C＝D。D象徵著融合A、B、C族群特色之新文化。[47]

　　國會於1968年通過的雙語教育法案即屬同化政策的一種，該法案具有以下之特點：一、公平性：其目的在使人人具有平等的機會；二、針對性：主要對象為非英語民族的移民學童；三、過渡性：有過度期的雙語教育；四、兼顧性：防止學生長時間被隔絕，班內安插英語流利的同學；五、強制性：說同一外語學生超過一定數目後必須開辦雙語教育；六、自願性：學生家長有權利決定是否讓其子女接受雙語教育；七、獨立性：教學要求不以升學為主要目標，教師享有自編或自選教材的自主權。[48]

　　至於准許多種語言媒體之經營則屬多元論之政策。從西班牙語廣播電臺、電視臺的成立（詳見表7-5）、到西班牙文報紙、雜誌的發行，對拉丁裔與母國文化的維繫起了有相當作用。至於首屆拉丁葛萊美獎（Latin Grammys Awards）得於2000年在洛杉磯舉行稱充分顯示拉丁族裔在娛樂界已有另起爐灶的實力。

47　蔡文輝、李紹嶸，《社會學概要》，臺北：五南圖書，1991年7月，頁94。

48　林巧燕，《波多黎各移民在紐約州的發展之研究》，淡江大學拉丁美洲研究所碩士論文，2008年，頁46-48。

表7-5　美國主要西班牙語電視臺一覽表

電視臺	企業標誌	開播日期
Telemundo		1954年3月28日
Univision		1962年9月30日
Galavisión		1979年
CNN en Español		1997年3月17日
Azteca América		2001年
Almavision		2002年
¡Sorpresa！		2003年3月15日
History en Español		2004年6月
Latele Novela		2005年11月1日
Mega TV		2006年3月1日
América CV Network		2007年
Discovery Familia		2007年8月
Estrella TV		2009年9月14日
InfoMás		2011年7月

資料來源：作者自行整理

　　至於整合比較明顯的應屬英語和西班牙語混合使用後發展出的「西班牙語式英語」（Spanglish 或el espanglés）。墨西哥語言學教授史達萬斯（Ilan Stavans）在他編寫的《Espanglish字典》中蒐集了六千個這一「新語言」的單詞，例如，faxear（發傳真）、lajacket（夾克）、taipear（打字）等等（詳見表7-6）。西班牙皇家語言學院有些院士對於這一現象深感憂

慮，他們擔心這會破壞「西班牙語的純潔性」，希望儘快採取措施「保持西班牙語在全球的統一性」。對此，史達萬斯教授認為，這是空想，因為這不僅涉及到語言問題，而且更是文化現象。[49]2012年西班牙皇家語言學院決定在其2014年出版的字典（Dictionary Of The Royal Academy Of The Spanish Language, DRAE）中納入所謂的Espanglish。[50]

表7-6　西班牙式英語詞彙之發展來源

英語	西班牙語	西班牙式英語	中文
To park the car	Aparcar el coche	Parquear el carro	停車
To give a fine	Poner una multa	Poner un ticket	付罰款
Shorts	Pantalones cortos	Chores	短褲
Market	Mercado	Marqueta	市場
To type	Escribir a máquina	Taipear	打字
To vacuum the carpet	Aspirar la alfombra	Vacunar la carpeta	用吸塵器清理地毯
I'll call you back	Te vuelvo a llamar	Te llamo para atrás	我再回電給你
The roof of the building	El techo del edificio	El rufo del bíldin	建築的屋頂
Lunch	Almuerzo	Lonche	午餐
Game	Partido	Juego	比賽、遊戲
Brakes	Frenos	Brecas	剎車
E-mail	Correo electrónico	Imeil	電子郵件
To check	Verificar/Comprobar	Chequear	檢查

資料來源：Spanish in the World, "Spanish Language in USA", 2006, http://www.spanish-in-the-world.net/Spanish/spanglish.php轉引自沈姵均，《美國境內墨西哥裔移民文化融合之探討》，淡江大學美洲研究所拉丁美洲組碩士論文，2013年，頁87。

49　「美語與西班牙語雜交：拉美移民造出新語言」，《環球時報》，2002年6月11日。
50　"Espanglish Accepted By Spain's Dictionary Of The Royal Academy Of The Spanish Language, DRAE", July 19, 2012.

　　由於美國拉丁族裔人數快速成長，無論對政治、經濟、文化的影響都日
益擴大，大學內相關系、所及研究機構紛紛成立（詳見表9），相關的學術
性期刊《拉丁族裔研究》（Latino Studies）亦於2003年創刊。

陸、結語

2013年1月21日歐巴馬連任就職典禮中邀請詩人理查‧布蘭科（Richard Blanco）朗誦他創作的新詩。布蘭科是古巴流亡者之子，他曾說從歐巴馬躍上政治舞臺的那一刻，他就感到與這個人有一種「精神上的聯繫」。歐巴馬在暢銷自傳《我父親的夢想》（*Dreams From My Father*）中描述他受到的多元文化薰陶。布蘭科也正努力透過寫作尋找自己的身分。他說自己處於多種文化之中的親身感受，令他對歐巴馬感到格外親切。他是拉丁裔、同性戀、是土木工程師，同時也是詩人。他的詩中滿懷憧憬地描繪了父母所離開的那片故土的風景與氣味。[51]

杭亭頓如果還活著，他終將面對的可能是非洲裔牧師賈克森（Jesse Jackson）常說的，「在未來的年頭裏，那些摘棉花的手『非洲裔』和摘萵苣的手『拉丁裔』將選出『美國』總統。」[52]其實早在2004年美國著名的西班牙語電視新聞主播羅慕斯（Jorge Ramos）在其《拉丁族裔浪潮》（*The Latino Wave: How Hispanics Are Transforming Politics in America*）一書中就指出：「在激烈的選戰中拉丁裔選票可決定勝負，」更露骨的是他把該書獻給「確定已經出生的第一位拉丁裔美國總統。」[53]從1968年威爾遜高中抵制教育種族主義至今，「棕色力量」在「黑白對峙」的總統選戰中已扮演過關鍵的角色，未來應該會扮演更重要的角色。

---

51 "Poetic justice," *The Miami Herald* (editorial), Jan. 11, 2013. Sheryl Gay Stolberg，「他為總統獻上一首精神流亡者的詩」，《紐約時報》，2013年1月21日。

52 Joe Velasquez and Steve Cobble, "Blue states, Latino Voters," *The Nation*, Jan. 5, 2004.

53 Jorge Ramos, *The Latino Wave: How Hispanics Are Transforming Politics in America*. New York: Harper Collins, 2004.

參考文獻

中文部分

書籍

毛相麟（2005），《古巴社會主義研究》，北京：社會科學文獻出版社。

白鳳森譯（1987），湯柏生校，《關於祕魯國情的七篇論文》，北京：商務印書館。

尼爾・弗格森著（2012），黃煜文譯，《文明：決定人類走向的六大殺手級Apps》，台北：聯經出版公司。

杜默譯（2008），《後美國世界：群雄崛起的經濟新秩序時代》，台北：麥田出版社，10月。

林志懋譯（2010），《巴西，如斯壯麗：傳奇總統卡多索回憶錄》，台北：早安財經出版社，3月12日。

邱稔壤（2002），《從政治外交層面看南錐禿鷹行動引發之人權爭議》，台北：印刻出版公司。

徐世澄（2010），《拉丁美洲現代思潮》，北京：當代世界出版社。

高德源、劉純佑、石吉雄譯（2008），《誰是美國人？：族群融合的問題與國家認同的危機》，台北市：左岸文化。

張春柏等譯（1995），（Paul Kennedy著）（1995），《霸權興衰史-1500至2000年的經濟變遷與軍事衝突》（The Rise and Fall of The Great Powers），台北：五南圖書出版公司。

張夏準（著），胡瑋珊（譯）（2010），《富國的糖衣：揭穿自由貿易的真相》，台北：博雅書屋有限公司。

郭秋永（2001），《當代三大民主理論》，台北：聯經出版社。

陳平（2008），《新自由主義的興起與衰落：拉丁美洲經濟結構改革（1973-2003）》，北京：世界知識出版社。

馮建三（2009），「跋：反攻大陸古巴國際主義50年」，閻紀宇譯：《紙醉金迷哈瓦那—卡斯楚的革命前夕》，台北：時報文化。

熊建成，洪惠紋譯（1988），《拉丁美洲政治體制》，台北：國立編譯館。

蔡文輝、李紹嶸（1991），《社會學概要》，台北：五南圖書。

蔡熊山、陳駿德、陳景堯譯（1999），《新興民主國家的憲政選擇》，台北：韋伯文化出版社。

彭慕蘭（Kenneth Pomeranz）、史蒂夫・托皮克（Steven Topik）著（2007），黃中

憲譯，《貿易打造的世界：社會、文化、世界經濟，從1400年到現在》，台北：如果出版社。

錢皓（2002），《美國西裔移民研究：古巴、墨西哥移民歷程及雙重認同》，北京：中國社會科學出版社。

魏挺生（1973），《南美ABC三強利用外資興國事例》，台北市：臺灣商務印書館。

Dahl, Robert A.著（1999），李柏光、林猛譯（1999），《論民主》，台北：聯經出版社。

專章

向駿（2001），「後威權時代的政治與法律問題：從皮諾契特案與藤森謙也案看引渡之國際法原則」，向駿主編，《拉丁美洲研究》，台北：五南書局，頁37-59。

向駿（2001），「拉丁美洲政治文化變遷」，向駿主編，《拉丁美洲研究》，台北：五南書局，頁99-120。

向駿（2004），「大美洲理想的追求者」，向駿主編，《拉丁美洲軍人政權之回顧與前瞻》，台北：韋伯出版社，頁213-230。

江時學（2011），「拉美政治的發展前景」，《拉美發展前景預測》，北京：中國社會科學出版社，頁3-49。

江時學（2007），「拉美對外關係的兩重性」，朱鴻博、江時學、蔡同昌主編，《國際新格局下拉美研究》，上海：復旦大學出版社，頁44-50。

吳乃德（2006），「轉型正義和歷史記憶：臺灣民主化的未竟之業」，《歷史與現實》，台北：聯經出版社，7月。

杭廷頓（Samuel P. Huntington）著（1998），劉軍寧譯，《第三波：20世紀後期民主化浪潮》，上海：三聯書店，頁356-358。

徐世澄（2006），「現代化與國際環境」，蘇振興主編，《拉美國家現代化進程的研究》，北京：社會科學文獻出版社，頁324-340。

郭定平（2010），「編前語」，《文化與民主》，上海：上海人民出版社，頁1-18。

曾昭耀（2006），「政治體制的變革與發展」，蘇振興主編，《拉美國家現代化進程的研究》，北京：社會科學文獻出版社，頁350-373。

蘇振興（2007），「全球話背景下美國與拉美關係的新特點」，朱鴻博、江時學、蔡同昌主編，《國際新格局下拉美研究》，上海：復旦大學出版社，頁6-35。

蘇振興、林晶（2006），「經濟改革與現代化進程」，蘇振興主編，《拉美國家現代化進程的研究》，北京：社會科學文獻出版社，頁18-40。

Nohlen, Dieter著，陳駿德譯（1999），「拉丁美洲的選舉制度與選舉改革」，見Arend Lijphart and Carlos H. Waisman, Institutional Design in New Democracies, 蔡熊

山、陳駿德、陳景堯（譯），《新興民主國家的憲政選擇》，台北：韋伯文化出版社，頁40-53。

Siavelis, Peter and Arturo Valenzuela著，陳駿德譯（1999），「選舉動力與政治穩定」，見Arend Lijphart and Carlos H. Waisman，Institutional Design in New Democracies, 蔡熊山、陳駿德、陳景堯（譯），《新興民主國家的憲政選擇》，台北：韋伯文化出版社，頁80-93。

《中國對拉丁美洲和加勒比政策文件》（2008），中華人民共和國外交部，11月5日。

碩博士論文

沈姵均（2013），《美國境內墨西哥移民文化融合之探討》，淡江大學美洲研究所拉丁美洲組碩士論文。

林巧燕（2008），《波多黎各移民在紐約州的發展之研究》，淡江大學拉丁美洲研究所碩士論文。

徐勃毓（2003），《美國墨西哥裔移民發展之研究》，淡江大學拉丁美洲研究所碩士論文。

期刊論文

毛相麟（2004），「古巴教育是如何成為世界第一的：古巴教育發展模式的形成和特點」，社科院拉美所成果報告，10月14日。

王萍（1995），「南方共同市場的形成及其對中國的影響」，《拉丁美洲研究》，19卷1期，2月，頁42-45。

王建勛（1991），「拉丁美洲經濟區域整合之演變與發展」，《問題與研究》，30卷12期，12月，頁1-15。

王曉德（2000），「試析美洲自由貿易區的貿易創造效應」，《拉丁美洲研究》，6期，12月，頁18-24。

向駿（1997），「北美自由貿易協定對墨西哥政治的影響」，《問題與研究》，36卷3期，3月，頁91-99。

向駿（1999），「政治與法律之平衡：以皮諾契倫敦蒙難為例」，《問題與研究》，38卷4期，4月，頁55-69。

向駿（1999），「從皮諾切特被拘禁看智利民主化進程」，《拉丁美洲研究》，3期，頁46-52。

向駿（1999），「墨西哥民主化運動之發展近況」，《問題與研究》，38卷12期，12月，頁17-28。

向駿（2006），「從海地大選看拉美民主危機」，《歷史月刊》，219期，4月，頁

68-80。

向駿（2008），「從美國大選看『棕色力量』崛起」，《歷史月刊》，249期，10月，頁42-53。

向駿（2009），「歐巴馬在拉丁美洲的挑戰」，《歷史月刊》，257期，6月，頁36-49。

向駿（2010），「從宏都拉斯政變看拉美民主發展」，《全球政治評論》，29期，4月，頁29-54。

向駿（2011），「魯拉：巴西躍上世界舞台的推手」，《中華戰略學刊》，夏季刊，6月，頁239-263。

向駿（2013），「21世紀初中國與拉美經貿關係之研究」，《遠景基金會季刊》，14卷1期，1月，頁1-15。

江時學（2008），「論查韋斯的21世紀社會主義」，《拉丁美洲研究》，30卷1期，2月，頁35-41。

李紫瑩（2010），「從阿根廷視角看南方共同市場中的政治因素」，《拉丁美洲研究》，32卷1期，2月，頁39-41。

曲鵬程（1997），「美國威爾基教授談墨西哥在美州自由貿易區中的地位」，《拉丁美洲研究》，1期，頁58-59。

吳志華（2005），「巴西的『大國外交』戰略」，《拉丁美洲研究》，27卷4期，8月，頁9-16。

吳洪英（2005），「智利和阿根廷新自由主義改革與社會轉型的成敗」，《拉丁美洲研究》，27卷5期，10月，頁17-24。

吳洪英（2011），「21世紀初拉丁美洲現代化進程初步評析」，《拉丁美洲研究》，33卷4期，8月，頁29-35, 76。

雨田（2008），「專家：特惠貿易損害全球貿易體系」，《美國之音 財經週刊》，7卷7期，7月，頁20-34。

邱稔壤（2009），「委內瑞拉在全球化浪潮下之『玻利瓦美洲替代方案』-拉美左派非傳統區域選項」，《臺灣民主季刊》，6卷，1期，3月，頁127-136。

柯玉枝（2007），「論新世紀中共拉丁美洲政策及其影響」，《中國大陸研究》，50卷3期，9月，頁75-85。

柯玉枝（2011），「當前巴西與中國大陸經貿關係分析：建立合作架構或持續利益競合」，《拉丁美洲經貿季刊》，5期，6月，頁1-13。

孫若彥（2006），「依附論與拉美國際關係研究」，《拉丁美洲研究》，28卷3期，6月，頁48-51, 55。

涂光楠（1999），「Hispanic譯談」，《世界民族》，3期。

徐世澄（2004），「一分為二看待拉美的經濟改革」，《拉丁美洲研究》，2期，4月，頁1-5。

徐世澄（2006），「拉丁美洲的幾種社會主義理論和思潮」，《當代世界》，4期，頁16-28。

徐世澄（2007），「對查韋斯21世紀社會主義的初步看法」，《國外理論動態》，10期，頁8-16。

袁東振（2009），「古巴的社會保障制度：發展、挑戰與改革」，《拉丁美洲研究》，31卷2期，4月，頁25-30。

許麗英（2007），「古巴的未來：資本主義還是新社會主義」，《國外理論動態》，4期。

張文貞（2005），「另類的憲改工程：擘建臺灣的法治與政治信任」，《新興民主的憲政改造：國際視野與臺灣觀點國際研討會》，行政院研究發展考核委員會出版，頁4註13。

張勇（2004），「坎昆會議對拉美國家的影響」，《拉丁美洲研究》，1期，2月，頁24-26。

張勇（2007），「如何看待拉美左派的崛起-中國社科院學部委員蘇振興學術報告綜述」，《拉丁美洲研究》，29卷3期，6月，頁78。

張建新（2009），「從依附到自主拉美國際關係理論的成長」，《外交評論》，2期，頁114-122。

張家唐（2012），「孔子學院在拉美-兩岸攜手傳播中華文化」，發表於「兩岸合作開發拉丁美洲」研討會（臺北：致理技術學院，3月14日），頁115-122。

曹昭耀（1996），「論拉美發展模式的轉換和政治民主化」，《拉丁美洲研究》，2期，頁8-14。

陳華（2006），「查韋斯的21世紀社會主義構想」，《當代世界》，2期，頁23-40。

陶文昭（2006），「查韋斯的新社會主義」，《科學社會主義》，1期，頁12-20。

楊志敏（2004），「墨西哥加入北美自由貿易協定10 年歷程評價」，《拉丁美洲研究》，26卷4期，4月，頁26-32。

楊建民（2011），「古共『六大』與古巴改革的主要特點和前景分析」，《拉丁美洲研究》，33卷6期，12月，頁16-21。

楊萬明（2006），「論拉美國家的發展模式轉型與發展困境」，《拉丁美洲研究》，28卷6 期，12月，頁3-14。

楓林（2000），「富爾塔多談歐洲-拉美自由貿易等問題，」《拉丁美洲研究》，1期，1月，頁57。

葉浩（2008），「價值多元式轉型正義理論：一個政治哲學進路的嘗試，」《臺灣政

治學刊》，12卷1期，6月，頁56-60。

郭德琳（2006），「從中國與智利簽署自貿協定中吸取智利建立開放的對外貿易體系的經驗」，《拉丁美洲研究》，28卷6期，12月，頁57。

郭承天，吳煥偉（1997），「民主與經濟發展：結合質與量的研究方法」，《問題與研究》，36卷9期，9月，頁75-98。

趙麗紅（2011），「比較利益原則與拉美國家的發展悖論」，《拉丁美洲研究》，33卷1期，2月，頁47-56。

潘方（2006），「阿根廷現代化進程中民粹主義興起的內因」，《拉丁美洲研究》，28卷1期，2月，頁45-58。

劉維廣（2011），「古巴駐華大使白詩德談古巴經濟模式更新」，《拉丁美洲研究》，33卷6期，12月，頁73。

蔡東杰（1997），「民主化理論的釐清與重構：以拉丁美洲為例」，《問題與研究》（台北），36卷8期，8月，頁67-80。

蔡東杰（2009），「現實主義民主與第三波浪潮的反思」，《全球政治評論》，27期，頁1-12。

鄧中堅（1996），「墨西哥民主化的發展」，《問題與研究》，35卷7期，7月，頁83-99。

韓琦（2004），「簡論拉美新自由主義的演變」，《拉丁美洲研究》，2期，4月，頁13-22。

蘇振興（2004），「新自由主義與拉丁美洲」，《拉丁美洲研究》，2期，4月，頁1-13。

蘇振興、張勇（2011），「拉美經濟增長方式轉變與現代化進程的曲折性」，《拉丁美洲研究》，33卷5期，10月，頁3-12, 33。

馳騁（2006），「古巴社會主義研究的新成果-古巴社會主義研究評介」，《拉丁美洲研究》，28卷1期，2月，頁68-74。

鄭秉文、孫洪波、岳雲霞（2009），「中國與拉美關係60年：總結與思考」，頁1-12。

羅傑・伯爾巴赫等著，楊妤譯（2008），「委內瑞拉的參與式社會主義」，《國外理論動態》，1期，頁21-32。

中國現代國際關係研究院拉美課題組（2004），「中國對拉丁美洲政策研究報告」，《現代國際關係》，4期，4月，頁1-12。

「2006-2007年度報告」（2007），《拉丁美洲研究》，29卷2期，4月，頁54-68。

雜誌報紙

丁小希（2012），「金磚國家仍然潛力巨大」，《人民日報》，3月28日，版14。

丁果（2008），「卡斯特羅的絕響與震盪」，《亞洲週刊》，22卷9期，3月9日，頁41。

王健壯（2009），「誰怕『S』開頭的這個『紅字』」，《聯合報》，3月22日。

王嘉源（2013），「後查維茲時代 奪權鬥爭登場」，《中國時報》，1月6日，版A10。

王麗娟（2011），「海地前獨裁者 返鄉保1.7億髒錢」，《聯合報》，1月23日。

尹德瀚（2008），「WTO杜哈回合談判 破局」，《中國時報》，7月31日。

向駿（2004），「學術研究vo.政治正確」，《蘋果日報》，7月3日，版A17。

向駿（2004），「『真相委員會』之真相」，《蘋果日報》，7月13日，版A15

向駿（2005），「中國在拉丁美洲的三戰」，《蘋果日報》，2月22日，版A14。

向駿（2008），「美國大選中的民粹操作」，《聯合早報》，1月15日。

向駿（2008），「從美國大選看『棕色力量』崛起」，《人民日報》，9月5日。

向駿（2008），「美國從『善霸』走向『惡霸』」，《人民日報》，9月5日。

向駿（2009），「走出獨特陰影智利躍居拉美楷模」，《玉山周報》，16期，9月24-30日，頁46-47。

向駿（2010），「華盛頓共識vs.北京共識」，《聯合早報》，4月22日，版8。

向駿（2010），「盧拉重組拉美地緣政治版圖」，《聯合早報》，10月12日，版17。

向駿（2011），「追求轉型正義 南美方興未艾」，《玉山周報》，94期，4月6-12日，頁34-35。

向駿（2011），「真有『拉美10年』嗎？」《南風窗》，12月14-27日，頁90-91。

向駿（2011），「拉美自主性日增 美力圖增加影響力」，《青年日報》，2月24日，7版。

向駿（2011），「兩岸可在拉丁美洲創造雙贏〉，《旺報》，6月9日，版C6。

向駿（2011），「通膨、缺糧…查維茲民粹誤國」，《聯合報》，7月5日，版A15。

向駿（2012），「風水輪流轉 拉美大翻身」，《聯合早報》，1月31日，版23。

向駿（2012），「拉美太平洋聯盟具地緣經濟價值」，《聯合早報》，6月14日，版21。

向駿（2013），「奧巴馬能重返拉美嗎？」，《南風窗》，2月13-26日，頁84-85。

向駿（2013），「古巴移民之子 成共和黨救星？」，《中國時報》，2月16日，版A17。

向駿（2013），「從海地看轉型正義」，《中國時報》，3月7日，版A19。

和靜鈞（2007），「一個查韋斯，三個偽命題」，《南風窗》，1月16日，頁74-75。

吉迪恩・拉赫曼（2012），「傲慢歐洲人 經濟危機禍首」，《經濟日報》，10月3日，版A6。

江宜樺（2007），「轉型正義不是唯一價值」，《中國時報》，3月1日。

江慧眞（2007），「屠圖：忘記眞相 注定重蹈覆轍」，《中國時報》，4月25日。

汪莉絹（2013），「以古喻今 大陸官媒高調悼念胡耀邦」，《聯合報》，4月16日。

吳志華（2011），「巴西總統：金磚國家成爲推動世界多極化的主要力量」，《人民日報》，4月10日，版14。

李鐏龍（2012），「古巴民營化碰壁」，《工商時報》，8月12日。

李維國（2008），「劍橋大學韓裔經濟學者張夏準點名批判自由貿易神話」，《聯合報》，3月16日，版E3。

李鐏龍（2008），「杜哈自由貿易談判 再槓龜」，《工商時報》，7月31日。

林深靖（2008），「反全球化大師阿敏啓發臺灣」，《亞洲週刊》，22卷35期，9月7日，頁41-42。

林博文（2005），「師法老羅斯福，布希『第二任』』世人等著看」，《中國時報》，1月22日。

林博文（2012），「歐巴馬熱炒『美國世紀』」，《中國時報》，5月30日。

林沛理（2012），「香港墮落根源」，《亞洲週刊》，26卷23期，6月10日，頁11。

林毅夫（2012），「發展經濟學3.0」，《聯合早報》，6月20日。

邱稔壤、高晨峰（2012），「布希家族的拉丁新希望」，《中國時報》，12月13日，版A23。

洪財隆（2012），「何以自由貿易協定 跟人權條款一起蔓延」，《蘋果日報》，5月26日。

查爾斯・布洛（2012），「白人將變成少數族裔對美國意味著什麼」，《紐約時報》，12月15日。

袁東振（2009），「政變考驗拉美民主體制」，《人民日報》，7月29日。

約瑟夫・奈（2012），「移民與美國實力」，《聯合早報》，12月20日，版17。

亞當・湯姆森（2012），「墨西哥製造挑戰中國」，《金融時報》，9月25日。

馬丁・沃爾夫（2012），「美國的新角色，」《金融時報》，6月5日。

馬丁・沃爾夫（2012），「德國，走比留好」，《金融時報》，9月28日。

馬國川（2012），「什麼樣的道路中國不該走？」《金融時報》，3月7日。

張宗智、林寶慶（2008），「台海最大威脅是誤判」，《世界日報》，2月6日。

莫伊塞斯・納伊姆（2012），「小心阿根廷石油政治」，《金融時報》，5月2日。

雅各・韋斯伯格（2012），「拉美裔選民成爲美國選戰關鍵」，《金融時報》，9月

12日。

唐雅陵（2011），「看好巴西 陸業者投資通產品」，《中央社》，6月28日。

夏嘉玲（2008），「侵厄瓜多剿叛軍 哥國恐引戰火」，《聯合報》，3月4日。

孫慶餘（2007），「誤入歧途的『轉型正義』」，《蘋果日報》，4月20日。

張家哲（2013），「查韋斯病情與委內瑞拉的未來」，《新民晚報》，1月18日，版A29。

張衛中（2011），「拉美及加勒比國家共同體誕生」，《人民日報》2月3日。

張衛中（2012），「南共市強化地區經貿合作推動一體化進程」，《人民日報》，8月1日。

張鐵志（2012），「國家為何衰落？」《華爾街日報》，6月7日。

郭篤為（2005），「強化管制移民法案通過 美墨邊界築起『柏林圍牆』」，《中國時報》，12月22日。

郭篤為（2009），「執政滿10年查維茲：還要再10年」，《中國時報》，2月4日。

郭篤為（2010），「涉貪瓜國前總統波蒂佑偷渡被捕」，《中國時報》，1月28日。

郭篤為（2011），「巴西女總統就職 11獄友當貴賓」，《中國時報》，1月1日。

郭篤為（2012），「坐牢像度假 藤森想獲特赦也難」，《中國時報》，11月2日，版A24。

陳欣之（2008），「什麼是共同市場」，《中國時報》，3月5日。

陳積敏（2013），「從移民看美國霸權之興衰」，《聯合早報》，2月4日，版14。

崔宇（2012），「『大轉型』的迷茫和共識」，《華爾街日報》，6月15日。

陸以正（2010），「你所不知道的海地」，《中國時報》，1月18日。

章清峰（2012），「白先勇要還原父親白崇禧歷史真相」，《亞洲週刊》，5月27日，頁44。

楊偉中（2009），「沒有共識的中國模式」，《旺報》，12月1日，版C12。

葉虹靈（2010），「追悼一位轉型正義的推手」，《蘋果日報》，10月29日。

賈格迪什・巴格沃蒂（2008），「美國成了『利己』的霸權國家」，《金融時報》，8月27日。

賈格迪什・巴格沃蒂（2009），「警惕奧巴馬的貿易立場」，《金融時報》，1月13日。

賈格迪什・巴格沃蒂（2012），「如同幫派的貿易協定」，《商業週刊》，1月4日。

資中筠（2012），「美國向何處去？」《中國發展簡報》，11月6日。

雷默（Joshua Cooper Ramo）（2004），「北京共識：中國是否能夠成為另一種典範？」（The Beijing Consensus），《新華社》，清華大學教授崔之元校對，5月

11日。

廖漢原（2012），「美中學者：兩強競爭 零和遊戲」，《中央社》，4月3日。

潘維（2010），「中國模式 將引領大陸高速復興」，《中國時報》，1月26日，版A13。

鄒詩鵬（2008），「國外馬克思主義研究狀況及前沿」，《社會科學報》，10月9日。

蔡文英（2008），「瀕臨開戰 哥厄委3國突言和」，《蘋果日報》，3月8日。

蔡宏明（2003），「坎昆會議的啓示：結盟」，《中國時報》，9月16日，版A15。

簡國帆（2011），「美國巴西簽貿易協定 提振出口」，《經濟日報》，3月21日。

劉瑞華（2008），「新經濟史革命的里程碑：評《貿易打造的世界》」，《聯合報》，1月20日，版E5。

劉維廣（2009），「拉美『21世紀社會主義』的國際評價」，《中國社會科學院報》，3月30日。

顏厥安（2006），「轉型正義更需要道德」，《中國時報》，8月15日。

嚴震生（2006），「眞相委員會與轉型正義」，《校園》，11/12月號，頁38-40。

嚴震生（2012），「不只臺灣，美國媒體同樣非常政治」，《聯合報》，8月10日，版A23。

嚴震生（2012），「黃蜂不再支配美總統大選」，《旺報》，10月1日。

Murphy, Colum（2012），「中國企業加緊步伐進入拉美市場」（China Steps Up Push Into Latin America），《華爾街日報中文版》，9月 14日。

「瓜地馬拉退役軍人被判6,060年徒刑」（2012），《轉型正義週訊》，No.177，3月16日，頁34-35。

「世界眼看中國實踐：美國學者擔憂中國模式」（2009），《人民日報》，1月13日，版14。

「拉美處歷史變革關鍵期拉美十年或正走來」（2011），《人民日報》，4月7日，版23。

「拉美裔 將成加州最大族群」（2013），《中央社》，1月31日。

「查維斯主義阻礙民間企業發展」（2013），《中央社》，1月15日。

「美語與西班牙語雜交：拉美移民造出新語言」（2002），《環球時報》，6月11日。

「美眾院通過比較嚴格移民法案」（2005），《中央社》，12月17日。

「美以貿易『公平』爲幌子奉行保護主義態度虛僞」（2007），《人民日報》，4月11日。

「美報社：新經濟大國正在改變權力均勢」（2008），《人民日報》，8月4日。

「智利上修皮諾契政權受害者人數」（2011），《轉型正義週訊》，No.150，8月26日，頁53-54。

「祕魯前總統藤森女兒稱如當選不會赦免其父親」（2011），《人民日報》，4月20日。

「國會將立法 協助客工合法居留兩項重要改革法案翻身」（2003），《世界日報》，12月14日。

「康特改變立場 支持『夢想法案』」（2013），《世界日報》，2月6日。

「發展中國家資本向新興市場遷徙」（2012），《華爾街日報中文版》，5月9日。

「屠圖給臺灣上了一堂『轉型正義』課」（2007），《中國時報》，4月26日。

「巴西對阿根廷展開貿易報復」（2012），《中央社》，5月16日。

「WTO談判破局 新興國家改變全球貿易遊戲規則」（2008），《中央社》，7月31日。

網際網路

左小蕾（2012），「國家資本主義不足以避免危機」，《FT中文網》，2月22日。

孫洪波（2011），「古巴的醫療外交」，《中國社會科學網》，6月20日。

美洲玻利瓦爾聯盟人民貿易協定報告會（2012），「李慎明致辭」，《中國社會科學網》，4月25日。

「中國在美國後院徘徊 留下1000億美元承諾」（2008），《新浪網》，2月12日。

「巴西與中國能否雙贏」（2011），《FT中文網》，6月28日。

「墨西哥專家：中國與拉美地區之間的貿易結構不穩定」（2012），《人民網》，3月16日。

英文部分

Books

Bremmer, Ian, (2007), the End of the Free Market: *Who Wins the War between States and Corporations*? New York: Portfolio Trade.

Calle, Luis de la, and Luis Rubio, (2012), *Mexico: A Middle Class Society/Poor No More, Developed Not Yet*, Washington, DC: Woodrow Wilson Center for Scholars.

Cardoso, Fernando H., (2007), *the Accidental President of Brazil: A Memoir*, Public Affairs.

Ellis, R. Evan, (2012), "The United States, Latin America and China: *A 'Triangular Relationship*,?" Inter-American Dialogue, May 1.

Elster, Jon, (2004), *Closing the Books: Transitional Justice in Historical Perspective.* Cambridge, England: Cambridge University Press.

Ferguson, Niall, (2011), *Civilization: The West and the Rest,* Penguin Group, Nov.

Fraga, Luis R., John A. Garcia, Rodney E. Hero, Michael Jones-Correa, Valerie Martinez-Ebers, Gary M. Segura, (2011), Latinos in the New Millennium: *An Almanac of Opinion, Behavior, and Policy Preferences.* Cambridge: Cambridge University Press.

Frieden, Jeffry A., (1991), Debt, *Development, and Democracy: Modern Political Economy and Latin America*, 1965-1985, Princeton: Princeton University Press.

Gallagher, Kevin P., (2002), Amos Irwin, & Katherine Koleski, *New Banks in Town*: *Chinese Finance in Latin America* (Washington, D.C.: Inter-American Dialogue, 2012).

Gamerro, Carlos, (2012), *An Open Secret*, (Translated by Ian Barnett), Pushkin Press,. "The price of love," *The Economist*, Nov. 26. 2012.

Geromel, Ricardo, (2011), *"Bigger Brazil Plan: $16 Billion in Taxes Breaks to Fight Surging Real and Cheap Imports from China,"* Forbes, August 3.

González, Juan, (2000), *A History of Latinos in America: Harvest of Empire*, New York: Penguin Books.

Grady, Mary Anastasia O', (2009), "The Idiot's Bible," *The Wall Street Journal*, April 26.

Gwynne, Robert N. and Cristobal Key, eds., (1999), *Latin American Transformed: Globalization and Modernity, Oxford*: Oxford University Press.

Huntington, Samuel P., (1991), *The Third Wave: Democratization in the Late Twentieth Century*, University of Oklahoma Press.

Huntington, Samuel P., (2005), *Who Are We?—The Challenges to America's National Identity*, Simon & Schuster.

Jacques, Martin, (2009), *When China Rules the World: The Rise of the Middle Kingdom and the End of the Western World*, New York: Penguin Books.

Keohane, Robert, (1980), "The theory of Hegemonic Stability and Changes in International Economic Regimes, 1967-1977," *in Change in the International System*, eds., Ole R. Holsti, Randolph M. Siverson, and Alexander L. George. Boulder: Westview Press.

Kindleberger, Charles P., (1973), *the World in Depression, 1929-1939*. Berkeley, CA: University of California Press.

Kugler, Jacek, and Douglas Lemke, (1996), *Parity and War: Evolutions and Extensions of the War Ledger*. Ann Arbor: The University of Michigan Press.

Lawrence, Robert Z., Margareta Drzeziek Hanouz, And Sean Doherty, eds., (2012), *The Global Enabling Trade Report 2012: Reducing Supply Chain Barriers*, World Economic Forum.

Lemke, Douglas, (1996), "*Samll States and War: An Expansion of Power Transition Theory*," in Jacek Kugler and Douglas Lemke, eds., *Parity and War: Evaluation and Extension of the War Ledger*, Ann Arbor: The University of Michigan Press.

Lemke, Douglas, (2002), *Regions of War and Peace, Cambridge*: Cambridge University Press.

Mariátegui, José Carlos, (1959), Siete Ensayos de Interpretación de la Realidad Peruana, La Habana: Casa de las Américas, Empresa Editora Amauta, S.A., Peru.

Mainwaring, Scott and Timothy R. Scully, eds., (1995), Building Democratic Institutions: Party Systems in Latin America, Stanford: Stanford University Press.

Mayer, Lawrence, (1989), Redefining Comparative Politics: Promise Versus Performance, Newbury Park, CA: SAGE Publications.

Mendoza, Plinio Apuleyo, (2007), Carlos Alberto Montaner and Alvaro Vargas Llosa, Manual del perfecto idiota latinoamericano (The Manual of the Perfect Latin American Idiot), Plaza & Janes Editores; 1996. Michael Reid, *Forgotten Continent: The Battle for Latin America's Soul*, Yale University Press.

Miller, E. Willard and Ruby M. Miller, (1996), *op. cit., United States Immigration: A Reference Handbook*.

Muñoz, Carlos, (1989),Youth, Identity, Power: *the Chicano Movement*, Verso.

Olson, Alexandra, (2009), "Latin leftists fear a Honduras coup domino effect," AP, Aug. 19.

Oppenheimer, Andrés, (2011), "Rice's book shows 'inattention' to Latin America," *The Miami Herald*, Nov. 2.

Oppenheimer, Andres, (2013), "Latin America's new leader: Raúl Castro," *The Miami Herald*, Jan. 16.

Organski, A.F.K., and Jacek Kugler (1980), *the War Ledger*, Chicago: University Of Chicago Press.

Orozco, Manuel, (2013), *Migrant Remittances and Development in the Global Economy,* Lynne Rienner Publishers, March.

Przeworski, Adam, (1991), *Democracy and the Market*, New York: Cambridge University Press.

Putnam, Robert D., Robert Leonardi, and Raffaella Y. Nanetti, (1993), *Making Democ-*

racy Work: Civic Traditions in Modern Italy, Princeton: Princeton University Press.

Rodrik, Dani, (2012), "*Free-Trade Blinders*," March 9.

Remaking the Relationship, (2012), *The United States and Latin America*, An Inter-American Dialogue Policy Report, April.

Robert O. Keohane, (1980), *After Hegemony: Cooperation and Discord in the World Political Economy*. Princeton: Princeton University Press.

Saulny, Susan, Haggard, Stephan and Robert R. Kaufman, (1995), *The Political Economy of Democratic Transition*, Princeton: Princeton University Press.

Second-Generation Americans, (1995), *A Portrait of the Adult Children of Immigrants*, Pew Research Center, Feb. 7, 2013.

Skidmoreuy, Thomas E. and Peter H. Smith, (1997), *Modern Latin America*. New York: Oxford University Press.

Skimore, Tomas E. and Peter H. Smith, (2005), *Modern Latin America*, New York: Oxford University Press.

Smith, Gaddis, (1995), *The Last Years of the Monroe Doctrine*, 1945-1993, New York: Hill and Wang.

Tamman, Ronald et al., eds., (2000), *Power Transitions: Strategies for the 21st Century*, New York: Chatham House Publishers.

Tannenbaum, Frank, (1962), *Ten Keys to Latin America*, New York: Alfred A. Knopf.

Teixeira, Carlos Gustavo Poggio, (2013), *Brazil, the United States, and the South American Subsystem: Regional Politics and the Absent Empire*, Lexington Books.

Throp, Rosemary, (1998), *Progreso, pobreza y exclusion, Una historia economica de American Latina en el Siglo XX*, Banco Interamericano de Desarrollo, Union Europa, pp.279-281.

Yao, Yang, (2010), "The End of the Beijing Consensus," *Foreign Affairs*, Feb. 2.

Articles

Baer, M. Delal, (1991), "North American Free Trade," *Foreign Affairs*, Vol. 70, No. 4, Fall, pp. 121-142.

Biglaiser, Glen and Karl DeRouen, Jr., (2009), "The Independence of U.S. Troop Deployments and Trade in the Developing World," *Foreign Policy Analysis*, Vol. 5, No. 3, July, pp. 252-273.

Birdsall, Nancy & Francis Fukuyama, (2011), "The Post-Washington Consensus: Development after the Crisis," *Foreign Affairs*, Vol. 90, No. 2, March/April, pp. 43-62.

Bonner, Robert C., (2012), "The Certel Crackdown," *Foreign Policy*, Vol. 91, No. 3,

May/June, pp. 12-21.

Brooks, Bradley, (2010), "Brazil wants Rousseff's alleged torturers tried," *Associated Press*, Nov. 4.

Brown, Stephen, (2005), "Foreign Aid and Democracy Promotion: Lessons from Africa," *The European Journal of Development Research*, Vol.17, No.2, June, pp. 179–198.

Brysk, Alison, (2003), "Recovering from State Terror: The Morning After in Latin America," *Latin American Research Review*, Vol. 38, No. 1, Feb., pp.229-241.

Burbach, Roger and Camila Piñeiro, (2007), "Venezuela's Participatory Socialism," *Socialism and Democracy*, Vol. 21, No. 3, pp. 181-200.

Burkhart, Ross E, and Michael S Lewis-Beck, (1994), "Comparative Democracy: The Economic Development Thesis," *American Political Science Review*, Vol.88, No. 4, Dec., pp. 903-910.

Burt, Jo-Marie, (2009), "Guilty as Charged: The Trail of Former Peruvian President Alberto Fujimori for Human Rights Violations," *The International Journal of Transitional Justice*, Vol. 3, pp.383-402.

Domínguez, Jorge I., (2006), "China's Relations with Latin America: Shared Gains, Asymmetric Hopes," *Inter-American Dialogue*, June 1.

Ellis, R. Evan, (2012), *the United States, Latin America and China: A "Triangular Relationship"*? Inter-American Dialogue (Working Paper), May.

Maciel, Rodrigo, (2008), "The Economic Relationship between China and Brazil," in Cynthia Arnson, Mark Mohr, & Riordan Roett, eds., *Enter the Dragon? China's Presence in Latin America*, Washington, DC: Woodrow Wilson International Center for Scholars.

Przeworski, Adam, (1986), "Some Problems in the Study of the Transition to Democracy," in Guillermo O'Donnell, Philippe C. Schmitter, and Laurence Whitehead, eds., *Transition from Authoritarian Rule*, Baltimore: The Johns Hopkins University Press.

Przeworski, Adam, (1992), "The Games of Transition," in Scott Mainwaring, Guillermo O'Donnell, and J. Samuel Valenzuela, eds., *Issues in Democratic Consolidation*, Norte Dame, Ind.: University of Norte Dame Press.

Diamond, Larry, (2008), "The Democratic Rollback," *Foreign Affairs*, Vol.87, No.2, March/April, pp. 36-48.

Diamond, Larry, Seymour Lipset, and Juan Linz, (1987), "Building and Sustaining Democratic Government in Developing Countries : Some Tentative Finding," *World Affairs*, Vol. 150, No. 1, pp. 5-19.

Feinberg, Richard, *Foreign Affairs*, Vol.92, No.1, Jan./.Feb., p.188-206.

Fox, Jonathan, (1994), "The Difficult Transition from Clientelism to Citizanship: Lessons from Mexico," *World Politics*, No. 46, Jan., pp. 151-184.

Fukuyama, Francis, (2012), "The Future of History," *Foreign Affairs*, Vol. 91, No. 1, Jan./Feb., pp.53-61.

Hakim, Peter, (2004), "The Reluctant Partner," *Foreign Affairs*, Jan./Feb., pp.114-123.

Hakim, Peter, (2006), "Is Washington Losing Latin America?" *Foreign Affairs*, Vol. 85, No. 1, Jan./Feb., p. 46.

Helpman, Elhanan, (1995), "Politics and Trade Policy," *NBER Working Paper 5309*, Oct.

Hsiang, Antonio C., (2009), "China Rising in Latin America: More Opportunities than Challenges," *Journal of Emerging Knowledge on E Markets*, merging, Vol. 1, Issue 1, Nov., pp. 32-47.

Huntington, Samuel P., (1995), "Reforming Civil-Military Relations," *Journal of Democracy*, Vol. 6, No. 4, Oct., pp.1-18.

Huntington, Samuel P., (1997), "After Twenty Years: The Future of the Third Wave," *Journal of Democracy*, Vol.8, No.4, Oct., pp. 1-18.

Huntington, Samuel P., (1999), "The Lonely Superpower," *Foreign Affairs*, March/April, p.35-51.

Ikenberry, G. John, (2008), "The Rise of China and the Future of the West," *Foreign Affairs*, Vol. 87, No. 1, Jan./ Feb. 2008, pp. 23-24.

Indyk, Martin S., Kenneth G. Lieberthal, and Michael E. OHanlon, (2012), "Scoring Obama's Foreign Policy," *Foreign Affairs*, Vol. 91, No. 3, May/June, pp.29-43.

Kim, Woosang, (2002), "Power Parity, Alliance, Dissatisfaction, and Wars in East Asia, 1860-1993," *Journal of Conflict Resolution*, Vol. 46, No. 5, Oct., pp. 654-671.

Kissinger, Henry A., (2001), "The Pitfalls of Universal Jurisdiction," *Foreign Affairs*, July/August, pp. 86-96.

Kugler, Jacek, (2006), "World Politics: Quo Vadis?" *International Studies Review*, Vol. 8, No. 4, Dec., pp. 548-565.

Kurtz, Marcus J, (2004), "The Dilemmas of Democracy in the Open Economy: Lessons from Latin America," *World Politics*, Vol.156, Jan., pp. 253-273.

Lipset, Seymour Martin, (1959), "Some Social Requisites of Democracy," *American Political Science Review*, Vol. 53, No. 1, pp. 69-105.

Luban, David, (2006), "Review of Jon Elster, Closing the Books." *Ethics* Vol.116, No.2, pp. 409-412.

Magaloni, Beatriz, (2008), "Partisan Cleavages, State Entrenchment, and Free Trade: Latin American in the 1990s," *Latin American Research Review*, Vol. 43, No. 2, pp.107-135.

Maxwell, Kenneth, (2003), "The Other 9/11: The United States and Chile, 1973," *Foreign Affairs*, Nov./Dec., pp.147-159.

Nadler, Samantha, (2011), "Post-Quake Haiti: The Year in Review," *COHA Report*, Jan. 21.

Nathan, Andrew J., (2012), "Confucius and the Ballot Box," *Foreign Affairs*, Vol.92, No.4, July/Aug., p. 134.

Nelson, Lauren, (2008), "The Legacy of Alberto Fujimori. Is Now a Chance for the Vindications of Human Rights? " *COHA Report*, October 10.

O'Grady, Mary Anastasia, (2004), "The Middle Kingdom in Latin America," *The Wall Street Journal*, Sept. 6, p. A7.

Olsen, Tricia D., Leigh A. Payne, and Andrew G. Reiter, (2010), "At What Cost? The Political Economy of Transitional Justice," *Taiwan Journal of Democracy*, Vol. 6, No. 1, July, pp. 165-184.

Pastor, Robert A., (2008), "The Future of North America," *Foreign Affairs*, Vol. 87, No. 4, July/Aug., pp. 84-98.

Purcell, Susan Kaufman, (1997), "The Changing Nature of US-Mexican Relations," *Journal of Interamerican Studies and World Affairs*, Vol. 39, No. 1, Spring, pp. 128-146.

Remmer, Karen L., (1990), "Democracy and Economic Crisis: The Latin American Experience," *World Politics*, Vol. 42, No. 3, April, pp. 315-335.

Rodríguez, Javier and Javier Santiso, (2008), "Banking on Democracy: The Political Economy of International Private Bank Lending in Emerging Markets," *International Political Science Review*, Vol. 29, No. 2, March, pp. 215-246.

Rogowski, Ronald, (1987), "Political Cleavages and Changing Exposure to Trade," *American Political Science Review*, Vol. 81, No. 4, Dec., pp. 1121-1137.

Rosenberg, Tina, (1995), "Overcoming the Legacies of Dictatorship," *Foreign Affairs*, Vol. 74, No. 3, May, pp.134-152。

Sabatini, Christopher, (2012), "Rethinking Latin America," *Foreign Affairs*, Vol.91, No. 2, March/April, pp.1-18.

Sala-Martin, Xavier, (2002), "The World Distribution of Income," *NBER Working Paper 8933*, May.

Sanchez, W. Alex & Lauren Paverman, (2011), "China and the End of the Monroe Doctrine," *Foreign Policy in Focus*, Dec. 1.

Sharma, Ruchir, (2012), "Bearish on Brazil," *Foreign Affairs*, Vol. 91, No. 3, May/June, pp. 74-92.

Shefner, Jon, "Development and Democracy in Mexico," *Latin American Research Review*, Vol.47, No.1, pp. 193-215.

Smith, Peter H. and Matthew C. Kearney, (2010), "Transitions, Interrupted Routes toward Democracy In Latin America," *Taiwan Journal of Democracy*, Vol.6, No.1, July, pp.146-162.

Suarez, Ray, (2012), "Latin Lessons," *Foreign Affairs*, Vol. 91, No.5, Sept./Oct., pp.132-154.

Suarez, Ray, (2012), "Latin Lessons: Who Are Hispanic Americans, and How Will They Votes?" *Foreign Affairs*, Vol.91, No.5, Sept./Oct., pp. 134-146.

Teichman, Judith A., (2009), "Competing Visions of Democracy and Development in the Era of Neoliberalism in Mexico and Chile," *International Political Science Review*, Vol. 30, No. 1 Jan. pp.67-87.

Toledo, Alejandro, (2010), "Latin America: Democracy with Development," *Journal of Democracy*, Vol. 21, No. 4, Oct., pp. 1-17.

Vargas Llosa, Alvaro, (2007), "The Return of the Idiot," *Foreign Policy*, May/June.

Williams, Mark Eric, (2006), "Escaping the Zero-Sum Scenario: Democracy versus Technology in Latin America," *Political Science Quarterly*, Vol. 121, No. 1, Spring, pp.119-139.

Williamson, John, (2003), "The Progress of Policy Reform in Latin America", Institute for International Economics, 1990. Also, "From Reform Agenda: A Short History of the Washington Consensus and Suggestions for What to do Next," *Finance & Development*, 40, Sept, pp. 1-21.

Wise, Carol & Cintia Quiliconi, (2007), "China's Surge in Latin American Markets: Policy Challenges and Responses," *Politics & Policy*, Vol. 35, No. 3, August, pp. 410-438.

Yi, Feng, Jacek Kugler, and Paul Zak, (2000), "The Politics of Fertility and Economic Development," *International Studies Quarterly*, Vol.44, No. 2, pp. 667-694.

Newspaper/Magazine

Althaus, Dudley, (2013), "Latin America makes strides: Former Guatemalan dictator faces genocide trial," *The Christian Science Monitor*, March 19.

Ash, Timothy Garton, (2012), "Can Europe Survive the Rise of the Rest?" *The New York Times*, Sept. 10.

Bass, Warren, (2012), "Book review: 'Why Nations Fail,' by Daron Acemoglu and James A. Robinson," *The Washington Post*, April 21.

Bhagwati, Jagdish, (2007), "America's bipartisan battle against free trade," *The Financial Times*, April 8.

Bhagwati, Jagdish, (2008), "America's Selfish Hegemony is Defensive and Hypocritical," *The Financial Times*, August 27.

Bhagwati, Jagdish , (2009), "Obama and trade: an alarm sounds," *The Financial Times*, Jan. 13.

Blow, Charles M., (2012), "The Meaning of Minority," *The New York Times*, Dec. 15.

Booth, William and Nick Miroff, (2012), "Returning migrants boost Mexico's middle class," *The Washington Post*, July 24.

Boustany, Nora, (2002), "A Painful Path to Chile's Defense Ministry," *The Washington Post*, Oct. 9, p.A28.

Brooks, David, "The Americano Dream," *The New York Times*, Feb. 24.

Burnett, Victoria, (2012), "Cuba Hits Wall in 2-Year Push to Expand the Private Sector," *The New York Times*, July 19.

Castañeda, Jorge, (2008), "Ending The Cuban Exception," *Newsweek*, March 1, p. 37.

Castañeda, Jorge, (2008), "Between Hanoi and Havana," *Newsweek*, Aug. 4, p. 51.

Castañeda, Jorge, (2009), "Moving Ahead in Honduras," *Newsweek*, Aug. 10-17, p. 17.

Cha, Ariana Eunjung, (2009), "China Uses Global Crisis to Assert Its Influence," *The Washington Post*, April 23, p. A1.

Cohen, Roger, (2013), "Diplomacy Is Dead," *The New York Times*, Jan. 23.

Corrales, Manuel, (2012), "Mexico's Pursuit of 'Developed Nation' Status," *COHA*, June 11.

Danner, Mark, (2010), "To Heal Haiti, Look to History, Not Nature," *The New York Times*, Jan. 22.

Davidson, Adam, (2013), "Do Illegal Immigrants Actually Hurt the U.S. Economy?" *The New York Times*, Feb. 20.

Duddy, Patrick, (2013), "Chavismo Is Entrenched," *The New York Times*, Jan. 3.

Dyer, Geoff, (2010), "China's 'Market-Leninism' Has Yet to Face Biggest Test," *The Financial Times*, September 14, p. 2.

Faiola, Anthony, (2000), "A Wounded Samurai on the Run," *The Washington Post*, Nov.

21, p. A19.

Graff, James, (2011), "America Is Not Pleased," *Time*, July, 8,.

Grimes, William, (2011), "René Emilio Ponce, El Salvador General Linked to Priests' Murders, Dies at 64," *The New York Times*, May 3.

Gunson, Phil, (2005), "Raúl Alfonsín: Argentine president who played a key role in the restoration of Democracy," *The Guardian*, April 2.

Guzman, Ralph, (1969), "The Gentle Revolutionaries: Brown Power," *Los Angeles Times West Magazine*, January 26.

Huntington, Samuel P., (2004), "The Hispanic Challenge," *Foreign Policy*, March/April, 2004.

Ignatius, David, (2008), "Racing to the Summit," *The Washington Post*, Nov. 13, 2008, p. A23.

Insulza, José Miguel, (2009), "OAS intent on democracy," *The Miami Herald*, Aug. 1.

Kahn, Joseph, (2001), "Plan to Let Nations Declare Bankruptcy Gains," *The New York Times*, Dec. 25.

Koch-Weser, Iacob, (2011), "Back to the Future for Brazil in Chinese Investment Boom," *The Financial Times*, Nov. 12, p. 1.

Kulish, Nicholas and Melissa Eddy, (2012), "German Court Ruling Favors European Bailout Fund," *The New York Times*, Sept. 14.

LaFranchi, Howard, (2005), "Image problems hamper US on goals abroad" *The Christian Science Monitor*, Dec. 30.

Lapper, Richard, (2011), "Material Demand Shaped Economy of Regional Giant," *The Financial Times*, May 23, p. 4.

Loyka, Mark, (2011), "Latinos Prove to be Influential in US Politics," *COHA*, June 23.

Mahbubani, Kishore, (2012), "Time to Visit Asian Factories for Capitalist Lessons," *The Financial Times*, February 10, p. 9.

Malkin, Elisabeth, (2012), "Accused of Atrocities, Guatemala's Ex-Dictator Chooses Silence," *The New York Times*, Jan. 26.

Margolis, Mac, (2009), "The Crafty Superpower," *Newsweek*, April 18, pp. 20-22.

Martinez, Mel, (2009), "Foundations of Democracy being dismantled," *The Miami Herald*, July 13.

Miller Llana, Sara, (2009), "Was Zelaya's ouster a coup?" *The Christian Science Monitor*, July 21.

Militi, Cristina, (2008), "Brazil and the United States: Two Regional Superpowers Begin to Re-evaluate their Relations," *COHA Press*, November 11.

Micheletti, Roberto, (2009), "The Path Forward for Honduras," *The Wall Street Journal*, July 27.

Miller, Marjorie, (2009), "Open Veins' and enduring ills in Latin America," *Los Angeles Times*, April 26.

Moreno, Luis Alberto, (2011), "Lessons in liberation from Latin America," *The Financial Times*, March 23.

Murray, Charles, (2012), "Why Capitalism Has an Image Problem," *The Wall Street Journal*, July 28, p.C1.

Naím, Moises, (2012), "Siren call of populism seduces yet again," *The Financial Times*, May 2.

Naím, Moisés, (2013), "An Economic Crisis of Historic Proportions," *The New York Times*, Jan. 3.

Nienaber, Georgianne, (2011), "Haiti still buried under the rubble of duelling NGO's: OXFAM Report," *The Huffington Post*, January 14.

Nieto, Enrique Peña, (2012), "Mexico's Next Chapter," *The New York Times*, July 3.

Nye, Joseph S., (2012), "Immigration and American Power," *Project Syndicate*, Dec. 10.

O'Grady, Mary Anastasia, (2009), "Washington Starts Another Trade War," *The Wall Street Journal*, March 16.

Oppenheimer, Andrés, (2012), "Mexico's election may resurrect authoritarian party," *The Miami Herald*, June 23.

Oppenheimer, Andres, (2012), "Brazil may be overplaying hand as South American superpower," *The Miami Herald*, May 8, 2005., Oppenheimer, Andrés, "Latin America gets bad marks in innovation," *The Miami Herald*, Aug. 12.

Oppenheimer, Andrés, (2013), "Obama may help Latin America-without trying," *The Miami Herald*, Jan. 19.

Orozco, Manuel, (2013), Migrant Remittances and Development in the Global Economy Lynne Rienner Publishers, March, 2013.Andres Oppenheimer, "Obama may help Latin America – without trying," *The Miami Herald*, Jan. 19.

Padgett, Tim, (2008), "Big Trouble in Little Havana," *Time*, Aug. 14.

Pearson, Samantha, (2011), "Brazil Acts to Fend off Asian Imports," *The Financial Times*, August 4.

Power, Jonathan (2001), "Henry Kissinger should be tried for war crimes," *Taipei Times*, March 4, p. 9.

Pullen, Natalie and William Mathis, (2009), "Arturo Valenzuela: Looking Back to Look Ahead (II)," *COHA*, Aug. 26.

Rachman, Gideon, (2012), "Blame the great men for Europe's crisis," *The Financial Times*, Oct. 1.

Rathbone, John Paul, (2011), "Latin America Fears a Chinese Slowdown not a European Crash, " *The Financial Times*, Nov. 25, p. 9.

Rathbone, John Paul, (2012) "Chinese Bank Loans to Latin America Top $75bn," *The Financial Times*, February 16, p. 6

Rathbone, John Paul, Jonathan Wheatley, (2012), "Brazil's finance chief attacks US over QE3," *The Financial Times*, Sept. 21.

Rey, Debora, (2011), "Argentina: Ex-agents sentenced in Operation Condor,"*AP*, Mar. 31.

Rieff, David, (2008), "Will Little Havana Go Blue?" *The New York Times*, July 13.

Rubin, Robert and Jacob Weisberg, (2003), "In an Uncertain World," *The New York Times*, Nov. 30.

Sánchez, Marcela, (2003), "The Awkward Truth About Fighting Poverty," *The Washington Post*, Dec. 31.

Schemo, Diana Jean, (2004), "Kissinger Accused of Blocking Scholar," *The New York Times*, June 5.

Shifter, Michael, (2009), "Obama's Honduras Problem," *Foreign Affairs*, Aug. 24.

Silverstein, Stuart and Johanna Neuman, (2008), "Joe Biden is Obama's running mate," *Los Angeles Times*, August 23.

Sims, Calvin, (2001), "Fujimori Is Wined and Dined by Tokyo's Powerful," *The New York Times*, June 28.

Suchlicki, Jaime, (2012), "Foreign Policy: Preparing for Life after Castro," *The Miami Herald*, May, 15.

Thomas, Evan and Richard Wolffe, (2005), "Bush in the Bubble," *Newsweek*, Dec. 19, pp.10-19.

Thomson, Adam, (2008), "Mexico: China's unlikely challenger," *The Financial Times*, Sept. 19.

Torgerson, Dial (1969), "Brown Power: Unity Seen behind School Disorder: Start of a Revolution?" *Los Angeles Times*, March 17.

Vergara, Eva, (2009), "Chile: 129 to be arrested on 'dirty war' charges," *AP*, Sep. 1.

Vergara, Eva, (2011), "Chile recognizes 9,800 more Pinochet victims," *AP*, Aug. 18.

Wagstyl, Stefan, (2011), "Ten Years on, Where Are the Brics?" *The Financial Times*, Dec. 2, p.10.

Walser, Ray, (2009), "Honduras's Conservative Awakening," WebMemo No. 2566, *The Heritage Foundation*, July 27.

Walt, Stephen M., (2012), "Dealing with a Chinese Monroe Doctrine," *The New York Times*, May 2.

Wilentz, Amy, (2012), "Impunity in Port-au-Prince," *The New York Times*, Feb. 8.

Wolf, Martin, (2005), "Seeds of Its Own Destruction," *The Financial Times*, March 9, p. 7.

Wolf, Martin, (2012), "Era of a diminished superpower," *The Financial Times*, June 5.

Wolfe, Tom, (2005), "The Doctrine That Never Died," *The New York Times*, Jan. 30.

Zakaria, Fareed, (2005), "An Imperial Presidency," *Newsweek*, Dec. 19, p.9.

"Don't lie to me, Argentina," (2012), *The Economist*, Feb. 25, p. 16.

"Horrors! A Handshake!" *The New York Times (editorial)*, (2009), April 24.

The Economist Intelligence Unit, (2012), "The Rise of State Capitalism," *The Economist*, Vol. 402, No. 8768, Jan. 21, p. 11.

"Mercantilism in Latin America,", (2012), *The Financial Times*, March 20, p. 8.

"On the Road towards Capitalism," (2012), *The Economist*, March 24, p. 17.

"Revolution in Retreat," (2012), *The Economist*, Special Report on Cuba, March 24, p. 3.

"Success of Immigrants' Children Measured, ", (2013), *The New York Times*, Feb. 9.

"Take three," (2010), *The Economist*, Nov. 24.

"Talking about a cultural revolution,", (2012), *The Financial Times* (editorial), March 15.

"The Miracle of Trade," (1996), *The Economist*, Jan. 27., pp. 61-62.

"The Price of Love," (2011), *The Economist*, Nov. 26.

"The Real Back Yard," (2012), *The Economist*, April 14, p.48.

"The Next Step for World Trade,",(2008), *The New York Times* (editorial), Aug. 2.

"U.S. Latinos biggest minority group with 39 million people," , (2012), *The China Post*, Jan. 1, p. 11.

"William Booth and Nick Miroff, (2012), Peña Nieto to name Colombian as security adviser," *The Washington Post*, June 15.

"YPF / Repsol, (2012), everyone's a loser, *The Financial Times (LEX)*, April 20.

Internet

Bachelet, Pablo, (2005), "China's Latin Influence Is Growing, General Says," *YALE-GLOBAL ONLINE*, March 10.

"Espanglish Accepted By Spain's Dictionary Of The Royal Academy Of The Spanish Language, DRAE", (2012), July 19.

Khanna, Parag, (2011), "Look South, Not East," *Foreign Policy*, Nov. 11.

附　表

附表1　拉丁美洲重要國家暨兩岸政治自由指數（Political Freedom Index）統計表

國家	區分	年度	2002	2003	2004	2005	2006	2007	2008	2009	2010	2011	2012
	阿根廷 Argentina	等級	◆	◆	●	●	●	●	●	●	●	●	●
		分數	3.0	3.0	2.0	2.0	2.0	2.0	2.0	2.0	2.0	2.0	2.0
	貝里斯 Belize	等級	●	●	●	●	◆	●	●	●	●	●	●
		分數	1.5	1.5	1.5	1.5	1.5	1.5	1.5	1.5	1.5	1.5	1.5
	玻利維亞 Bolivia	等級	●	●	◆	●	◆	●	◆	◆	◆	◆	◆
		分數	2.0	2.5	3.0	3.0	3.0	3.0	3.0	3.0	3.0	3.0	3.0
	巴西 Brazil	等級	◆	●	●	●	●	●	●	●	●	●	●
		分數	3.0	2.5	2.5	2.5	2.0	2.0	2.0	2.0	2.0	2.0	2.0
	智利 Chile	等級	●	●	●	●	●	●	●	●	●	●	●
		分數	2.0	1.5	1.0	1.0	1.0	1.0	1.0	1.0	1.0	1.0	1.0
	哥倫比亞 Colombia	等級	◆	◆	◆	◆	◆	◆	◆	◆	◆	◆	◆
		分數	4.0	4.0	4.0	4.0	3.0	3.0	3.0	3.5	3.5	3.5	3.5
	哥斯大黎加 CostaRica	等級	●	●	●	●	●	●	●	●	●	●	●
		分數	1.5	1.5	1.5	1.0	1.0	1.0	1.0	1.0	1.0	1.0	1.0
	古巴 Cuba	等級	◀	◀	◀	◀	◀	◀	◀	◀	◀	◀	◀
		分數	7.0	7.0	7.0	7.0	7.0	7.0	7.0	6.5	6.5	6.5	6.5
	多明尼加 Dominica	等級	●	●	●	●	●	●	●	●	●	●	●
		分數	1.0	1.0	1.0	1.0	1.0	1.0	1.0	1.0	1.0	1.0	1.0
	厄瓜多 Ecuador	等級	◆	●	●	●	◆	◆	◆	▲	◆	◆	◆
		分數	3.0	3.0	3.0	3.0	3.0	3.0	3.0	3.0	3.0	3.0	3.0

國家	區分	年度	2002	2003	2004	2005	2006	2007	2008	2009	2010	2011	2012
	薩爾瓦多 El Salvador	等級	●	●	●	●	●	●	●	●	●	●	●
		分數	2.5	2.5	2.5	2.5	2.5	2.5	2.5	2.5	2.5	2.5	2.5
	瓜地馬拉 Guatemala	等級	◆	◆	◆	◆	◆	◆	◆	◆	◆	◆	◆
		分數	3.5	4.0	4.0	4.0	4.0	3.5	3.5	3.5	4.0	4.0	3.5
	海地 Haiti	等級	◀	◀	◀	◀	◀	◆	◆	◆	◆	◆	◆
		分數	6.0	6.0	6.0	6.5	6.5	4.5	4.5	4.5	4.5	4.5	4.5
	宏都拉斯 Honduras	等級	◆	◆	◆	◆	◆	◆	◆	◆	◆	◆	◆
		分數	3.0	3.0	3.0	3.0	3.0	3.0	3.0	3.0	4.0	4.0	4.0
	牙買加 Jamaica	等級	●	●	●	●	●	●	●	●	●	●	●
		分數	2.5	2.5	2.5	2.5	2.5	2.5	2.5	2.5	2.5	2.5	2.5
	墨西哥 Mexico	等級	◆	●	●	●	●	●	●	●	●	◆	◆
		分數	2.5	2.0	2.0	2.0	2.0	2.5	2.5	2.5	2.5	3.0	3.0
	尼加拉瓜 Nicaragua	等級	◆	◆	◆	◆	◆	◆	◆	◆	◆	◆	◆
		分數	3.0	3.0	3.0	3.0	3.0	3.0	3.0	3.5	4.0	4.0	4.5
	巴拿馬 Panama	等級	●	●	●	●	●	●	●	●	●	●	●
		分數	1.5	1.5	1.5	1.5	1.5	1.5	1.5	1.5	1.5	1.5	1.5
	巴拉圭 Paraguay	等級	●	●	●	●	●	●	●	●	◆	◆	◆
		分數	3.5	3.5	3.0	3.0	3.0	3.0	3.0	3.0	3.0	3.0	3.0
	祕魯 Peru	等級	●	●	●	●	●	●	●	●	●	●	●
		分數	2.0	2.5	2.5	2.5	2.5	2.5	2.5	2.5	2.5	2.5	2.5

國家	區分	年度	2002	2003	2004	2005	2006	2007	2008	2009	2010	2011	2012
	烏拉圭 Uruguay	等級	●	●	●	●	●	●	●	●	●	●	●
		分數	1.0	1.0	1.0	1.0	1.0	1.0	1.0	1.0	1.0	1.0	1.0
	委內瑞拉 Venezuela	等級	◆	◆	◆	◆	◆	◆	◆	◆	◆	◆	◆
		分數	4.0	3.5	3.5	3.5	4.0	4.0	4.0	4.0	4.5	5.0	5.0
	中華民國 ROC	等級	●	●	●	●	●	●	●	●	●	●	●
		分數	1.5	2.0	2.0	1.5	1.0	1.5	1.5	1.5	1.5	1.5	1.5
	中國大陸 PRC	等級	▲	▲	▲	▲	▲	▲	▲	▲	▲	▲	▲
		分數	6.5	6.5	6.5	6.5	6.5	6.5	6.5	6.5	6.5	6.5	6.5
	受評國家數量		195	195	195	195	195	195	195	195	195	195	195

參考資料：http://www.freedomhouse.org

（政治權利（political rights）＋公民自由（civil liberties））／2的值，

若介於 1.0~2.5則以●表示Free

3.0~5.0則以◆表示Partly Free

5.5~7.0則以▲表示Not Free

附表2　拉丁美洲重要國家暨兩岸全球和平指數（Global Peace Index）統計表

國家	區分	年度 2007	2008	2009	2010	2011	2012
阿根廷 Argentina	分數	1.923	1.895	1.851	1.962	1.852	1.763
	排名	52	56	66	71	55	44
貝里斯 Belize	分數	N/A	N/A	N/A	N/A	N/A	N/A
	排名	N/A	N/A	N/A	N/A	N/A	N/A
玻利維亞 Bolivia	分數	2.052	2.043	1.990	2.037	2.045	2.021
	排名	59	78	81	81	76	84
巴西 Brazil	分數	2.173	2.168	2.022	2.048	2.040	2.017
	排名	83	90	85	83	74	83
智利 Chile	分數	1.568	1.576	1.481	1.616	1.710	1.616
	排名	16	19	20	23	38	30
哥倫比亞 Colombia	分數	2.770	2.757	2.645	2.787	2.700	2.625
	排名	116	130	130	138	139	144
哥斯大黎加 CostaRica	分數	1.702	1.701	1.578	1.590	1.681	1.659
	排名	31	34	29	26	31	36
古巴 Cuba	分數	1.968	1.954	1.856	1.964	1.964	1.951
	排名	59	62	68	72	67	70
多明尼加 Dominica	分數	2.125	2.103	1.890	2.069	2.071	2.068
	排名	74	82	70	93	91	90
厄瓜多 Ecuador	分數	2.219	2.274	2.211	2.185	2.116	2.028
	排名	87	100	109	101	90	85

國家	區分	年度					
		2007	2008	2009	2010	2011	2012
薩爾瓦多 El Salvador	分數	2.244	2.163	2.068	2.195	2.215	2.220
	排名	89	89	94	103	102	111
瓜地馬拉 Guatemala	分數	2.285	2.328	2.218	2.258	2.405	2.287
	排名	93	103	111	112	125	124
海地 Haiti	分數	N/A	2.362	2.330	2.270	2.288	2.179
	排名	N/A	109	116	114	113	107
宏都拉斯 Honduras	分數	2.390	2.335	2.265	2.395	2.327	2.339
	排名	93	104	112	125	117	129
牙買加 Jamaica	分數	2.164	2.226	2.111	2.138	2.244	2.222
	排名	81	96	102	98	106	113
墨西哥 Mexico	分數	2.225	2.191	2.209	2.216	2.362	2.445
	排名	79	93	108	107	121	135
尼加拉瓜 Nicaragua	分數	2.020	1.919	1.801	1.924	2.021	2.006
	排名	56	59	61	64	72	81
巴拿馬 Panama	分數	1.798	1.797	1.798	1.878	1.812	1.899
	排名	45	48	59	61	49	61
巴拉圭 Paraguay	分數	1.946	1.997	1.916	2.019	1.954	1.973
	排名	55	70	73	77	66	76
祕魯 Peru	分數	2.056	2.046	1.972	2.067	2.077	1.995
	排名	70	80	79	89	85	79

國家	區分	年度	2007	2008	2009	2010	2011	2012
烏拉圭 Uruguay		分數	1.661	1.606	1.557	1.568	1.521	1.628
		排名	24	21	25	24	21	33
委內瑞拉 Venezuela		分數	2.453	2.505	2.381	2.387	2.403	2.278
		排名	102	123	120	122	124	123
中華民國 ROC		分數	1.731	1.779	1.652	1.664	1.638	1.602
		排名	36	44	37	35	27	27
中國大陸 PRC		分數	1.980	1.981	1.921	2.034	2.054	2.061
		排名	60	67	74	83	80	89
受評國家數量			158	158	158	158	158	158

參考資料：http://www.Global Peace Index-Methodolgy, Results & Findings

評分以1~5分作基準尺度，以1分為最佳表示和平程度穩定

附表3　拉丁美洲重要國家暨兩岸貪腐印象指數（Corruption Perceptions Index）統計表

國家	區分	年度	2001	2002	2003	2004	2005	2006	2007	2008	2009	2010	2011
阿根廷 Argentina	排名		57	70	92	108	97	93	105	109	106	105	100
	分數		3.5	28	2.5	2.5	2.8	2.9	2.9	2.9	2.9	2.9	3
貝里斯 Belize	排名		46	N/A	46	60	62	66	99	109	N/A	N/A	N/A
	分數		4.0	N/A	4.5	3.8	3.7	3.5	3.0	2.9	N/A	N/A	N/A
玻利維亞 Bolivia	排名		N/A	89	106	122	117	105	105	102	120	110	118
	分數		N/A	2.2	2.3	2.2	2.5	2.7	2.9	3.0	2.7	2.8	2.8
巴西 Brazil	排名		46	45	54	59	62	70	72	80	75	69	73
	分數		4.0	4.0	3.9	3.9	3.7	3.3	3.5	3.5	3.7	3.7	3.8
智利 Chile	排名		18	17	20	20	21	20	22	23	25	21	22
	分數		7.5	7.5	7.4	7.4	7.3	7.3	7.0	6.9	6.7	7.2	7.2
哥倫比亞 Colombia	排名		50	57	59	60	55	59	68	70	75	78	80
	分數		3.8	3.6	3.7	3.8	4	3.9	3.8	3.8	3.7	3.5	3.4
哥斯大黎加 CostaRica	排名		40	40	50	41	51	55	46	47	43	41	50
	分數		4.5	4.5	4.3	4.9	4.2	4.1	5.0	5.1	5.3	5.3	4.8
古巴 Cuba	排名		N/A	N/A	43	62	59	66	61	65	61	69	61
	分數		N/A	N/A	4.6	3.7	3.8	3.5	4.2	4.3	4.4	3.7	4.2
多明尼加 Dominica	排名		N/A	N/A	N/A	N/A	N/A	53	37	33	34	44	44
	分數							4.5	5.6	6.0	5.9	5.2	5.2
厄瓜多 Ecuador	排名		79	89	113	112	117	138	150	151	146	127	120
	分數		2.3	2.2	2.2	2.4	2.5	2.3	2.1	2.0	2.2	2.5	2.7

國家	區分	年度	2001	2002	2003	2004	2005	2006	2007	2008	2009	2010	2011
薩爾瓦多 El Salvador		排名	54	62	59	51	51	57	67	67	84	73	80
		分數	3.6	3.4	3.7	4.2	4.2	4.0	4.0	3.9	3.4	3.6	3.4
瓜地馬拉 Guatemala		排名	65	81	100	122	117	111	111	96	84	91	120
		分數	2.9	2.5	2.4	2.2	2.5	2.6	2.8	3.1	3.4	3.2	2.7
海地 Haiti		排名	N/A	89	131	145	155	163	177	177	168	146	175
		分數	N/A	2.2	1.5	1.5	1.8	1.8	1.6	1.4	1.8	2.2	1.8
宏都拉斯 Honduras		排名	71	71	106	114	107	121	131	126	130	134	129
		分數	2.7	2.7	2.3	2.3	2.6	2.5	2.5	2.6	2.5	2.4	2.6
牙買加 Jamaica		排名	N/A	45	57	74	64	61	84	96	99	87	86
		分數	N/A	4.0	3.8	3.3	3.6	3.7	3.3	3.1	3.0	3.3	3.3
墨西哥 Mexico		排名	51	57	64	64	65	70	72	72	89	98	100
		分數	3.7	3.6	3.6	3.6	3.5	3.3	3.5	3.6	3.3	3.1	3
尼加拉瓜 Nicaragua		排名	77	81	88	97	107	111	123	134	130	127	134
		分數	2.4	2.5	2.6	2.7	2.6	2.6	2.6	2.5	2.5	2.5	2.5
巴拿馬 Panama		排名	51	67	66	62	65	84	94	85	84	73	86
		分數	3.7	3.0	3.4	3.7	3.5	3.1	3.2	3.4	3.4	3.6	3.3
巴拉圭 Paraguay		排名	N/A	98	129	140	144	111	138	138	154	146	154
		分數	N/A	1.7	1.6	1.9	2.1	2.6	2.4	2.4	2.1	2.2	2.2
秘魯 Peru		排名	44	45	59	67	65	70	72	72	75	78	80
		分數	4.1	4.0	3.7	3.5	3.5	3.3	3.5	3.6	3.7	3.5	3.4

國家	區分	年度	2001	2002	2003	2004	2005	2006	2007	2008	2009	2010	2011
烏拉圭 Uruguay		排名	35	32	33	28	32	28	25	23	25	24	25
		分數	5.1	5.1	5.5	6.2	5.9	6.4	6.7	6.9	6.7	6.9	7
委內瑞拉 Venezuela		排名	69	81	100	114	130	138	162	158	126	164	172
		分數	2.8	2.5	2.4	2.3	2.3	2.3	2.0	1.9	1.9	2.0	1.9
中華民國 ROC		排名	27	29	30	35	32	34	34	39	37	33	32
		分數	5.9	5.6	5.7	5.6	5.9	5.9	5.7	5.7	5.6	5.8	6.1
中國大陸 PRC		排名	57	59	66	71	78	70	72	72	79	78	75
		分數	3.5	3.5	3.4	3.4	3.2	3.3	3.5	3.6	3.6	3.5	3.6
受評國家數量			91	102	133	146	159	163	179	180	180	178	178

參考資料：http://www.transparency.org/

附表4 拉丁美洲重要國家暨兩岸經濟自由指數（Economic Freedom Index）統計表

國家	區分	2004	2005	2006	2007	2008	2009	2010	2011	2012	2013
阿根廷 Argentina	分數	53.9	51.7	53.4	54.0	54.2	52.3	51.2	51.7	48.0	46.7
	排名	113	128	119	118	113	138	135	137	158	160
貝里斯 Belize	分數	62.8	64.5	64.7	63.3	63.0	63.0	61.5	63.8	61.9	57.3
	排名	57	48	46	56	59	66	79	71	76	102
玻利維亞 Bolivia	分數	64.5	58.4	57.8	54.2	53.1	53.6	49.4	50.0	50.2	47.9
	排名	49	77	87	116	123	130	145	147	146	156
巴西 Brazil	分數	62.0	61.7	60.9	56.2	56.2	56.7	55.6	56.3	57.9	57.7
	排名	60	63	69	96	96	105	112	113	99	100
智利 Chile	分數	76.9	77.8	78.0	77.7	78.6	78.3	77.2	77.4	78.3	79
	排名	11	9	9	11	11	11	10	11	7	7
哥倫比亞 Colombia	分數	61.2	59.6	60.4	59.9	62.2	62.3	65.5	68.0	68.0	69.6
	排名	65	70	72	77	66	72	57	45	44	37
哥斯大黎加 CostaRica	分數	66.4	66.1	65.9	64.0	64.2	66.4	65.9	67.3	68.0	67.0
	排名	40	42	42	50	50	46	54	49	45	49
古巴 Cuba	分數	34.4	35.5	29.3	28.6	27.5	27.9	26.7	27.7	28.3	28.5
	排名	152	152	156	156	156	177	177	177	177	176
多明尼加 Dominica	分數	54.6	55.1	56.3	56.8	57.7	59.2	63.2	63.2	63.3	63.9
	排名	N/A	N/A	N/A	N/A	N/A	70	70	70	72	64
厄瓜多 Ecuador	分數	54.4	52.9	54.6	55.3	55.2	52.5	49.3	47.1	48.3	46.9
	排名	112	120	111	103	107	137	147	158	155	159

國家	區分	年度	2004	2005	2006	2007	2008	2009	2010	2011	2012	2013
薩爾瓦多 El Salvador		分數	71.2	71.5	69.6	68.9	68.5	69.8	69.9	68.8	68.7	66.7
		排名	22	18	31	33	36	32	31	40	41	53
瓜地馬拉 Guatemala		分數	59.6	59.5	59.1	60.5	59.8	59.4	61.0	61.9	60.9	60
		排名	72	73	79	71	82	87	82	79	83	85
海地 Haiti		分數	51.2	48.4	49.2	51.4	49.0	50.5	50.8	52.1	50.7	48.1
		排名	128	137	139	136	137	147	141	133	142	152
宏都拉斯 Honduras		分數	55.3	55.3	57.4	59.1	58.9	58.7	58.3	58.6	58.8	58.4
		排名	104	100	90	82	84	90	97	99	92	96
牙買加 Jamaica		分數	66.7	67.0	66.4	65.5	65.7	65.2	65.5	65.7	65.1	66.8
		排名	37	34	41	45	47	52	58	57	58	52
墨西哥 Mexico		分數	66.0	65.2	64.7	66.0	66.2	65.8	68.3	67.8	65.3	67
		排名	44	43	47	43	45	48	41	47	54	50
尼加拉瓜 Nicaragua		分數	61.4	62.5	63.8	62.7	60.8	59.8	58.3	58.8	57.9	56.6
		排名	64	58	52	61	74	84	98	98	101	110
巴拿馬 Panama		分數	65.3	64.3	65.6	64.6	64.7	64.7	64.8	64.9	65.2	62.5
		排名	45	50	43	48	49	54	60	61	56	71
巴拉圭 Paraguay		分數	56.7	53.4	55.6	58.3	60.0	61.0	61.3	62.3	61.8	61.1
		排名	98	115	106	85	80	80	81	77	79	80
祕魯 Peru		分數	64.7	61.3	60.5	62.7	63.8	64.6	67.6	68.6	68.7	68.2
		排名	47	65	71	62	54	58	45	41	42	44

國家	區分	年度	2004	2005	2006	2007	2008	2009	2010	2011	2012	2013
烏拉圭 Uruguay	分數		66.7	66.9	65.3	68.4	67.9	69.1	69.8	70.0	69.9	69.7
	排名		38	36	44	35	41	38	34	33	32	36
委內瑞拉 Venezuela	分數		46.7	45.2	44.6	47.9	44.7	39.9	37.1	37.6	38.1	36.1
	排名		140	148	149	143	149	174	174	175	174	174
中華民國 ROC	分數		69.6	71.3	69.7	69.4	70.3	69.5	70.4	70.8	71.9	72.7
	排名		26	20	30	29	28	35	27	26	18	20
中國大陸 PRC	分數		52.5	53.7	53.6	52.0	53.1	53.2	51.0	52.0	51.2	51.9
	排名		124	113	117	133	124	132	139	135	138	136
受評國家數量				155	155	157	157	157	179	179	179	179

參考資料：http://www.heritage.org/index/explore

附表5　拉丁美洲重要國家暨兩岸全球化指數（Globalization Index）統計表

國家	區分	年度	2002	2003	2004	2005	2006	2007	2008	2009	2010
阿根廷 Argentina		等級	◆	◆	◆	◆	◆	◆	◆	◆	◆
		分數	63.91	62.58	63.21	61.6	61.33	61.19	59.85	58.94	61.18
貝里斯 Belize		等級	◆	◆	◆	◆	◆	◆	◆	◆	◆
		分數	50.00	50.91	50.52	51.74	52.07	51.18	50.96	48.25	52.7
玻利維亞 Bolivia		等級	◆	◆	◆	◆	◆	◆	◆	◆	◆
		分數	52.79	53.19	55.04	55.23	55.69	55.30	55.00	53.79	53.46
巴西 Brazil		等級	◆	◆	◆	◆	◆	◆	◆	◆	◆
		分數	60.11	59.08	60.08	60.28	60.10	60.71	59.31	59.36	60.38
智利 Chile		等級	◆	◆	◆	◆	▲	▲	◆	▲	▲
		分數	69.67	70.87	72.31	72.62	73.60	74.80	74.68	73.31	73.74
哥倫比亞 Colombia		等級	◆	◆	◆	◆	◆	▲	◆	◆	◆
		分數	53.74	55.07	54.97	54.71	54.71	59.37	58.45	56.32	59.93
哥斯大黎加 CostaRica		等級	▲	◆	◆	◆	◆	◆	◆	◆	◆
		分數	61.08	63.53	60.17	62.77	64.78	66.03	63.96	63.09	66.51
古巴 Cuba		等級	◆	●	◆	◆	◆	◆	◆	◆	◆
		分數	45.80	46.40	46.60	47.26	49.41	50.43	63.96	48.65	51.23
多明尼加 Dominica		等級	●	●	●	●	●	●	●	◆	◆
		分數	41.90	42.62	42.57	43.10	43.12	43.54	43.22	40.65	61.44
厄瓜多 Ecuador		等級	◆	◆	◆	◆	◆	◆	◆	◆	◆
		分數	53.45	57.54	58.84	59.26	59.20	59.36	56.48	54.16	56.91

國家	區分	2002	2003	2004	2005	2006	2007	2008	2009	2010
薩爾瓦多 El Salvador	等級	◆	◆	◆	◆	◆	◀	◀	◆	◀
	分數	60.48	60.88	62.64	62.95	64.30	65.01	65.94	63.70	66.26
瓜地馬拉 Guatemala	等級	◆	◆	◆	◆	◆	◆	◆	◆	◆
	分數	50.74	50.83	57.15	58.99	60.50	61.65	61.09	60.86	59.94
海地 Haiti	等級	●	●	●	●	●	●	●	●	●
	分數	29.29	32.51	33.03	36.12	36.21	36.65	36.89	36.55	35.9
宏都拉斯 Honduras	等級	◆	◆	◆	◆	◆	◆	◆	◆	◆
	分數	55.83	57.27	58.06	59.07	60.68	61.67	61.1	61.44	62.74
牙買加 Jamaica	等級	◆	◆	◆	◆	◆	◀	◆	◆	◆
	分數	58.78	60.20	67.00	62.83	64.34	65.56	64.87	61.34	64.92
墨西哥 Mexico	等級	◆	◆	◆	◆	◆	◆	◆	◆	◆
	分數	58.86	58.49	58.66	60.78	59.99	60.16	60.00	59.96	60.92
尼加拉瓜 Nicaragua	等級	◆	◆	◀	◀	◆	◀	◆	◆	◆
	分數	53.86	54.55	54.03	52.60	54.25	54.71	54.58	55.11	56.66
巴拿馬 Panama	等級	◆	◆	◆	◆	◆	◆	◆	◆	◆
	分數	63.97	64.64	65.41	65.37	66.75	68.08	68.64	68.24	67.66
巴拉圭 Paraguay	等級	◆	◆	◆	◆	◆	◆	◀	◆	◆
	分數	52.51	53.46	55.70	56.33	57.16	57.78	56.99	57.53	57
秘魯 Peru	等級	◆	◆	◆	◆	◆	◆	◆	◆	◆
	分數	56.62	57.63	59.26	60.99	62.08	64.94	65.33	64.53	63.37

國家	區分	年度	2002	2003	2004	2005	2006	2007	2008	2009	2010
	烏拉圭 Uruguay	等級	◆	◆	◆	◀	◀	◀	◀	◀	◀
		分數	60.64	63.03	64.54	65.50	65.67	66.35	65.81	65.71	65.62
	委內瑞拉 Venezuela	等級	◆	◆	◆	◆	◆	◆	◆	◆	◆
		分數	60.63	62.11	58.26	58.34	57.36	55.71	54.30	50.90	53.82
	中華民國 ROC	等級									
		分數									
	中國大陸 PRC	等級	◆	◆	◆	◆	◆	◀	◆	◆	◆
		分數	55.30	56.17	58.38	60.53	59.42	60.54	59.35	59.37	62.68
	受評國家數量		195	195	195	195	195	195	195	195	195

參考資料：http://globalization.kof.ethz.ch/

若介於　25.0~45.0　則以 ● 表示　No: Globalize

　　　　45.1~65.0　則以 ◆ 表示　partly Globalize

　　　　65.1~85.0　則以 ▲ 表示　Globalize

附表6 拉丁美洲重要國家暨兩岸貿易促進指數（The Enabling Trade Index）統計表

國家	區分	年度	2007	2008	2009	2010	2011	2012
	阿根廷 Argentina	分數	N/A	3.65	3.46	3.64	N/A	3.68
		排名	N/A	78	97	95	N/A	96
	貝里斯 Belize	分數	N/A	N/A	N/A	N/A	N/A	N/A
		排名	N/A	N/A	N/A	N/A	N/A	N/A
	玻利維亞 Bolivia	分數	N/A	3.36	3.55	3.59	N/A	3.68
		排名	N/A	94	88	93	N/A	95
	巴西 Brazil	分數	N/A	3.63	3.58	3.76	N/A	3.79
		排名	N/A	80	87	87	N/A	84
	智利 Chile	分數	N/A	4.88	4.96	5.06	N/A	5.12
		排名	N/A	27	19	18	N/A	14
	哥倫比亞 Colombia	分數	N/A	3.7	3.61	3.72	N/A	3.78
		排名	N/A	75	84	91	N/A	89
	哥斯大黎加 CostaRica	分數	N/A	4.41	4.36	4.45	N/A	4.41
		排名	N/A	44	43	44	N/A	43
	古巴 Cuba	分數	N/A	N/A	N/A	N/A	N/A	N/A
		排名	N/A	N/A	N/A	N/A	N/A	N/A
	多明尼加 Dominica	分數	N/A	3.85	3.64	3.94	N/A	3.78
		排名	N/A	63	81	73	N/A	87
	厄瓜多 Ecuador	分數	N/A	3.36	3.41	3.74	N/A	3.83
		排名	N/A	96	103	89	N/A	83

國家	區分	年度	2007	2008	2009	2010	2011	2012
薩爾瓦多 El Salvador		分數	N/A	4.13	4.0	4.16	N/A	3.99
		排名	N/A	55	56	57	N/A	70
瓜地馬拉 Guatemala		分數	N/A	4.14	3.97	3.97	N/A	3.90
		排名	N/A	54	58	69	N/A	77
海地 Haiti		分數	N/A	N/A	N/A	N/A	N/A	2.97
		排名	N/A	N/A	N/A	N/A	N/A	128
宏都拉斯 Honduras		分數	N/A	3.83	3.8	3.98	N/A	3.89
		排名	N/A	64	66	66	N/A	78
牙買加 Jamaica		分數	N/A	3.8	3.7	3.92	N/A	3.89
		排名	N/A	66	79	74	N/A	79
墨西哥 Mexico		分數	N/A	3.83	3.74	4.04	N/A	4.08
		排名	N/A	65	74	64	N/A	65
尼加拉瓜 Nicaragua		分數	N/A	3.78	3.71	3.85	N/A	3.83
		排名	N/A	67	77	79	N/A	82
巴拿馬 Panama		分數	N/A	4.28	4.06	4.12	N/A	4.16
		排名	N/A	46	53	61	N/A	60
巴拉圭 Paraguay		分數	N/A	3.54	3.39	3.53	N/A	3.53
		排名	N/A	83	105	103	N/A	101
祕魯 Peru		分數	N/A	3.76	3.81	4.04	N/A	4.31
		排名	N/A	69	65	63	N/A	53

國家	區分	年度	2007	2008	2009	2010	2011	2012
烏拉圭 Uruguay		分數	N/A	4.06	4.18	4.29	N/A	44.4
		排名	N/A	56	51	50	N/A	40
委內瑞拉 Venezuela		分數	N/A	2.85	2.84	3.04	N/A	2.95
		排名	N/A	115	119	121	N/A	130
中華民國 ROC		分數	N/A	5.15	4.75	4.72	N/A	4.81
		排名	N/A	21	25	28	N/A	29
中國大陸 PRC		分數	N/A	4.25	4.19	4.32	N/A	4.22
		排名	N/A	48	49	43	N/A	56
受評國家數量			N/A	125	125	125	N/A	132

參考資料：Robert Z. Lawrence, Margareta Drzeziek Hanouz, And Sean Doherty, eds., The Global Enabling Trade Report 2012: Reducing Supply Chain Barriers, World Economic Forum, 2012., p.xvii. http://www..com

附表7 拉丁美洲重要國家暨兩岸全球競爭力指數（Global competitiveness Index）統計表

國家	區分	年度 2002	2003	2004	2005	2006	2007	2008	2009	2010	2011	2012
阿根廷 Argentina	排名	63	78	74	72	69	85	88	82	87	85	94
	分數	3.66	3.35	3.54	3.55	4.01	3.87	3.87	3.91	3.95	3.99	3.87
貝里斯 Belize	排名	N/A	N/A	N/A	N/A	N/A	N/A	N/A	N/A	N/A	123	N/A
	分數	N/A	N/A	N/A	N/A	N/A	N/A	N/A	N/A	N/A	3.52	N/A
玻利維亞 Bolivia	排名	78	85	98	101	97	105	118	120	108	103	104
	分數	2.96	3.16	3.09	3.05	3.46	3.55	3.42	3.42	3.64	3.82	3.78
巴西 Brazil	排名	46	54	57	65	66	72	64	56	58	53	48
	分數	4.09	3.95	4.05	3.69	4.03	3.99	4.13	4.23	4.28	4.32	4.40
智利 Chile	排名	20	28	22	23	27	26	28	30	30	31	33
	分數	4.89	4.86	5.01	4.91	4.85	4.47	4.72	4.70	4.69	4.70	4.65
哥倫比亞 Colombia	排名	56	63	64	57	65	69	74	69	68	68	69
	分數	3.86	3.74	3.84	3.84	4.04	4.40	4.05	4.05	4.14	4.20	4.18
哥斯大黎加 CostaRica	排名	43	51	50	64	53	63	59	55	56	61	57
	分數	4.19	4.02	4.12	3.72	4.25	4.11	4.23	4.25	4.31	4.27	4.34
古巴 Cuba	排名	N/A	N/A	N/A	N/A	N/A	N/A	N/A	N/A	N/A	N/A	N/A
	分數	N/A	N/A	N/A	N/A	N/A	N/A	N/A	N/A	N/A	N/A	N/A
多明尼加 Dominica	排名	N/A	N/A	N/A	N/A	N/A	N/A	N/A	N/A	N/A	N/A	N/A
	分數	N/A	N/A	N/A	N/A	N/A	N/A	N/A	N/A	N/A	N/A	N/A
厄瓜多 Ecuador	排名	73	86	90	103	90	103	104	105	105	101	86
	分數	3.17	3.16	3.18	3.01	3.67	3.57	3.58	3.56	3.68	3.82	3.94

國家	區分	2002	2003	2004	2005	2006	2007	2008	2009	2010	2011	2012
薩爾瓦多 El Salvador	排名	57	48	53	56	61	67	79	77	82	91	101
	分數	3.85	4.07	4.10	3.85	4.09	4.05	3.99	4.02	3.99	3.89	3.80
瓜地馬拉 Guatemala	排名	70	89	80	97	75	87	84	80	78	84	83
	分數	3.20	3.10	3.38	3.12	3.91	3.86	3.94	3.96	4.04	4.00	4.01
海地 Haiti	排名	80	102	N/A	N/A	N/A	N/A	N/A	N/A	N/A	141	142
	分數	2.47	2.30	N/A	N/A	N/A	N/A	N/A	N/A	N/A	2.90	2.90
宏都拉斯 Honduras	排名	76	94	97	93	93	83	82	89	91	86	90
	分數	2.98	2.90	3.10	3.18	3.58	3.89	3.98	3.86	3.89	3.98	3.88
牙買加 Jamaica	排名	60	67	65	70	60	78	86	91	95	107	97
	分數	3.76	3.52	3.82	3.64	4.10	3.95	3.89	3.81	3.85	3.76	3.84
墨西哥 Mexico	排名	45	47	48	55	58	52	60	60	66	58	53
	分數	4.11	4.12	4.17	3.92	4.18	4.26	4.23	4.19	4.19	4.29	4.36
尼加拉瓜 Nicaragua	排名	75	90	95	99	95	111	123	115	112	115	108
	分數	2.99	3.05	3.12	3.08	3.52	3.45	3.41	3.44	3.57	3.61	3.73
巴拿馬 Panama	排名	50	59	58	73	57	59	58	59	53	49	40
	分數	4.00	3.81	4.01	3.55	4.18	4.18	4.24	4.21	4.33	4.35	4.49
巴拉圭 Paraguay	排名	72	95	100	113	106	121	124	124	120	112	116
	分數	2.17	2.87	2.99	2.80	3.33	3.30	3.40	3.35	3.49	3.53	3.67
祕魯 Peru	排名	54	57	67	68	74	86	83	78	73	67	61
	分數	.87	3.88	3.78	3.66	3.94	3.87	3.95	4.01	4.11	4.20	4.28

國家	區分	年度	2002	2003	2004	2005	2006	2007	2008	2009	2010	2011	2012
烏拉圭 Uruguay		排名	42	50	54	54	73	75	75	65	64	63	74
		分數	4.19	4.03	4.08	3.93	3.96	3.97	4.04	4.10	4.23	4.25	4.13
委內瑞拉 Venezuela		排名	68	82	85	89	88	98	105	113	122	124	126
		分數	3.63	3.21	3.30	3.22	3.69	3.63	3.56	3.48	3.48	3.51	3.46
中華民國 ROC		排名	3	5	4	5	13	14	17	12	13	13	13
		分數	5.50	5.58	5.69	5.58	5.41	5.25	5.22	5.20	5.21	5.26	5.28
中國大陸 PRC		排名	33	44	46	49	54	34	30	29	27	26	29
		分數	4.37	4.19	4.29	4.07	4.24	4.57	4.70	4.74	4.84	4.90	4.83
受評國家數量			80	150	150	150	150	150	150	150	150	150	150

參考資料：世界經濟論壇 http://www.weforum.org/

說明：The Global Competitiveness Index measures the set of institutions, policies, and factors that set the sustainable current and medium-term levels of economic prosperity.

附表8　拉丁美洲重要國家暨兩岸新聞自由指數（Press Freedom Index）統計表

國家	區分	年度	2002	2003	2004	2005	2006	2007	2008	2009	2010	2011
阿根廷 Argentina	排名		42	67	79	59	76	82	68	47	55	47
	分數		12.00	15.17	21.33	13.67	17.30	24.83	14.08	11.33	16.35	14.00
貝里斯 Belize	排名		N/A	N/A	N/A	N/A	N/A	N/A	N/A	N/A	N/A	N/A
	分數		N/A	N/A	N/A	N/A	N/A	N/A	N/A	N/A	N/A	N/A
玻利維亞 Bolivia	排名		48	51	76	45	16	68	115	95	103	108
	分數		14.50	9.67	20.00	9.67	4.50	21.50	28.20	24.17	28.13	40.00
巴西 Brazil	排名		54	71	66	63	75	84	82	71	58	99
	分數		18.75	16.75	16.50	14.50	17.17	25.25	18.00	15.88	16.60	35.33
智利 Chile	排名		24	37	42	50	49	39	56	39	33	80
	分數		6.50	6.83	10.00	11.75	11.63	12.13	11.50	10.50	10.50	29.00
哥倫比亞 Colombia	排名		114	147	134	128	131	126	126	126	145	143
	分數		40.83	49.17	47.38	40.17	44.75	42.33	35.50	40.13	51.50	66.50
哥斯大黎加 CostaRica	排名		15	24	35	41	29	21	22	30	29	19
	分數		4.25	3.83	7.63	8.50	6.67	6.50	5.10	8.00	8.08	～2.25
古巴 Cuba	排名		134	165	106	161	165	165	169	170	166	167
	分數		90.25	97.83	106.83	87.00	95.00	96.17	88.33	94.00	78.00	98.83
多明尼加 Dominica	排名		N/A	72	31	51	52	72	82	98	97	95
	分數		N/A	17.00	6.75	12.25	12.75	22.75	8.00	26.83	26.13	33.25
厄瓜多 Ecuador	排名		20	42	66	87	68	56	74	84	101	104
	分數		5.50	7.67	16.50	21.75	15.25	18.50	15.50	20.00	27.50	38.00

國家	區分	年度	2002	2003	2004	2005	2006	2007	2008	2009	2010	2011
	薩爾瓦多 El Salvador	排名	33	37	28	28	41	64	62	79	51	37
		分數	8.75	6.83	6.00	5.75	10.00	20.20	12.80	17.25	15.83	9.30
	瓜地馬拉 Guatemala	排名	83	99	66	86	90	104	101	106	77	97
		分數	27.25	30.83	16.50	21.50	21.25	33.00	22.64	29.50	20.25	35.00
	海地 Haiti	排名	106	100	125	117	87	75	73	57	56	52
		分數	36.50	31.00	42.13	33.50	19.50	23.50	15.13	15.00	16.38	15.67
	宏都拉斯 Honduras	排名	N/A	65	53	76	62	87	99	128	143	135
		分數	N/A	14.17	11.75	18.00	14.50	25.50	21.50	42.00	51.13	61.00
	牙買加 Jamaica	排名	N/A	21	24	34	23	27	21	23	25	16
		分數	N/A	3.33	4.17	7.50	5.50	8.63	4.88	4.75	7.67	~3.00
	墨西哥 Mexico	排名	75	74	96	135	132	135	140	137	136	149
		分數	24.75	17.67	27.83	45.50	45.83	53.63	46.13	48.25	47.50	72.67
	尼加拉瓜 Nicaragua	排名	N/A	34	52	68	69	47	59	76	83	72
		分數	N/A	6.50	11.67	15.25	15.50	14.25	12.50	16.75	22.33	24.33
	巴拿馬 Panama	排名	49	53	61	66	39	54	57	55	81	113
		分數	15.50	9.75	14.50	15.00	9.50	17.88	11.83	14.50	21.83	45.67
	巴拉圭 Paraguay	排名	32	40	46	69	82	90	90	54	54	80
		分數	8.50	7.17	10.50	15.50	18.25	26.10	20.50	14.33	16.25	29.00
	祕魯 Peru	排名	36	55	123	116	112	117	108	85	109	115
		分數	9.50	10.25	40.00	33.33	28.25	37.38	26.25	20.88	30.00	51.25

國家	區分		年度	2002	2003	2004	2005	2006	2007	2008	2009	2010	2011
	烏拉圭 Uruguay		排名	21	25	42	46	57	37	43	29	37	32
			分數	6.00	4.00	10.00	9.75	13.75	11.75	8.33	7.63	11.75	4.25
	委內瑞拉 Venezuela		排名	77	96	90	90	115	114	113	124	133	117
			分數	25.00	27.83	24.63	23.00	29.00	36.88	27.33	39.50	47.33	55.00
	中華民國 ROC		排名	35	61	60	51	43	32	36	59	48	45
			分數	9.00	12.00	14.25	12.25	10.50	10.00	8.00	15.08	14.50	13.00
	中國大陸 PRC		排名	138	161	162	159	163	163	167	168	171	174
			分數	97.00	91.25	92.33	83.00	94.00	89.00	85.50	84.50	84.67	136.00
	受評國家數量			139	166	167	167	168	169	173	175	178	179

參考資料：無國界記者網站http://en.rsf.org/

附表9　美國大學拉丁族裔相關系所統計表

學校名稱	設立單位	成立年代
University of Minnesota Twin Cities	Chicana Studies Department	1881
University of Notre Dame	Chicano/a Studies	1882
University of Michigan,Ann Arbor	Chicana Studies Department	1889
University of Southern California	Chicana Studies Department	1890
Pitzer College	Chicana/o Studies Department	1960
Brown University	Chicana and Chicano Studies	1961
Cornell University	Latin American and Latino Studies	1961
University of California, Davis	Chicana Studies Department	1965
East Los Angeles Colleg	Chicana/o Studies Department	1968
The University of Arizona	Mexican American Studies	1968
Claremont Colleges	Chicano/a Studies	1969
University of California, Los Angeles	Chicana and Chicano Studies	1969
University of California, Santa Barbara	Chicana and Chicano Studies Department	1969
Ramapo College	Latin American and Latino Studies	1970
The University of Texas At Austin	Mexican American studies	1970
Williams College	Latino/a Studies	1970
Wayne State University	Center for Latino/a and Latin American Studies	1972
DePaul University	Latin American & Latino Studies	1974
Perkins School of Theology	Mexican American Program	1974
Texas A&M University	Chicana/o Studies Department	1976
Fordham University	Latin American and Latino Studies	1990
University of Illinois	Department of Latina/Latino Studies	1996
Stanford University	Chicana Studies Department	1997
The City College of New York	Latin American & Latino Studies	1998
University of Louisville	Latin American and Latino Studies	2000
Southern Methodist University	Chicana Studies Department	2001
University of Arkansas	Latin American and Latino Studies	2001
Washington Univ-St. Louis USA	IUPLR	2003
Duke University	Latino/a Studies	2007
Five College	Latin American, Caribbean, and Latino Studies	2008

學校名稱	設立單位	成立年代
Cuny Brooklyn College	Chicana Studies Department	2009
El Centro College	Chicana Studies Department	2009
Mountain View College	Chicana Studies Department	2009
Princeton University	Program in Latino Studies	2009
Clark University	Latin American and Latino Studies	2010
California State University	Chicana/o Studies Department	2011
Purdue University	Center for Latin American and Caribbean Studies	2011
University of Illinois at Chicago	Latin American and Latino Studies Program	2011
University of Miami	Latin American, Latino/a, and Caribbean Studies	2011
University of Minnesota	The Making of Chicano Studies Department	2011
Lehman College	Latin American and Puerto Rican Studies	2012
San Jose State University	Mexican American Studies Department	2012
Northwestern University	Latina and Latino Studies	2013
Brandeis University	Latin American and Latino Studies	N/A
City College of San Francisco	Latin American & Latino Studies	N/A
Dickinson College	Latin American, Latino & Caribbean Studies	N/A
Ivan Allen College of Liberal Arts	Latin American and Latino Studies	N/A
John Jay College of Criminal Justice	Latin American and Latina/o Studies	N/A
Massachusetts Institute of Technology	Latin American and Latino Studies	N/A
Montclair State University	Latin American and Latino Studies	N/A
Occidental College	Latin American & Latino Studies	N/A
Queens College	Latin American and Latino Studies	N/A
Saint Peter's College	Latin American and Latino Studies	N/A
The national Hispanic university	Chicano Studies	N/A
William Paterson University	Latin American and Latino Studies	N/A

附　錄

2006年聯合國大會查維茲演說全文

　　主席女士閣下，國家、政府的首腦以及政府代表，諸位早上好！

　　首先，我強烈推薦大家看看諾姆・喬姆斯基的這本書，喬姆斯基是全美乃至世界聲明最有名的知識分子之一。他最近出了一本書，叫《霸權還是生存：美國對全球統治的追求（美帝國方案）》。這是一本非常優秀的書，通過這本書可以了解20世紀世界發生了什麼，什麼正在發生，以及地球的最大威脅；北美帝國的霸權主張危及到了人類的生存。

　　我們不斷警告這個危險的存在，呼籲美國人民和世界人民阻止這個如同懸在我們頭上的達摩克利斯之劍一樣存在的威脅。我本來想從這本書裡選幾段讀給大家聽聽，但由於時間關係，我只能給大家提提建議了。你可以毫不費力地把它讀完，我肯定這是本好書，女士閣下，您對這本書一定很熟悉吧。

　　這本書出過英文、俄文、阿拉伯文和德文版。

　　我想最早讀過這本書的一定是美國的兄弟姐妹，因為他們的威脅就在自己家裡面。魔鬼正在家裡面。魔鬼——就是這個魔鬼，就在這間大廳裡面。

　　這個魔鬼昨天就來過。

　　昨天，這個魔鬼來過。就在這裡，在這兒。就在我面前的這張桌子上，今天還有硫磺味呢。

　　昨天，女士們，先生們，從這個講壇上，美國總統，——我說過他是惡魔，來到這裡，好像他是地球的主宰一樣發表了講話。真的，好像他是在統治世界。

　　我想我們應當找一個精神病醫生分析一下這個美國總統昨天的聲明。作為帝國主義的代言人，他來共用他的祕方，試圖為保存現有的對世界人民的統治、剝削和掠奪的方式進行辯護。

　　可以以此為內容拍一部阿爾弗雷德・希區考克式的電影，我甚至可以給它起個名字，叫《魔鬼祕方》。

　　如喬姆斯基清晰、深刻地分析的那樣，美帝國爲了鞏固其統治秩序無所不用其極。對此我們決不容忍。我們不能讓世界獨裁坐穩了。

　　這個世界之父的聲明，蔑視、僞善，充滿了出於控制一切的目的的帝國僞善。

　　他們說他們想構造一種民主的模式。但那是他們的民主模式。那是虛假的精英民主，我要說，它是一種用武器、炸彈來強加的極原始的民主。

　　這種奇怪的民主，連亞里斯多德也不會承認它！其他生活在民主雛形時代的人也不會承認它！

　　這就是你用國海軍陸戰隊和轟炸施加給我們的民主嗎？

　　昨天，美國總統告訴我們，就在這兒，在這個房間，這裡我轉述一下，「無論到哪裡，你都會聽到極端主義者對你進行的通過暴力、恐怖和犧牲來脫離貧窮、恢復尊嚴的說教。」

　　不論他走到哪裡，他都看到極端主義者。你，我的兄弟，他看看你的外貌就說，噢！一個極端主義者！對他來說，玻利維亞的傑出總統埃沃·莫拉萊斯看起來就像是一個極端主義者。

　　帝國主義者在滿世界裡看到的都是極端主義者。問題不在於我們是不是極端分子，問題在於世界正在覺醒，到處都在覺醒！在於人民正站起來！

　　我有一種感覺，親愛的世界獨裁者，你的餘生將在噩夢中度過，因爲我們大家都正站起來，起而反對美帝國主義，爲平等、爲尊嚴、爲民族獨立而吶喊的人們正站起來！

　　是的，你可以稱我們是極端主義者，但我們正起來推翻帝國，推翻統治秩序。

　　昨天，總統自己親口說「我曾直接告訴中東的大眾，告訴他們我的國家希望和平。」

　　沒錯。如果我們走在布朗克斯的街頭，如果我們在紐約、華盛頓、聖地牙哥、聖安東尼奧、三藩市，在無論哪個城市走走的話，打聽一下普通人、

美國公民，這個國家需要什麼？需要和平嗎？他們當然會說是。

但這個政府並不想要和平。美國政府不需要和平。他們需要通過戰爭從世界秩序中獲取利潤、戰利品和霸權。

它想要和平。那在伊拉克、黎巴嫩、巴勒斯坦都在發生什麼？在過去的一百年間，拉美以及世界發生了什麼？現在又來威脅委內瑞拉、伊朗，這是什麼？（這就是它需要的和平嗎？）

他對黎巴嫩人民說，你們中很多人，都看到了你們的家園和村落是如何毀於交火的。這真是諷刺！撒謊撒到這分兒上真是厚顏無恥！

你是說落在貝魯特的精確制導彈嗎？這是「交火」嗎？

他在想像那種一些人在屋頂射擊，一些人死於「交火」的西方式（的「交火」）吧。

這是帝國主義、法西斯主義的暗殺行徑，是種族滅絕。帝國和以色列朝著巴勒斯坦和黎巴嫩人民開火，這就是正在發生的一切。現在我們聽到，「看到許多家園被毀，我們內心很痛苦。」

美國總統來了，告訴人民——世界人民，他說，我隨身帶了些檔案，因為今天早上我正讀一些聲明。我想，他這是在對著阿富汗、黎巴嫩和伊朗人民訓話。他這是對世界所有民族的人民直接訓話。

你可能會想，一個美國總統對世界上的其他民族的人民發表講話，世界其他地方的人民如果在台下會怎麼回他呢？他們會有什麼話要說？

我想，我約略了解南方人民、被壓迫民族所想到的。他們可能會說，「美國佬，滾回去！」我想如果也給他們一個話筒，他們會異口同聲地告訴這些美帝國主義者的。

這就是為什麼，主席女士，我的同事、朋友們，去年來到這同一間大廳，就像過去八年裡一直做的那樣，我們當時說的都被證實了，完完全全地證實了。

我想這個大廳裡的任何人都不會保衛這個體制。我們承認吧，誠實

些。誕生於二戰時期的這個聯合國，已經崩潰了。它現在一文不值！

噢，是的，每年一次能把我們聚到一起，互相見見面，發表發表聲明，準備各式各樣的長篇大論，聽聽好的演講，像昨天埃沃做的那種，或者盧拉總統的。是的，這很好。

我們還聽到了許多講話，例如斯里蘭卡總統的和智利總統的講話。

但是，我們的聯合國大會已經變成了僅僅是一個協商機構了。我們沒有力量，沒有任何力量對世界上的可怕局勢發生影響。這就是爲什麼，委內瑞拉一再提出的，今天，9月20日我們又將再一次提出，我們應當重建聯合國！

去年，女士閣下，我們提出了四個我們認爲極其重要的適度的提議。我們必須承擔責任，尊敬的各國首腦和代表，我們得就這進行討論。

首要的是要擴大，盧拉昨天在這裡講過：安理會要擴大，不僅擴大常任理事國，也要擴大非常任理事國。新的發達國家和發展中國家，第三世界，應當被賦予成爲新的常任理事國的機會。這是第一步。

第二點，應採取有效的方式從事並解決世界衝突，作出明確的決定。

第三點，立即取消那種大家都要求取消的反民主機制－－否決權，對安理會決定的否決權。

一個最近的例子，美國容許以色列不受約束的毀滅黎巴嫩而作出了不道德的否決。對此，我們就只能站在那裡旁觀，看著安理會的決議被否決。

第四點，如我們已經說過的那樣，我們必須加強聯合國秘書長的職權和力量。

昨天，秘書長實際上給我們做了告別演講。他承認在過去十年裡，世界問題變得更棘手了：饑餓、貧窮、暴力、對人權的侵害，更加惡化了。這就是聯合國崩潰以及美國伸出霸權觸角的巨大後果。

主席女士，委內瑞拉幾年前決定在聯合國內部發起這場鬥爭，我們承認它並加入其中，發出我們的聲音、我們的思想。我們的聲音是一個獨立的聲

音，試圖代表尊嚴，謀求和平和國際秩序的革新；譴責霸權力量的破壞和侵
害。

這就是委內瑞拉如何代表自己的。玻利瓦爾的故鄉已在聯合國謀求非常
任理事國的席位。

讓我們看吧。噢，現在美國政府已經開始了公然的、不道德的抨擊，試
圖阻止委內瑞拉順利獲選安理會的一個席位。

帝國害怕眞理，害怕獨立的聲音。他們稱呼我們是極端主義者，而他們
才是眞正的極端主義者。

我得感謝所有善意地聲明支持委內瑞拉的國家，即使是那些沒有作出決
定的甚至是沒有必要發表聲明的國家。

但自從帝國開始公開地抨擊以來，他們強化了對許多國家的遊說工
作。而這些國家的支援使我們更加強大。

南方共同市場，我們的兄弟，作爲一個集團，表達了對我們的支持。委
內瑞拉、巴西、阿根廷、巴拉圭、烏拉圭，是南共市的正式成員國。

拉美的許多其他國家，加勒比共同體、玻利維亞表達了對委內瑞拉的支
持。阿拉伯聯盟，全體阿拉伯聯盟國家，發出了支持的聲音。我對阿拉伯世
界，對阿拉伯、加勒比和非盟的兄弟國家給予的支持非常感激。幾乎所有非
洲國家還有俄羅斯、中國以及許多其他國家都表達了對委內瑞拉的支持。

我代表委內瑞拉、代表我們的人民以及眞理，熱烈地感謝你們。因爲在
聯合國爭得一個席位的委內瑞拉，將不僅表達我們委內瑞拉自己的思想，也
會表達全世界人民的思想，我們將維護尊嚴和眞理。

除此之外，主席女士閣下，我想有理由保持樂觀。一位詩人曾這樣說
過，「無望地樂觀」，因爲除了戰爭、炸彈、侵略和預防性的戰爭以及整個
人類的毀滅之外，我們還將看到一個新時代的黎明破曉。

西爾維奧・羅德里格斯說過，時代正孕育著心房。世界上有著不同的思
考方式。有許多年輕人以不同視角進行思考。在短短十年內已經看到有人這

樣做了。「歷史的終結」已經被證明是完全錯誤的假定，美國單極世界和資本主義新自由主義世界的建立也同樣如此。這個體系已經表明會產生更多貧困。現在還有誰會相信它？

　　我們現在要做的是要規畫世界的未來。到處都是黎明破曉。你在非洲、歐洲、拉關和大洋洲都可以看到。我想強調一下光明的前景。

　　我們得強化自身、鬥爭的意志和覺醒。我們必須建立一個新的更好的世界。

　　委內瑞拉投身於這場鬥爭，這就是我們受到威脅的原因。美國已經計畫、資助在委內瑞拉發動政變，它持續不斷地支援在委內瑞拉及其他地區的政變企圖。

　　蜜雪兒‧巴切萊特總統剛才還提醒我們要注意對前外交部長奧蘭多‧賴特列爾的可怕暗殺。

　　我這裡只補充一條：此案的罪犯還在逍遙。在那一件事件裡，也有一位美國女公民遇害，罪犯是美國人，他們是中央情報局的殺手，是恐怖分子。

　　在這個大廳裡，我們得記起幾天後將是另一個周年。三十年前，在對古巴客機的可怕襲擊中，有七十三名無辜者遇難。

　　這個大陸上最大的恐怖分子應當為引爆這架飛機負責，他現在在哪裡呢？他在委內瑞拉的監獄裡待了幾年，由於中央情報局和當時的政府官員，他才得以逃脫，現在他就在這個國家被這個政府保護著

　　他被宣判無罪。他承認了罪行，但是美國政府有著雙重標準，只要它需要，它就可以庇護恐怖主義。

　　這就是說，委內瑞拉致力打擊恐怖主義和暴力。我們是為和平而鬥爭的民族中的一員。路易士‧波薩達‧卡裡萊斯是這個正被保護的人的名字。其他極為腐敗的從委內瑞拉逃離的人也在這裡被保護著，他們是一群爆炸各種大使館，在政變中刺殺人民的人。他們綁架了我，準備殺了我，但我想上帝降臨了了，我們的人民走上街頭，軍隊也是，所以今天我才得以站在這裡。

　　但是這些發動政變的人卻在這個國家被美國政府保護著。我控告美國政府保護恐怖分子，譴責他們發表一個充滿蔑視的演講。

　　我們提到了古巴。是的，我們幾天前還去過那裡。我們帶著幸福來到這裡。

　　在那裡，你可以看到另一個是時代的新生。十五國首腦會議，不結盟運動峰會，發表了一個歷史性的決議。這份文件是會議的成果。不要擔心，這裡我不打算讀它。

　　但是你可以看到一系列決議，那是超過五十個國家的政府首腦以透明的方式公開地討論之後作出的。哈瓦那在過去幾周內是南方的首都，我們現在獲得了新的動力並再次發起不結盟運動。

　　如果有什麼我可以請求諸位的，我的同事們，我的兄弟姐妹，那麼就是請你們給不結盟運動以動力，為了促使新的時代的誕生，為了阻止霸權和帝國主義的進展。

　　你知道，菲德爾・卡斯楚是今後三年的不結盟運動主席，我們應當相信他能夠高效地擔當起這個責任來。

　　對那些希望菲德爾死的人來說，他們的希望落空了，因為菲德爾沒有死，他不僅活著，而且又重新穿起他的綠軍裝，現在他不僅是古巴的主席，而且是不結盟運動的主席！

　　所以，我親愛的同事，主席女士閣下，一個新的強大的運動已經誕生了，這是一個南方的運動。我們是南方世界的男男女女。

　　帶著這些檔、想法、批評和思考，我現在就要結束我的發言了。我得帶走這本書。另外，不要忘了，我最親切地最謙遜地推薦它。

　　我們需要拯救這個星球的思想，拯救世界免於帝國主義的威脅。希望在這個世紀，在不長的時間以內，我們能看到這一天，我們會看到這個新的時代到來，為了我們的子孫，我們會看到建立在聯合國基本原則上的世界和平，當然，是一個革新了的聯合國。

　　或許我們應當改個地方。或許我們將不得不把聯合國搬在另外一個地方；或許搬到南方的某個城市。我們已經提出了委內瑞拉作爲選擇。

　　你知道我的私人醫生不得不待在飛機裡。我的衛隊長也不得不被待在飛機裡。他們沒有被獲准到聯合國大會會場參加會議。這是這個充斥著硫磺味的魔鬼的另一個濫用權力的例子。但是上帝與我們同在，我擁抱大家。

　　願上帝保佑大家。祝好！

2008年中國對拉丁美洲和加勒比政策文件

（中國政府2008年11月5日在北京發表。）

前　言

　　當今世界正處在大變革大調整之中，和平與發展是時代主題。世界多極化不可逆轉，經濟全球化深入發展，世界和平與發展既面臨新的機遇，也面臨諸多挑戰。共同分享發展機遇，共同應對各種挑戰，推進人類和平與發展的崇高事業，事關各國人民的根本利益，也是各國人民的共同心願。

　　作爲世界上最大的發展中國家，中國始終不渝走和平發展道路，始終不渝奉行互利共贏的開放戰略，願在和平共處五項原則的基礎上，同所有國家發展友好合作，推動建設持久和平、共同繁榮的和諧世界。

　　拉丁美洲和加勒比是發展中國家的重要組成部分，是當今國際舞台上的一支重要力量。新形勢下，中拉關系面臨新的發展機遇。中國政府制定對拉丁美洲和加勒比政策文件，旨在進一步明確中國對該地區政策目標，提出今后一段時期中拉各領域合作的指導原則，推動中拉關系繼續健康穩定全面發展。

第一部分　拉丁美洲和加勒比的地位和作用

　　拉美歷史悠久，地大物博，經濟社會發展基礎良好，發展潛力巨大。

　　拉美各國積極探索符合本國國情的發展道路，政局保持穩定，經濟持續增長，人民生活不斷改善。各國有著聯合自強的強烈願望，致力於促進本地區和平、穩定、發展，整體實力不斷壯大，國際影響力不斷增強。各國積極參與國際事務，爲維護世界和平、促進共同發展作出了積極貢獻，在國際和

地區事務中發揮著日益重要的作用。

第二部分　中國同拉丁美洲和加勒比的關系

中拉雖然相距遙遠，但中拉人民友誼源遠流長。目前雙方處於相似的發展階段，面臨相同的發展任務，雙方有著增進了解、加強合作的共同願望。

在1949年新中國成立後的二十多年中，中拉之間以民間交往爲主。至上世紀七八十年代，中國同該地區大多數國家實現建交。九〇年代，中拉各領域友好合作取得長足發展。進入二十一世紀以來，中拉高層交往更加頻繁，政治互信日益加深，經貿、科技、文教等領域合作不斷深入，在國際事務中相互支持、密切配合。雙方關系呈現全方位、多層次、寬領域發展的新局面。

中拉友好合作符合雙方人民的根本利益。展望未來，中拉關系發展潛力巨大，前景廣闊，必將爲人類和平與發展的崇高事業作出更大貢獻。

第三部分　中國對拉丁美洲和加勒比政策

加強同廣大發展中國家的團結合作，是中國獨立自主和平外交政策的立足點。中國政府從戰略高度看待對拉關系，致力於同拉丁美洲和加勒比國家建立和發展平等互利、共同發展的全面合作伙伴關系。中國對拉美政策的總體目標是：

——互尊互信、擴大共識。堅持和平共處五項原則，同拉美各國平等相待、相互尊重。不斷加強同拉美國家的對話和溝通，擴大政治互信和戰略共識，在涉及彼此核心利益及重大關切的問題上繼續相互理解、相互支持。

　　——互利共贏、深化合作。充分發揮各自優勢，不斷挖掘合作潛力，同拉美國家成爲互利互惠的經貿合作伙伴，促進雙方共同發展。

　　——互鑒共進、密切交流。積極開展人文交流，相互學習有益經驗，共同促進人類文明發展進步。

　　一個中國原則是中國同拉美國家及地區組織建立和發展關系的政治基礎。中國政府贊賞該地區絕大多數國家恪守一個中國政策，不同臺灣發展官方關系和進行官方往來，支持中國統一大業。中國願在一個中國原則基礎上同拉美各國建立和發展國家關系。

第四部分　加強中國同拉丁美洲和加勒比的全方位合作

一、政治方面

（一）高層交往

　　中方願保持同拉美國家領導人的密切交往勢頭，不斷增進相互了解和信任，加強治國理政經驗交流，鞏固中拉關系發展的政治基礎。

（二）立法機構交往

　　中國全國人民代表大會願在相互尊重、加深了解、發展合作的基礎上，加強同拉美國家議會以及拉美議會、南方共同市場議會、安第斯議會等議會組織多層次、多渠道的友好往來，爲國家關系發展增添新內容、注入新

活力。

（三）政黨交往

　　中國共產黨願在獨立自主、完全平等、互相尊重、互不干涉內部事務原則的基礎上，同拉美各國友好政黨和政治組織開展多種形式的交往，相互交流與學習，增進了解和友誼，加強信任和合作。

（四）磋商機制

　　中國政府有關部門願同拉美國家相關部門建立和完善雙方政府間常設委員會、高層委員會、高級混委會、戰略對話、政治磋商、經貿混委會、經貿磋商、高層工作組、經貿合作論壇、文教混委會、科技混委會等機制，加強磋商和溝通，促進交流合作。

（五）國際事務合作

　　中國政府願繼續加強同拉美國家在國際事務中的協調和配合，就重大國際和地區問題保持經常性溝通，在涉及各自國家主權、領土完整等重大問題上相互支持。中方願同拉美國家共同致力於加強聯合國的作用，推動國際政治經濟秩序向更加公正合理的方向發展，推進國際關系民主化，維護發展中國家合法權益。中國支持拉美國家在國際事務中發揮更大作用。

（六）地方政府交往

　　中方高度重視同拉美國家開展地方政府交往，積極支持雙方建立友好省州或友好城市關系，開展經貿、科技、文化等領域交流合作，增進相互了解

和友誼。重視同拉美國家在地方政府國際組織中開展合作。

二、經濟方面

（一）貿易

　　中國政府將繼續本著平等互利的原則，同拉美國家一道，努力擴大和平衡雙邊貿易，優化貿易結構，促進共同發展。同時，通過磋商協作，妥善解決貿易摩擦。中國願在互利共贏基礎上積極考慮同拉美國家或地區一體化組織商簽自由貿易協定。

（二）投資合作

　　中國政府鼓勵和支持有條件、有信譽的各類中國企業赴拉美地區開展制造業、農業、林業、漁業、能源、礦產資源開發、基礎設施建設、服務業等領域投資合作，爲促進中國同拉美國家經濟社會發展作出貢獻。中國政府繼續歡迎拉美企業在華投資。

（三）金融合作

　　中國政府支持中國貨幣金融當局及金融機構同拉美國家以及該地區貨幣金融當局及金融機構加強在宏觀經濟形勢、經濟金融政策等方面的溝通和業務交流合作。支持商業銀行在拉美設立分支機構。適時推進同拉美國家簽訂銀行監管合作協議。開展反洗錢、打擊恐怖主義融資領域合作。

（四）農業合作

中國政府願通過舉辦農業技術培訓班和派遣技術人員等方式，推動中拉農業科技、人員培訓等領域交流合作。建立信息交流機制，就雙方關心的問題進行溝通。推動中拉動植物檢驗領域合作，擴大農產品貿易，共同促進糧食安全。

（五）工業合作

中方願加強同拉美國家在工業領域的交流，建立完善相關合作機制，分享各自在工業化進程中的成功經驗，推動和深化務實合作。

（六）基礎設施建設

中方願加強同拉美國家在交通、信息通信、水利水電等基礎設施建設等領域的務實合作，擴大在拉美承包工程規模，開展各種形式的互利合作，為改善該地區基礎設施條件作出積極努力。

（七）資源能源合作

中方願在相關領域雙邊合作機制的框架內擴大和深化同拉美國家在資源能源領域的互利合作。

（八）海關合作

中方願加強同拉美國家在海關領域的交流合作，增進雙方海關人員交往，促進貿易安全和便利，就雙方關注的走私、商業瞞騙等問題加強交流和

溝通，適時同有關國家海關商簽行政互助合作文件。

（九）質檢合作

中國政府願加強同拉美國家在質檢以及技術性貿易措施（WTO ／ TBT）、衛生和植物衛生（WTO ／ SPS）領域的交流合作，建立和落實有關質檢磋商機制，保證產品質量和食品安全。就雙方關注的產品質量和食品安全、動植物產品檢疫准入問題加強交流和溝通，商簽檢疫准入議定書，積極開展雙方計量和標準化領域交流合作。

（十）旅遊合作

中方願擴大同拉美國家在旅遊領域的合作，增進雙方人民的相互了解和友誼。中方將積極推動中國旅遊團隊赴拉美國家旅遊，也歡迎拉美國家公民來華旅遊觀光。

（十一）減免債務

中國政府願根據既定的減免債務政策，在力所能及的范圍內，同拉美相關國家積極探討解決其對華債務問題的方式。中國政府也繼續呼吁國際社會特別是發達國家在減免拉美國家債務問題上採取更多實質性行動。

（十二）經濟技術援助

中國政府將根據自身財力和經濟社會發展狀況，繼續向拉美有關國家提供不附加任何政治條件的經濟技術援助，並將根據拉美國家的需求在力所能及的條件下逐步增加援助。

（十三）多邊合作

中國政府願加強同拉美國家在多邊經貿、金融機構和體系中的磋商和協調，促進南南合作，推動多邊貿易體制朝著更加公正合理的方向發展，擴大發展中國家在國際貿易、金融事務中的發言權和決策權。

（十四）商協會合作

中方將深化同拉美國家商協會的合作，利用中國——拉美企業家高峰會和中國——加勒比企業家大會等機制性平台，推動中拉企業界交流，實現合作共贏。

三、人文和社會方面

（一）文體交流

中國政府願積極落實同拉美國家簽訂的文化合作協定和相關執行計畫，保持雙方文化主管部門經常性交往，加強雙方文化、藝術機構、專業人員交流合作。根據雙方文化交流和市場需求，積極引導和推動社會各界開展多種形式的文化交流活動。

中方願保持雙方政府體育主管部門和國家奧委會的交往，鼓勵雙方單項體育協會建立直接聯系，積極引導和推動開展多種形式的雙邊體育交流。

（二）科教合作

中方願通過雙邊科技合作混委會和高層協調機制，促進同拉美國家的科

技交流。加強雙方共同感興趣的航空航天、生物能源、資源環境技術、海洋技術等領域合作。積極推動中國節能技術、數字化醫療、小水電等科技成果和先進實用技術在拉美的推廣應用。開展技術培訓，提供技術服務和示范。利用雙邊和多邊合作機制，促進中拉教育合作和交流。推動簽訂學歷學位互認協議。增加向拉美國家提供政府獎學金名額。

（三）醫療衛生合作

中國政府願積極推動同拉美國家的醫療衛生交流合作，在疾病控制、突發公共衛生事件應急處理、愛滋病、禽流感防治等領域相互借鑒經驗和開展合作。繼續向該地區有關國家派遣醫療隊，提供派遣醫療隊所需的藥品和醫療設備物資，幫助改善醫療設施、培訓醫療人員。

（四）領事合作和人員往來

中國政府願發展和深化同拉美國家的領事關系，加強和擴大雙方領事部門交流合作。通過建立領事磋商機制等方式，同拉美國家就雙邊或多邊領事關系中共同關心的問題進行友好商談，解決彼此關切。採取積極有效措施，促進和保障雙方人員正常往來，爲其從事正常的貿易、投資經營活動提供便利，維護雙方公民合法權益。

（五）新聞合作

中國政府鼓勵並積極推動雙方新聞媒體開展多層次、多形式的交流合作，增進相互了解，全面客觀報道對方情況。加強雙方有關政府新聞部門的溝通和合作，爲雙方媒體交流合作提供便利。

（六）民間交往

中國政府鼓勵雙方民間團體、學術機構開展交流，充分發揮民間友好交往機制作用，促進中國同拉美國家友好關係發展。加強同拉美國家青年組織和機構的交流。深化同拉美各國和區域性婦女組織以及非政府婦女組織的友好合作關係，增進相互了解和互信，共同推進性別平等和婦女進步。

（七）環保合作

中方願加強同拉美國家在環保法律、法規、政策方面的交流，推動雙方生物多樣性保護、污染防治、荒漠化防治等領域人員培訓、教育、能力建設合作。

（八）應對氣候變化合作

中國政府高度重視同拉美國家在應對氣候變化領域的合作，願發展和鞏固雙方在《聯合國氣候變化框架公約》和其他相關機制下的合作。積極推動雙方開展應對氣候變化磋商、交流和相關項目合作。

（九）人力資源和社會保障合作

中方願加強同拉美國家在促進就業、建立和諧勞動關係、完善社會保障制度、人力資源開發、公務員制度改革等領域的交流合作。通過簽訂和落實雙邊合作諒解備忘錄，深化和擴大雙方社會領域交流，加強雙方在國際勞工組織等國際組織的協調和配合。

（十）減災、救災和人道主義援助

中國政府願深化同拉美國家在減災救災領域的信息共享、經驗交流和技術合作，推動雙方建立相關部門雙邊和多邊定期會晤機制。中國政府將繼續積極回應拉美國家緊急人道主義援助要求，鼓勵並支持中國紅十字會等非政府組織同該地區相關團體開展交流合作。

（十一）扶貧合作

中國政府願加強同拉美國家在減少貧困、縮小貧富差距領域的交流合作，推動雙方扶貧機構廣泛建立合作關系，開展機構信息交流、合作研究等活動。積極開展針對拉美國家扶貧人員的培訓活動，加強同該地區國家或區域性組織的扶貧交流活動，加強人員互訪和相互參加對方舉辦的扶貧會議、論壇等活動。

四、和平、安全和司法方面

（一）軍事交流合作

中方願積極開展同拉美國家的軍事交流、防務對話和合作。加強雙方防務和軍隊領導人互訪及人員往來，深化軍事訓練、人員培訓、維和等領域專業交流，拓展非傳統安全領域務實合作，並繼續對拉美國家軍隊建設提供力所能及的幫助。

（二）司法和警務合作

中方願不斷擴展同拉美國家在司法領域特別是刑事和民事司法協助以

及引渡方面的合作。同有關國家司法部門加強在信息交流、刑罰執行、法律服務等方面的合作。同內政、警察部門加強執法合作，聯合打擊包括毒品犯罪、經濟犯罪在內的跨國有組織犯罪；加強情報信息和技術交流，建立雙邊、多邊交流制度，及時交流非法移民活動信息，提高防范能力。

（三）非傳統安全

中國政府願加強同拉美國家在非傳統安全領域的交流合作，增加信息交流和人員往來，探討在打擊恐怖主義等非傳統安全領域深化合作的有效途徑和方式，共同提高應對非傳統安全威脅的能力。

第五部分　中國同拉丁美洲和加勒比地區組織的關係

中國政府讚賞拉美區域及次區域組織在維護地區和平穩定、促進該地區團結和發展以及一體化等方面發揮的重要作用，支持其在地區和國際事務中發揮積極影響。中方將繼續加強同有關組織在各領域的交流、磋商、合作。

2013年6月5日中華人民共和國主席習近平在墨西哥參議院演講全文

促進共同發展　共創美好未來

尊敬的墨西哥國會常設委員會主席安納亞先生，各位議員，女士們，先生們，朋友們：

大家好！今天，有機會來到墨西哥參議院演講，同各位議員交流，我感到十分榮幸。

借此機會，我謹代表中國政府和人民，向在座各位議員朋友和長期致力於中墨友好的各界人士，向熱情友好的墨西哥人民，致以誠摯問候和良好祝願！

今年4月，培尼亞總統對中國進行正式訪問並出席博鰲亞洲論壇年會，我們就新形勢下加強中墨關係達成重要共識。當時，培尼亞總統熱情邀請我訪問墨西哥，我愉快地答應了。我的想法是，爲了推動中墨關係加快發展，必須趁熱打鐵、乘勢而上。

2009年，我曾訪問過墨西哥。時隔四年，再次來到這個美麗多彩的國家，我感到十分高興，也感到十分親切。

中國有句話叫「賓至如歸」，說的是客人到了　個地方，就像回到家裏一樣。來到墨西哥，我就有這樣的感覺。

中墨兩國有著悠久的交往歷史。這次前來墨西哥途中，當我透過飛機舷窗俯瞰浩瀚的太平洋時，彷彿看見幾個世紀前那些滿載絲綢、瓷器的「中國之船」正向著阿卡普爾科破浪前行；當我踏上貴國的土地時，又彷彿看見那位傳說中的樂善好施的美麗「中國姑娘」正在布埃布拉傳授紡織、刺繡技藝。我這次訪問墨西哥，目的是深化友誼、擴大合作，同貴國領導人共同規畫中墨關係的發展藍圖。

女士們、先生們、朋友們！

墨西哥是個具有悠久文明歷史的國家。瑪雅人的金字塔，阿茲特克人的

太陽曆，見證著貴國古代文明的輝煌。當代藝術大師裏維拉的壁畫，文學巨匠帕斯的著作，凝聚著墨西哥人民對現實世界和人類生活的深刻感受。

今天的墨西哥，經濟快速發展，綜合國力和國際影響力不斷提升。從坎昆聯合國氣候變化大會，到洛斯卡沃斯二十國集團領導人峰會，世界的目光一次又一次聚焦在欣欣向榮的墨西哥。我們對墨西哥的發展成就表示祝賀，衷心祝願墨西哥國家建設事業取得更大成就！

女士們、先生們、朋友們！

回顧歷史，中墨兩國人民都創造了燦爛的文化，都為人類文明進步作出了不可磨滅的貢獻。拉美有句諺語：「朋友要老，好酒要陳。」中墨兩國經過歲月積澱的深厚友誼，正如陳年的龍舌蘭酒，歷久彌香。

近代以來，中墨兩國在爭取民族解放、捍衛國家主權、建設現代化國家的奮鬥中相互聲援、彼此支援。現在，我們兩國都進入了經濟社會發展的快車道，都呈現出美好的發展前景，中墨關係正面臨前所未有的重要機遇。

這次來，我同培尼亞總統舉行了很好的會談。剛才，我又會見了安納亞主席和阿羅約眾議長。我們一致認為，發展中墨關係既要著眼雙邊合作，更要面向世界。為此，我和培尼亞總統決定，將兩國關係提升為全面戰略伙伴關係，使中墨關係能夠在更高水準、更寬領域、更大舞臺上不斷發展，推動兩國關係進入新的發展階段。

女士們、先生們、朋友們！

攜手合作、共創未來，是時代對我們的召喚，是歷史賦予我們的使命。雙方應該在《中墨聯合聲明》精神指引下，齊心協力，鍥而不捨，共同推進兩國全面戰略伙伴關係。

第一，我們要堅持平等相待、加強戰略協作。貴國總統貝尼托·華雷斯曾說過：「無論人與人還是國與國之間，尊重他人權利才能帶來和平。」中國古代思想家孔子說過：「己所不欲，勿施於人。」

面對複雜多變的國際形勢，中墨兩國應該堅持互尊互信，在涉及彼此核

心利益和重大關切的問題上，在探索符合各自國情發展道路的努力中，繼續相互理解、相互支援。雙方應該保持高層交往勢頭，充分發揮高層交往對兩國關係的引領作用。兩國政府、立法機構、政黨、地方應該加強往來，加強治國理政經驗交流和互鑒。

雙方應該充分發揮兩國常設委員會、戰略對話、議會對話論壇等機製作用，加強對話磋商，增進戰略互信，維護兩國共同利益。

第二，我們要堅持合作共贏、促進共同發展。發展是增進人民福祉、促進社會進步的根本途徑，是中墨兩國共同面臨的最重要議程。雙方應該牢牢把握共同發展的主題，將對方發展視爲自身發展的機遇，在合作中促進各自發展，又通過各自發展推動共同發展。

中墨兩國經濟各具特色、各有所長。雙方可以就各自發展戰略加強溝通，落實兩國共同行動計畫，在鞏固礦業、農業、通信等傳統領域合作的同時，大力拓展能源、交通、基礎設施建設、高技術以及清潔能源、節能環保、高端裝備製造等新興領域合作。

雙方應該堅持貿易和投資並重，通過擴大相互投資，優化貿易結構，加強產業對接，做大做好合作蛋糕，提高兩國國際競爭力，創造更多就業機會。雙方應該搭建更多平臺，促進兩國經貿界、企業界加強交流、深化友誼，在貿易促進、市場拓展、投資興業等方面開展各種形式的互利合作，分享彼此發展機遇，促進雙邊經貿合作平衡發展。

中方不尋求貿易順差，願始終保持開放姿態，積極增加進口墨西哥產品，特別是高附加值產品。中墨應該共同反對保護主義，堅持通過對話協商解決經貿摩擦，爲擴大雙邊經貿合作營造有利環境。

第三，我們要堅持溝通協調、維護共同利益。拉美地區、亞洲地區都是當今世界充滿發展活力和潛力的地區。中墨兩國應該積極參與全球經濟治理，共同推動世界經濟復蘇增長和國際力量均衡發展。

新形勢下，中墨擁有更多共同訴求，肩負更多共同責任。雙方應該共同

促進國際關係民主化，攜手應對國際金融危機、氣候變化、可持續發展等全球性挑戰，維護中墨兩國和廣大發展中國家的共同利益。

第四，我們要堅持交流互鑒、傳承中墨友好。國之交在於民相親。人民友好感情是推動國與國關係持久發展的不竭動力。

墨西哥著名作家帕斯曾將兩千多年前中國哲人老子、莊子的思想翻譯成西班牙文。莊子說過：「水之積也不厚，則其負大舟也無力。」我們要讓中墨兩國人民友情匯聚成浩瀚的大海，讓中墨友好合作的大船不斷乘風破浪前進。隨著中墨關係不斷發展，兩國人民增進相互了解的願望比以往任何時候都更加強烈。我們雙方應該通過不斷擴大文化、教育、體育、新聞、影視、旅遊等領域交流，使中墨友好更加深入人心。

我是一個足球迷。中國足球隊一直很努力，但目前只有一次闖進過世界盃比賽，帶領中國隊創造這次紀錄的就是也擔任過墨西哥國家足球隊主教練的米盧。我聽說，一位墨西哥體育官員曾問中國跳水隊領隊，包攬金牌是什麼滋味。兩年前，在中國教練指導下，墨西哥「跳水公主」埃斯皮諾薩和隊友們包攬了2011年汎美運動會跳水項目全部八塊金牌。墨西哥朋友們嘗到了包攬金牌的滋味。我們祝願墨西哥跳水隊今後奪得更多金牌！祝願中墨兩國合作奪得更多「金牌」！

人民直接交往是加深國與國友誼最有效的方式。未來5年，中國出境旅遊有望超過四億人次，墨西哥的太陽月亮金字塔、奇琴伊察古城、阿卡普爾科海灘，將會出現更多中國遊客的身影。我們也期待更多墨西哥朋友登上中國長城，駐足北京故宮，觀賞西安兵馬俑，在感受中國古老文明的同時，體驗當今中國日新月異的發展和進步。

青年是國家的未來、世界的未來，也是中墨友好事業的未來。我們要加強兩國青年交往，充分發揮他們的生力軍作用，讓中墨友好代代相傳。

女士們、先生們、朋友們！

墨西哥是拉美重要國家，中墨關係發展可以對中拉關係發展起到重要推

動作用。這裡，我想就發展中拉關係談點意見。

再次踏上拉丁美洲這片充滿生機和希望的大陸，更加感受到這裡發展條件得天獨厚，拉美正在迎來又一個發展的黃金時期。我們相信，拉美發展得愈好，對世界就愈好，對中國也愈好。

當前，中拉關係正處於快速發展的重要機遇期。我們應該登高望遠、與時俱進，鞏固傳統友誼，加強全方位交往，提高合作水準，推動中拉平等互利、共同發展的全面合作伙伴關係實現新的更大發展。

——政治上，中拉要堅持真誠友好，在涉及彼此核心利益和重大關切的問題上繼續相互理解、相互支援。

——經濟上，中拉要抓住雙方轉變經濟發展方式帶來的機遇，深挖合作潛力，創新合作模式，深化利益融合，建立持久穩定的互利經貿合作伙伴關係。

——人文上，中拉要加強文明對話和文化交流，不僅「各美其美」，而且「美人之美，美美與共」，成為不同文明和諧共處、相互促進的典範。

希望中拉雙方共同努力，早日建成中拉合作論壇，綜合發揮雙方各自優勢，為推進中拉全面合作伙伴關係構築更大平臺，共同為亞太穩定繁榮增添更多正能量。

中國有句諺語，叫做「路遙知馬力，日久見人心」。中拉關係的發展歷程已經並將繼續證明，雙方關係發展是開放的發展、包容的發展、合作的發展、共贏的發展。我們堅信，一個更高水準的中拉全面合作伙伴關係，必將更有力地促進雙方共同發展，也有利於地區和世界的和平、穩定、繁榮。

女士們、先生們、朋友們！

中國制定了未來發展目標，這就是到2020年全面建成小康社會，到本世紀中葉建成富強民主文明和諧的社會主義現代化國家。在漫長的歷史進程中，中國人民依靠自己的勤勞、勇敢、智慧，開創了各民族和睦共處的美好家園，培育了歷久彌新的優秀文化。

中國人民熱愛生活，期盼有更好的教育、更穩定的工作、更滿意的收入、更可靠的社會保障、更高水準的醫療衛生服務、更舒適的居住條件、更優美的環境。實現中華民族偉大復興是近代以來中華民族最根本的夢想。中國人民正在為實現自己的美好願望而奮鬥。

中國有句古話：「一花獨放不是春，百花齊放春滿園。」貴國詩人阿方索‧雷耶斯也曾說過：「唯有益天下，方可惠本國。」在發展進程中，中國將繼續高舉和平、發展、合作、共贏的旗幟，堅持改革開放，促進共同發展，努力給世界帶來更多機遇。

作為世界第二大進口市場，中國今後五年將進口十萬多億美元產品，對外投資規模將超過五千億美元。我們有信心保持中國經濟持續較快發展，這將給包括拉美和加勒比在內的世界各國帶來更多商機，為世界經濟增長作出更大貢獻。

同時，我們也清醒地認識到，中國仍然是世界上最大的發展中國家，創造十三億人的幸福美好生活絕非易事。中國在發展道路上仍然面臨不少困難和挑戰。實現中華民族偉大復興的中國夢，還需要付出長期艱苦的努力。

我堅信，通過中國人民不懈奮鬥，中國的明天一定會更加美好！

女士們、先生們、朋友們！

中墨兩國有句共同的諺語，叫做「有志者事竟成」。我們兩國關係未來發展的宏偉目標已經確定，關鍵是付諸行動。讓我們攜起手來，以兩國建立全面戰略伙伴關係為契機，把握方向，開拓進取，共同開創中墨關係更加美好的未來！

謝謝大家。

中英譯名對照

Alfonsin, Raul Ricardo 艾方辛（阿根廷總統 1983～1989）

Allende, Salvador 阿燕德（智利總統 1970～1973）

Arias, Oscar 阿里亞斯（哥斯大黎加總統2006～2010）

Aristide, Jean Bertrand 亞里斯提德（海地總統 1991, 1993～1994, 1994～1996,
    2001～2004）

Bachelet Jeria, Michelle 巴契萊（智利總統 2006～2010）

Calderón, Felipe 卡德隆（墨西哥總統 2006～2012）

Cardoso, Fernando H. 卡多索（巴西總統 1995～2002）

Castro, Fidel 菲德爾‧卡斯楚（古巴總統1965～2011）

Castro, Raúl 勞爾‧卡斯楚（古巴總統2011～）

Chávez, Hugo 查維茲（委內瑞拉總統 1999～2013）

Clinton, Bill 柯林頓（美國總統1992～2000）

Clinton, Hillary 希拉蕊‧柯林頓（美國國務卿2009～2013）

Colom, Alvaro 科隆（瓜地馬拉總統2008～2012）

Fernandez de Kirchner, Cristina E. 克莉絲蒂娜‧柯什內爾（阿根廷總統2007～）

Fox, Vicente 福克斯（墨西哥總統2000～2006）

Fujimori, Alberto 藤森謙也（祕魯總統1990～2000）

Fujimori, Keiko 藤森惠子（祕魯國會議員2006～2011，前總統藤森謙也長女）

Funes, Mauricio 富內斯（薩爾瓦多總統2009～）

Humala, Ollanta 烏馬拉（祕魯總統2011～）

Kissinger, Henry 季辛吉（美國國務卿1973～1977）

Kirchner, Néstor 柯什內爾（阿根廷總統2003～2007）

Krugman, Paul 克魯曼（諾貝爾經濟學獎得主2008）

Lagarde, Christine 拉加德（IMF國際貨幣基金組織總裁2011～）

Lula da Silva, Luiz Inácio 盧拉（巴西總統2003～2010）

Martelly, Michel 馬泰利（海地總統）

Meném, Carlos Saul 梅南（阿根廷總統1989～1999）

Mercado Común del Sur （Mercosur）南方共同市場

Mujica, José 穆希卡（烏拉圭總統2010～）

Obama, Barack 歐巴馬（美國總統2009～2017）

Ortega, Daniel 奧蒂嘉（尼加拉瓜總統1980～1990, 2007～2012）

Pérez Molina, Otto 裴瑞茲（瓜地馬拉總統2012～2016）

Pinochet, Augusto 皮諾契（智利總統1973～1990）

Portillo, Alfonso Antonio 波蒂佑（瓜地馬拉總統2000～2004）

Populism 民粹主義

Preval, Rene 蒲雷華（海地總統2006～2011）

Rios Montt, Efrain 瑞歐斯（瓜地馬拉總統1982～1983）

Rice, Condoleezza 萊絲（美國國務卿2005～2009）

Toledo, Alejandro 托雷多（祕魯總統2000～2005）

Rousseff, Dilma 羅賽芙（巴西總統2011～）

Santos, Juan Manuel 桑多士（哥倫比亞總統2010～）

Videla, Jorge Rafael 魏德拉（阿根廷總統1976～1981）

Zetas 賽塔斯（墨西哥販毒集團）

國家圖書館出版品預行編目資料

拉丁美洲七講／向駿著. －－初版.－－臺北
市：五南, 2013.11
　面；　公分
ISBN 978-957-11-7403-7（平裝）
1.區域研究　2.拉丁美洲
578.54　　　　　　　　　102022414

1PZA

拉丁美洲七講

主　　編 ― 鄧中堅

作　　者 ― 向　駿(55.6)

發 行 人 ― 楊榮川

總 編 輯 ― 王翠華

編　　輯 ― 陳姿穎　邱紫綾

封面設計 ― 吳雅惠

出 版 者 ― 五南圖書出版股份有限公司

地　　址：106台北市大安區和平東路二段339號4樓

電　　話：(02)2705-5066　　傳　　真：(02)2706-6100

網　　址：http://www.wunan.com.tw

電子郵件：wunan@wunan.com.tw

劃撥帳號：01068953

戶　　名：五南圖書出版股份有限公司

台中市駐區辦公室/台中市中區中山路6號

電　　話：(04)2223-0891　　傳　　真：(04)2223-3549

高雄市駐區辦公室/高雄市新興區中山一路290號

電　　話：(07)2358-702　　傳　　真：(07)2350-236

法律顧問　林勝安律師事務所　林勝安律師

出版日期　2013年11月初版一刷

定　　價　新臺幣380元